SPSS WIN 10.0을 이용한

행정계량분석의 이론과 활용

김 태 진 지음

도서출판 대영문화사

머리말

행정계량분석은 현대 학문에서 과학적 연구 방법이 강조됨에 따라 모든 학문에서 이용되고, 대학의 모든 학과에서 유사한 과목명으로 개설되어 있을 정도로 그 중요성이 강조되고 있다. 저자가 학창 시절 행정계량분석을 공부할 때나 대학에서 강의를 할 때 주위 학생들에게 늘 가졌던 느낌은 "행정계량분석이 어려운 과목, 피해 가고 싶은 과목"이라는 선입견을 가지고 있다는 것이다. 특히, 아쉬운 점은 행정계량분석을 배운 학생들이 이를 토대로 사회 현상에 적용해 분석하지 못하고 단편적인 통계학적 지식만 알고 있다는 사실이다.

이러한 사실은 행정계량분석에 대한 교과서들이 많이 있지만 행정계량분석을 좀더 쉽게 써야 한다는 동기를 가져다 준 계기가 되었으며, 이 책을 서술하면서 늘 생각했던 것은 학생들에게 "행정계량분석은 매우 쉬운 과목"이라는 인식을 가질 수 있도록 해 주고 동시에 사회 현상을 분석하고 해석하는 능력을 증진시키겠다는 것이었다.

이 교과서는 통계학의 기초가 없는 상태에서도 행정계량분석을 처음 배우는 학생들이나, 행정계량분석을 공부한 경험이 있더라도 어렵다고 생각하는 학생들을 대상으로 쓰고자 노력했다. 또한 행정계량분석을 배운 학생들이라 할지라도 실제 연구 및 조사 과정에서 전혀 활용하지 못한다는 안타까운 현실을 감안하여 이 책을 통해 자연스럽게 이론과 활용이 연계될 수 있도록 서술하고자 노력했다. 따라서 이 교재는 사회 현상을 분석하는데 유용성이 떨어지는 부분은 내용에 포함시키지 않고 가장 필수적이라고 판단되는 부분에 대해서만 서술했다.

행정계량분석은 통계학에 그 뿌리를 두고 있다. 즉, 통계학은 사회과학이나 자연과학 모두에서 활용하고 있는 기초 학문이라고 할 수 있다. 따라서 통계학에 대한 기본적인 이해가 필요하다고 판단되며 통계학의 흐름을 잘 이해할 수 있어야 다양한 사회 현상에 대한 분석이 가능하다고 판단한다.

이러한 관점에서 이 교재는 통계학의 큰 흐름에 따라 서술되었다. 통계학은 크게 기술통계학과 추리통계학으로 구분된다. 따라서 이 책은 제1부에서 행정계량분석의 기초 개념을 설명하고, 제2부에서는 기술통계학, 그리고 제3부에서는 추리통계학을 기술하고 있다.

제1부에서는 계량분석의 목적 및 필요성과 기초 개념을 서술했다.

제2부에서는 사회 현상의 특성을 규명하기 위해 자료를 수집해 정리하고 그 특성을 기술하는 방법인 기술통계학을 기술하고 있다. 예를 들어 2006년 5월 31일 지방선거에서 유권자의 투표율이 과거와 비교할 경우 어떠한 차이점이 있는지를 분석하고자 한다면, 먼저 지역별 투자표의 수, 투표자의 성별, 연령별 분포, 특정 정당의 선호도 등을 파악해야 한다. 즉 현상을 있는 그대로 기술하기 위한 자료를 수집하고 정리해 그 특징을 설명하는 분야를 기술통계학이라고 할 수 있다. 따라서 기술통계학의 이해는 제3부에서 설명할 추리통계학의 중요한 기본이 되는 내용이라고 할 수 있다. 따라서 제2부의 구성 내용은 자료의 기술 방법과 자료의 제시 방법에 대해 알아본다.

제3부에서는 추리통계학을 공부하게 된다. 현실적으로 특정 현상의 특성을 파악하려 할 때 전체 대상을 모두 조사하는 것이 시간과 비용 때문에 불가능한 경우도 있으며, 모두 조사해서는 안 되는 경우도 있다. 이 때 조사대상의 일부를 표본으로 추출해 이들의 특성을 분석하고 이를 토대로 전체를 추론하는 방법이 필요한데, 이러한 방법을 다루는 분야가 추리통계학이다. 따라서 제3부에서는 추리통계의 논리, 단일평균검정, 두 평균 간의 검정, 분산분석, 교차분석, 상관분석, 단순회귀분석, 다중회귀분석 등을 다룬다.

이 책이 나오기까지 여러분의 조언과 격려가 있었다. 고마운 분들께 이 자리를 통해 감사의 마음을 전하고 싶다. 먼저 이 책이 나올 수 있었던 것은 행정계량분석 및 통계학 분야의 수많은 선행 연구 및 교과서들이며, 저자에게 가르침을 주신 여러 은사님, 그리고 동료 교수님들의 애정이 담긴

격려 때문이라고 생각한다. 대영문화사의 임춘환 사장님은 한 달에도 몇 번씩 전화를 하면서 책이 완성될 수 있드록 성원을 브내 주셨다. 그리고 강의 시간마다 책이 언제 나오느냐고 독촉하던 학생들도 이 교과서가 세상에 빛을 보게 된 동기가 되었다. 강의 시간에 애정을 보여 준 학생들에게도 감사의 말을 전한다. 특히 이 책을 집필하는 데 자세한 교정과 내용의 수정을 맡아 준 고려대학교 대학원 박사 과정의 정재진 선생, 충남지역 혁신사업단의 김대중 실장, 그리고 충주대학교 심재균에게 깊은 감사의 뜻을 표한다.

마지막으로 저자에게는 인생의 큰 희망이 되어 준 부모님이 계신다. 아버지의 열정적인 삶은 항상 저자 자신의 모델이 되었다. 일년 가까이 투병생활을 하시다가 결국 자신의 힘으로 일어서지 못하고 돌아가신 아버님께 이 책을 바친다. 또한 항상 건강을 걱정해 주시고 사랑과 격려를 아끼지 않는 어머니, 빙부, 빙모님, 사랑하는 아내, 누님들 및 동생에게도 고마운 마음을 전하고 싶다. 그리고 수연, 민석에게도 아빠로서 너희들이 필요할 때마다 함께 있어 주지 못해 미안하다는 말을 전하고 싶다.

2006년 8월

인문사회관 연구실에서 김태진

차 례_ CONTENTS

머리말 / 3

제 1 부　행정계량분석의 기초 개념 ······ 13

제 1 장　행정계량분석의 목적 및 필요성 ······ 15

제 1 절　행정계량분석의 역할 및 목적 ······ 16

제 2 절　행정계량분석의 필요성 ······ 16

제 2 장　행정계량분석의 기초 개념 ······ 19

제 1 절　기술통계와 추리통계 ······ 20

제 2 절　모집단과 표본 ······ 21

제 3 절　연구 문제와 가설 ······ 22

제 4 절　변 수 ······ 23

1. 독립변수와 종속변수 / 24
2. 양적 변수와 질적 변수 / 25
3. 이산형 변수와 연속형 변수 / 26

제 5 절　측 정 ······ 26

1. 측정의 개념 / 26
2. 측정 수준 / 27
3. 측정 오차 / 30

▪ 단원 요약 ······ 32

▪ 연습 문제 ······ 34

제 2 부 기술통계의 이론과 활용 ······ 35

제 3 장 자료의 기술 방법 ······ 37

제 1 절 집중 경향의 측정 ······ 38

1. 평균 / 38
2. 중위수 / 41
3. 최빈치 / 43
4. 집중경향치의 특징 및 비교 / 44

제 2 절 변이의 기술 ······ 45

1. 범위 / 46
2. 사분위수 / 47
3. 분산과 표준편차 / 49
4. 상대적 변이계수 / 53
5. 표준화 계수 / 55

제 3 절 비대칭도 ······ 56

1. 왜도 / 56
2. 첨도 / 58

- 단원 요약 ······ 60
- 연습 문제 ······ 61

제 4 장 자료의 제시 방법 ······ 63

제 1 절 빈도분포표 ······ 64

1. 빈도분포 / 64
2. 백분율 빈도분포 / 65
3. 누적 빈도분포 / 65
4. 누적 백분율 분포 / 65

제 2 절 도 표 ······ 66

1. 막대도표와 원도표를 이용한 자료 제시 방법 / 66
2. 히스토그램과 꺾은선 그래프를 이용한 자료 제시 방법 / 68

- 단원 요약 ······ 70
- 연습 문제 ······ 70

제 5 장 SPSS WIN의 활용 ······ 71

제 1 절 SPSS의 기본 구성 및 기능 ······ 72

1. 데이터 편집기 창 / 72
2. SPSS WIN의 구동 방법 / 74
3. 데이터 편집기의 주요 내용 / 76

제 2 절 SPSS WIN을 이용한 기술통계분석 ········· 82
1. 기술통계분석의 절차 / 83 2. 분석 결과의 해석 / 85
▪ 단원 요약 ········· 88
▪ 연습 문제 ········· 89

제 3 부 추리통계의 이론과 활용 ········· 91

제 6 장 추리통계의 논리 ········· 93
제 1 절 추리통계의 개념 및 과정 ········· 94
1. 추리통계의 개념 / 94 2. 가설검정의 논리 / 95
3. 가설검정의 과정 / 95
제 2 절 추리통계의 요소 ········· 96
1. 가설 / 96 2. 표집분포 / 98
3. 임계치 / 105 4. 검정통계치 / 111
5. 가설의 검정 단계 / 112
제 3 절 추리통계의 선택 방법 ········· 113
1. 추리통계 방법의 선택 / 114
2. 분석 결과의 해석 / 115
▪ 단원 요약 ········· 116
▪ 연습 문제 ········· 118

제 7 장 단일 평균검정(t 검정) ········· 120
제 1 절 기본 개념 및 사용 목적 ········· 121
제 2 절 단일 평균검정의 과정 ········· 121
1. 가설 설정 / 122 2. 표집분포의 결정 / 123
3. 임계치의 결정 / 124 4. 검정통계량의 계산(t값) / 125
5. 분석 결과의 해석 / 125
제3절 SPSS를 이용한 단일 평균검정의 실습 ········· 126
1. 수작업에 의한 가설검정 5단계 검정 / 126
2. SPSS를 이용한 단일 평균검정 / 129
▪ 단원 요약 ········· 133
▪ 연습 문제 ········· 134

제 8 장 두 평균 간 차이의 검정(t검정) ······ 137

제 1 절 기본 개념 및 사용 목적 ······ 138

제 2 절 두 평균 간 차이 검정의 과정 ······ 138

1. 가설 설정 / 139
2. 표집분포 / 140
3. 임계치 / 140
4. 검정통계량 / 141
5. 분석 결과의 해석 / 142

제 3 절 SPSS를 이용한 두 평균 간 차이 검정의 실습 ······ 142

1. 두 평균 간 차이의 검정(독립표본 t검정) / 142
2. 두 평균 간 차이의 검정(대응표본 t검정) / 145

▪ 단원 요약 ······ 152

▪ 연습 문제 ······ 153

제 9 장 분산분석 ······ 156

제 1 절 기본 개념 및 사용 목적 ······ 157

제 2 절 분산분석의 기본 원리 ······ 159

1. 기본 원리 / 159
2. 전제 조건 / 160

제 3 절 분산분석의 과정 ······ 161

1. 가설 설정 / 161
2. 표집분포 / 162
3. 임계치 / 162
4. 검정통계량 / 163
5. 분석 결과의 해석 / 165

제 4 절 SPSS를 이용한 일원배치 분산분석의 실습 ······ 166

1. SPSS 이용 절차 / 166
2. 사후분석 및 옵션 / 168
3. 분석 결과의 해석 / 170

▪ 단원 요약 ······ 174

▪ 연습 문제 ······ 175

제10장 교차분석 ······ 177

제 1 절 기본 개념 및 사용 목적 ······ 178

1. 사용 목적 / 178
2. 기본 개념 / 178

제 2 절 교차분석의 기본 원리 ······ 179

제 3 절 교차분석의 과정 ······ 180

1. 가설 설정 / 181
2. 표집분포 / 181
3. 임계치 / 181
4. 검정통계량 / 182

5. 분석 결과의 해석 / 184
제 4 절 SPSS를 이용한 교차분석의 실습 184
1. SPSS 이용 절차 / 184 2. 교차분석의 옵션 / 186
3. 분석 결과의 해석 / 189
▪ 단원 요약 192
▪ 연습 문제 193

제11장 상관분석 197
제 1 절 기본 개념 및 사용 목적 198
제 2 절 상관분석의 기본 원리 198
제 3 절 상관계수의 공식 201
1. 공분산의 개념과 공식 / 201
2. 상관계수의 공식 및 속성 / 203
제 4 절 상관분석의 과정 205
1. 가설 설정 / 206 2. 표집분포 / 206
3. 임계치 / 206 4. 검정통계량 / 207
5. 분석 결과의 해석 / 207
제 5 절 SPSS를 이용한 상관분석의 실습 208
1. SPSS를 이용한 상관분석 / 208
2. SPSS를 이용한 상관분석 절차 / 211
3. 분석 결과의 해석 / 213
▪ 단원 요약 214
▪ 연습 문제 215

제12장 회귀분석 216
제 1 절 회귀분석의 기본 개념 및 사용 목적 217
1. 기본 개념 / 217 2. 사용 목적 / 218
제 2 절 회귀분석의 기본 원리 219
1. 선형회귀모형 / 219 2. 일반최소자승법 / 221
3. 회귀분석의 기본 가정 / 222
제 3 절 회귀분석의 표본통계량 223
1. 결정계수 / 224 2. 회귀계수 / 226
제 4 절 유의성 검정 228

1. 결정계수의 유의성 검정 / 228
2. 회귀계수의 유의성 검정 / 230
제 5 절 SPSS를 이용한 단순회귀분석의 실습 ………………… 232
1. SPSS 이용 절차 / 232
2. 표본통계량 / 234
3. 단순회귀분석의 출력 결과 및 해석 / 244
제 6 절 SPSS를 이용한 다중회귀분석의 실습 ………………… 241
1. SPSS 이용 절차 / 241
2. 표본통계량 / 243
3. 다중회귀분석의 출력 결과 및 해석 / 244
제 7 절 단계 선택 방법에 의한 다중회귀분석 ………………… 250
1. 단계 선택 방법 / 250
2. 출력 결과 및 해석(단계 선택 방법) / 252
3. 다중공선성의 진단 / 254
4. 잔차분석 / 255
▪ 단원 요약 ……………………………………………………… 258
▪ 연습 문제 ……………………………………………………… 259

부 록 ……………………………………………………………… 261
<1> 그리스 문자 읽는 법 / 263
<2> 표준정규분포표 / 264
<3> t분포표 / 265
<4> F분포표(α=0.01) / 266
<5> F분포표(α=0.05) / 267
<6> χ^2분포표 / 268

참고 문헌 ………………………………………………………… 269
찾아보기 ………………………………………………………… 272

제1부

행정계량분석의 기초 개념

제 1 장 행정계량분석의 목적 및 필요성 / 15

제 2 장 행정계량분석의 기초 개념 / 19

제 1 장

행정계량분석의 목적 및 필요성

행정계량분석은 경험적 사회과학의 하나로 좀더 객관적인 자료와 근거를 토대로 이론을 검정하는 방법이다.

사회 현상이나 자연 현상에 존재하는 사실을 증명하는 방법에는 여러 가지가 있다. 개인의 주관적인 판단에 의존하는 방법이 있는가 하면 개인의 의견을 배제하고 객관적인 근거를 토대로 증명하는 방법이 있다. 제1장에서는 행정계량분석을 활용하는 목적이 무엇이고 필요성이 어디에 있는지를 살펴보고자 한다.

제 1 절 행정계량분석의 역할 및 목적

계량분석을 간략히 설명하면 획득한 자료를 요약하고 설명하는 것이라 할 수 있다. 이 때 계량분석의 목적은 두 가지로 요약된다. 행정계량분석의 두 가지 목적 중 하나는 획득한 자료를 단순히 기술하고 설명하려는 것이고, 다른 하나는 자료의 결과를 토대로 일반화(generalization)하는 것이다.

예를 들어 연구자가 "이혼을 결정짓는 원인이 무엇일까?"라는 것을 연구한다고 하자. 이 때 이혼의 원인에 대한 자료를 수집·분석해 분석 결과를 획득한 자료에 국한시켜 설명하는 경우가 있을 수 있으며, 이 결과를 특정 지역, 특정 국가 혹은 모든 국가에 적용시켜 일반화시키는 경우가 있을 수 있다. 이 때 전자를 기술이라고 하며, 후자를 일반화라고 한다. 이와 같은 계량분석의 목적 중에서 사회 현상을 기술하고 설명하거나 혹은 더 나아가서 일반화하든 간에 어느 방법이 더 중요하다고 할 수는 없으며 상호 보완적으로 활용되어야 할 것이다.

제 2 절 행정계량분석의 필요성

사회 현상에서 존재하는 사실을 주장하고 증명하는 방법에는 개인의 주관적 판단에 의한 방법과 객관적 근거에 의한 방법이 있다.

예를 들어 교육환경에 따라 학업성취도에 차이가 있다는 가정적 사실을 증명하고자 할 경우 위와 같이 두 가지 방법이 있을 수 있다. 첫째, 연구자의 주관적 사실, 즉 연구자의 경험적 사실에 의해 주장하는 방법이 있다. 이것은 물론 연구자의 주관이나 개인적 경험에 의한 결과로서 주관이 개입될 여지가 있다. 둘째, 연구자의 주관성을 배제하고자 교육환경과 학업성취도를 객관적인 도구를 사용하여 측정하고 분석한 결과를 토대로 결론을 내리는 방법이다. 이와같이 어떤 사회 현상을 증명할 경우 좀더 객관적인 자료와 근거를 토대로 결론을 내릴 경우 연구자의 주관적 판단을 배제할 수 있어 타인에 대한 설득 및 의사 소통이 원활해진다고 할 수 있다.

이와같이 객관적인 방법에 의한 자료를 토대로 이론의 지지 여부를 결정하는 것이 주관적인 방법에 의한 결과 제시보다는 합리적이라고 할 수 있듯이 과학적으로 수집된 자료를 분석하는 방법의 하나인 계량분석은 경험적 사회과학을 학습하는 데 필수 불가결한 요소이다.

특히 행정학 연구에서 계량분석의 중요성은 몇 가지로 구분해 설명할 수 있다.

첫째, 계량분석은 하나의 학습 과정(learning process)이라고 할 수 있다. 분석을 통해 행정가가 당면하고 있는 문제들을 명확히 파악할 수 있고 편익과 비용의 분기점을 식별할 수 있으며, 합리적인 의사 결정에 필요한 정보를 체계적으로 정리할 수 있다.

둘째, 계량분석을 이해함으로써 유사한 방법을 통해 산출된 전문 지식을 습득하는 데 필요한 기본 용어를 익힐 수 있다. 즉, 계량분석을 배운다는 것은 몇 가지 분석 방법을 익히는 데 머물지 않고 전문 지식을 의사 소통하게 하는 데 필수적인 언어를 배우는 것이다.

셋째, 계량분석을 통해 얻은 지식을 이용해 자기 스스로 새로운 정보와 지식을 창출할 수 있다. 계량분석의 주요 부분인 통계학을 모르고서는 새로운 지식을 창출한다는 것은 거의 불가능하다. 따라서 행정 현상은 물론이고, 기타 사회 현상을 연구하고자 하는 사람들은 통계학의 이론과 방법을 우선적으로 익혀야 한다.

넷째, 계량분석은 행정학의 다른 영역의 연구에 필요한 방법론적 기초를 제공한다. 예를 들어 정책분석론이나 정책평가론 등에서 통계학을 비롯한 계량분석의 이론이나 방법의 이해는 기본적인 요건이 되고 있다.

그리고 졸업 후 실무 행정을 담당하게 될 학생들이 계량분석을 배움으로써 얻게 되는 편익은 다음과 같다.

첫째, 현상을 정확히 기술할 수 있도록 도와 주며 계량분석의 이론과 방법을 통해 현상에 대한 의사 소통을 명확히 할 수 있도록 도와 준다.

둘째, 관찰한 현상의 자료로부터 합리적인 추론을 거쳐 타당한 결론을 도출할 수 있도록 도와 준다.

셋째, 복잡한 사회 현상에 숨어 있는 인과적 관계를 규명하는 데 도움을 준다.

넷째, 행정 문제를 적절히 해결하기 위해서는 의사 결정에 도움을 줄 수 있는 여러 가지 정보를 산출하여 이용해야 하는데, 이러한 정보를 창출하는 데 계량분석은 많은 도움을 준다.

다섯째, 계량분석은 정책 결정에 필요한 정보를 제공할 뿐만 아니라 정책이 집행되고 난 후 그 결과를 평가하는 데 이용된다.

제 2 장

행정계량분석의 기초 개념

사회 현상을 계량적으로 분석하는 방법에는 주로 통계적 분석 방법과 시스템 분석(관리과학, 경영과학, 의사결정과학)의 방법들이 있다. 이러한 계량분석을 통해서 연구자는 새로운 정보와 지식을 창출할 수 있는데, 계량분석에서 통계학은 중요한 부분을 차지한다. 사회 현상을 분석하고자 하는 연구자는 통계학의 이론과 방법을 학습해야 하는데 이 교재에서는 통계적 분석 방법에 대해서만 논의하고자 하며, 통계학의 기본 요소에 대해 이해해야 한다. 따라서 제2장에서는 기술통계학과 추리통계학의 개념과 특성, 모집단과 표본집단의 개념 및 통계치, 연구 문제와 가설, 변수의 개념 및 종류, 측정의 개념, 수준, 측정오차에 대해 살펴보고자 한다.

제 1 절 기술통계와 추리통계

통계학은 크게 기술통계학과 추리통계학으로 분류할 수 있다. 기술통계학(descriptive statistics)은 연구자가 수집한 자료를 정리해 관찰 대상의 특성을 규명하는 것을 의미한다. 예를 들어 서울시의 인구 문제가 심각하다고 할 경우, 문제 상황을 파악하기 위해서는 지역별 인구의 수, 가구 수, 인구밀도 등을 측정하는 데 필요한 관련 자료를 수집하고 수집된 자료를 정리하는 것이 필요하다. 이와같이 인구 자료를 토대로 현재 상태를 정확하게 분석하기 위해서는 자료를 수집해 측정하고 정리하는 것이 필요한데, 이러한 분석에 사용하는 것이 기술통계이다. 기술통계학에서는 집중경향치, 분포도, 비대칭도 등을 통해 자료의 특성을 기술하는 방법과 도표를 이용해 자료를 기술하는 방법이 있다. 이에 관해서는 제2부에서 자

[그림 2-1] 기술통계와 추리통계의 관계

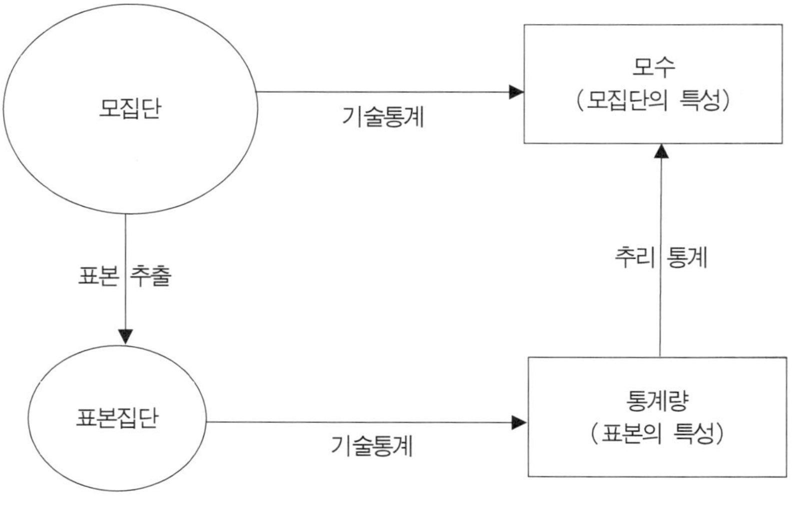

세하게 기술한다.

그러나 우리가 분석하고자 하는 대상의 전체를 조사하기 불가능하거나, 시간 · 비용 등의 제약으로 인해 전수조사가 어려운 경우가 있다. 이러한 경우 분석 대상의 일부를 조사하고 이것을 토대로 전체를 추론하게 되는데, 이와 같은 분야를 다루는 것을 추리통계학(inferential statistics)이라고 한다. 즉 표본의 특성을 이용해 모집단 전체의 특성을 추론하는 절차와 기법을 추리통계학이라고 한다.

제 2 절 모집단과 표본

통계학에서 가장 중요한 기본 용어 중 하나는 모집단(population)과 표본(sample)이다. 모집단이란 연구자가 연구 목적을 달성하기 위해 관심을 갖는 대상 집단을 의미한다. 예를 들어 우리 나라 C대학교 신입생의 신장과 체중 정보를 얻고자 하는 연구가 있다고 하자. 이 때 C대학교 신입생 재적 인원 전체를 모집단이라 한다. 이와같이 모집단 전체를 대상으로 조사해 정보를 얻는 방법을 전수조사라고 한다. 그러나 모집단의 대상자가 많거나 자료의 양이 많아 전수조사를 하는 것이 비효율적인 경우 또는 전수조사 자체가 안 되는 경우에는 표본조사를 해야 한다.

표본이란 모집단의 일부를 조사 대상으로 추출한 집단을 의미한다. 표본조사는 표본의 특성을 토대로 모집단의 특성을 추론할 때 사용한다. 즉, 신입생 전체보다는 일부 학생들을 대상으로 수집된 자료를 분석한 후에 이것을 토대로 우리 나라 전체 대학생들의 신장과 체중을 예측할 수 있다. 위의 예에서 조사 대상이 되는 C대학교 전체 학생들이 모집단이 되며, 연구를 위해 선택된 일부 학생들을 표본이라 한다.

주의할 사항은 모집단을 대상으로 하는 공식이나 도집단에서 추출한 표본집단을 대상으로 하는 공식은 서로 유사하나, 사용하고 있는 기호들은 서로 차이가 있다. 표본의 특성인 통계치(statistics)는 이탤릭 문자가 사용되며, 모집단의 특성인 모수(parameter)는 그리스 소문자가 사용된다.

[그림 2-2] 모집단과 표본과의 관계

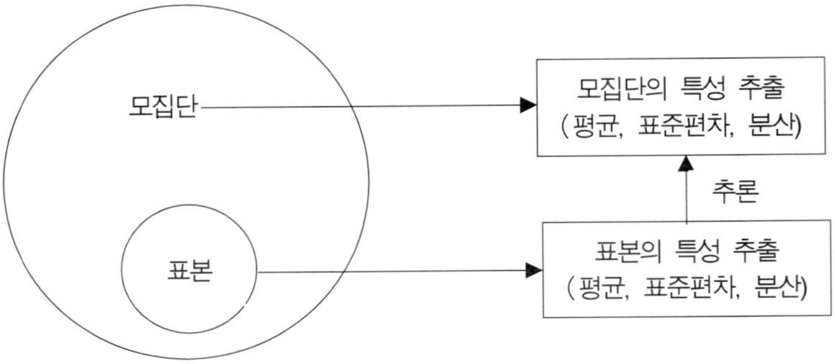

향후 이 책에서 등장할 모수와 통계치의 기호를 정리하면 다음과 같다.

〈표 2-1〉 통계치와 모수의 기호

구 분	표본 통계치	모집단 모수	발음
평 균	$\overline{X}$	μ	뮤
표준편차	S	σ	시그마
분 산	S^2	σ^2	시그마 제곱

제 3 절 연구 문제와 가설

행정계량분석을 활용해 사회 현상을 분석하기 위해서는 가장 먼저 연구 문제를 설정해야 한다. 연구 문제(research question)란 연구자가 가지고 있는 호기심이며 궁금증이라고 할 수 있다. 우리 주위에서 쉽게 찾아볼 수 있는 연구 문제의 예를 들어 보면, “학력이 높을수록 소득도 높아질까?”, “선거 기간에 젊은층의 유권자보다 노년층의 유권자들이 투표를 많이 할

까?" 등이 있다.

이러한 연구 문제를 해결하기 위해서 사용하는 방법이 가설검정이다. 즉, 연구 문제를 과학적으로 검정하기 위해서는 연구 문제를 가설적인 형태의 진술로 표현해야 한다는 것이다.

가설(hypothesis)이란 연구자가 검증 과정을 거쳐 풀어야 할 문제들을 기대형 진술의 형태로 표현한 것이다. 즉, 연구자가 그러리라고 기대하는 바를 좀더 논리적으로 검정할 수 있도록 구성된 진술이라 할 수 있다.

위에서 설명한 연구 문제를 가설로 전환시키면 다음과 같다.

〈표 2-2〉 연구 문제와 가설

연구 문제	가 설
"학력이 높을수록 소득도 높아질까?"	학력의 차이가 평균 소득의 차이에 영향을 줄 것이다.
"선거 기간에 노년층은 투표를 많이 할까?"	연령에 따라 투표 참여에 영향을 줄 것이다.

연구 문제를 가설로 전환하면 어떤 차이가 있을까? 위의 예시에서 볼 수 있듯이 연구 문제는 연구자가 단순히 궁금해 하는 것을 보통 문장으로 나열한 것인 데 반해, 가설은 추상적 개념(학력, 소득, 연령, 투표 참여)이 논리적으로 연결되어 있다는 것을 쉽게 알 수 있다. 가설은 단순한 연구 문제를 관찰 가능한 지표, 즉 변수들의 관계르 서술하고 있다는 특징을 발견할 수 있다. 변수는 다음 항에서 설명한다.

제 4 절 변 수

변수(variable)란 하나의 개념을 대표하는 특성으로 연구자가 궁금해 하는 것을 의미하며, 연구자가 관찰하고자 하는 특성을 지칭한다. 예를 들어

"학력이 높을수록 평균 소득이 높을까?"라는 연구 문제를 분석하기 위해서는 '학력', '평균 소득'이라는 변수를 분석해야 한다.

상수(constant)는 변하지 않고 항상 일정한 값을 갖는 고정된 수라고 정의한다면 변수란 변화하는 모든 수를 의미한다. 따라서 연구자가 관심의 대상이 되는 것은 변수라고 할 수 있다. 변수는 인과 관계에 따라 독립변수와 종속변수로 구분되며, 속성에 따라 질적 변수와 양적 변수로 구분된다. 또한 양적 변수는 연속성에 의해 연속변수와 비연속변수로 구분할 수 있다.

1. 독립변수와 종속변수

연구자는 수집된 자료를 토대로 사회 현상의 규칙성(regularities)을 파악하는 데 관심을 두고 있으며, 특히 변수들 사이의 인과 관계에 의한 규칙성을 파악하는 데 관심을 둔다. 독립변수와 종속변수는 인과 관계에 따라 구분할 수 있다.

1) 독립변수

독립변수(independent variable: 설명변수, 원인변수)란 종속변수에 영향을 주는 변수, 즉 변수 간의 인과 관계를 고려할 경우에는 원인으로 고려되는 변수를 의미한다.

예를 들어 "학력이 높을수록 월평균 임금이 높다"라는 인과 관계가 성립된다면 독립변수는 '학력 수준'이 되고 종속변수는 '월평균 임금'이 된다.

2) 종속변수

종속변수(dependent variable: 피설명변수, 결과변수)란 독립변수의 영향을 받는 변수, 즉 결과로 생각되는 변수를 의미한다. 사회과학에서 주된 연구의 관심사는 종속변수의 변화를 설명하고 예측하는 데 있다고 하겠다.

예를 들어 "학력이 높을수록 월평균 임금이 높을까?"라는 가설을 검정하기 위해서는 '학력'과 '월평균 임금'이라는 변수를 분석해야 한다. 이 때 '학력'은 독립변수(원인변수)이며, '월평균 임금'은 종속변수(결과변수)라고 한다. 즉 한 개인의 월평균 임금이 높은지 혹은 낮은지를 결정하는 것은 그 사람의 교육 연수가 얼마인가에 따라 달라진다는 사실을 검정하는 것이다.

일반적으로 독립변수는 좌측에, 종속변수는 오른쪽에 표기한다. 또한 기호는 연구자가 자유롭게 선택할 수 있지만 일반적으로 독립변수는 X로, 종속변수는 Y로 표기하며, 상수는 C로 표기한다. 독립변수와 종속변수 간의 관계를 간단히 표현하면 [그림 2-3]과 같다.

예를 들어 학점이 종속변수라면 이에 경향을 미칠 것으로 고려되는 공부시간, 가정환경, 집중력 등이 독립변수가 될 수 있다.

[그림 2-3] 독립변수와 종속변수의 관계

2. 양적 변수와 질적 변수

양적 변수(quantitative variable)란 관찰 대상의 특성을 수치로 표현할 수 있는 변수를 의미하며, 질적 변수(qualitative variable)란 수치로 표현할 수 없는 변수를 의미한다. 예를 들어 지역별 인구 수, 교통사고 건수, 몸무게, 신장 등은 양적 변수이며, 성별, 종교, 인종 등은 질적 변수이다. 질적 변수도 숫자로 표시할 수 있는데 이런 숫자는 진정한 의미의 숫자가 아니다. 예를 들어 인종의 경우 자료 분석을 위해 백인종을 '1' 흑인종을 '2', 황인종을 '3'으로 표시했다고 해도 이런 경우는 하나의 기호로 인정하는 것이지 양적 변수라고 할 수 없다. 또한 양적 변수인 경우에도 질적 변수로 변환할 수 있다. 예를 들어 C대학교 학생들의 체중을 상·중·하로 나누는 경우라든가, 자동차의 속도를 과속과 정규 속도로 분류하는 것이 그 예이다.

3. 이산형 변수와 연속형 변수

양적 변수는 이산형 변수와 연속형 변수로 분류할 수 있다. 이산형 변수(discrete variable)는 셀 수 있는 숫자로만 값을 갖는 변수이며 정수로만 표현이 가능하다. 반면 연속형 변수(continuous variable)는 일정한 범위 내에서 어떤 값이라도 취할 수 있다. 예를 들어 특정 시의 범죄자 수, 공무원 중 여성의 수, 한 해의 감기 환자 수 등 특정한 수치로만 표현이 가능한 숫자, 즉 정수값만을 취할 수 있는 변수를 이산형 변수라고 하며, 몸무게 · 신장 · 길이 · 속도 등 소수점 이하로 얼마든지 숫자를 가질 수 있는 변수를 연속형 변수라고 한다.

제 5 절 측 정

1. 측정의 개념

측정(measurement)의 개념은 다양하게 정의되고 있지만 일반적으로 "사물이나 사건의 속성에 숫자를 부여하는 것"을 의미한다. 일상 생활에서 발견할 수 있는 측정의 예로는 '잘생겼다', '못생겼다', '키가 크다', '멋있다', '눈이 크다' 등과 같은 주관적인 측정 방법이 있고, 몸무게와 키(신장)를 재는 것과 같은 객관적인 측정이 있다.

행정계량분석에서 사용되는 측정은 위의 예와 크게 다르지 않은 방법을 사용한다. 즉 우리가 성별이라는 변수를 측정하려고 한다면 이의 속성인 남자와 여자에 각각 1과 2를 부여하는 것이라든가, 운동 선수들을 측정하기 위해 번호를 부여한다든가, 투표를 할 경우 후보자들을 구분할 수 있도록 번호를 부여하는 것 등이 모두 측정의 예라고 할 수 있다.

2. 측정 수준

1) 명목측정

명목측정(nominal measurement)은 변수의 특성을 단순히 분류 · 식별하기 위해 사용되는 측정을 의미한다. 예를 들어, 성별이라는 변수를 측정하기 위해 성별의 속성인 남자에 '1', 여자에 '2'를 부여하는 경우나, 종교가 무엇인지를 측정하기 위해 개신교에 '1', 천주교(기독교)에 '2', 불교에 '3'을 부여하는 경우 등이 해당된다. 명목측정의 경우 부여된 숫자는 크기나 우열을 표시하는 것도 아니며, 사칙 연산(덧셈, 뺄셈, 곱셈, 나눗셈)도 불가능하여 명목측정에 부여된 숫자는 진정한 의미의 숫자가 아니라 단순한 기호에 불과한 것이다. 위의 성별에 대한 속성에서 남자가 여자보다 뛰어나기 때문에 '1'을 부여한 것도 아니며, 개신교가 다른 종교에 비해 몇 배만큼 우월하기 때문에 '1'이 부여된 것도 아니라는 의미이다.

명목측정에 의해 측정되는 변수를 명목변수라고 하며, 이러한 명목변수의 예로는 성별, 종교, 운동 선수의 등번호, 직업 구분(회사원, 공무원, 학생 등), 지역 구분(서울, 부산, 대구, 인천, 광주) 등이 있다.

2) 서열측정

서열측정(ordinal measurement)은 변수의 속성에 따라 서열, 크기 등의 순서를 부여하기 위해 부여하는 숫자를 의미한다. 예를 들어 소고기의 경우 1등급, 2등급, 3등급 등이 있으며, 과일의 경우에도 1등급, 2등급…… 등의 등급이 사용되는 경우를 볼 수 있다. 이 때 사용되는 숫자들이 바로 서열 척도의 좋은 예라고 할 수 있다. 그러나 주의할 사항은 1등급이라고 해서 2등급보다 2배가 좋은 것은 아니며, 3등급이라고 해서 1등급보다 3배가 나쁘다는 의미는 아니다.

좋은 예로 학업 석차를 들 수 있다. 1등, 2등, 3등의 학생들이 있다고 할 경우 각 학생들이 획득한 평균 점수가 95점, 93점, 88점이라고 할 경우와 같이 1등이 2등보다 두 배만큼 성적이 좋은 것은 아니며 단순히 서열을 구분하기 위해 부여한 숫자라는 의미이다.

서열측정에 의해 측정되는 변수를 서열변수라고 하며, 이러한 서열변수의 예로는 등급, 학업 석차, 정당 선호도 등이 있다.

3) 등간측정

서열측정은 변수의 속성에 서열을 부여하기는 했지만 각 숫자 간의 차이 혹은 간격이 일정하지 않은 반면, 등간측정(interval measurement)은 변수의 서열도 구분할 수 있을 뿐만 아니라 숫자 간의 간격도 일정한 것을 의미한다.

등간측정은 해당 속성이 전혀 없는 상태인 절대적 영점(absolute zero)이 존재하지 않으며 비율(ratio)의 의미가 존재하지 않는다. 예를 들면 섭씨 '0'도라는 것은 온도가 없다는 의미는 아니며, 섭씨 20도는 섭씨 10도보다 2배 정도 더 뜨겁다는 의미가 아니라 단지 10도만큼 높다는 의미에 불과하다. 이러한 등간측정의 예로서는 물가 지수, 산업생산 지수, 무역 지수 등이 있다.

그러나 사회과학의 주요 연구 대상인 사회 현상에서 등간 변수를 발견하기는 쉽지 않다. 따라서 서열측정의 하나인 리커트(Likert) 5점 척도의 경우 현실적으로 등간측정으로 간주되어 활용된다.

[예] 귀하는 대학 생활에 어느 정도 만족하고 있습니까?

매우 불만	불만	보통	만족	매우 만족
①-----------	②-----------	③-----------	④------------	⑤

4) 비율측정

비율측정(ratio measurement)은 등간측정이 갖고 있는 특성, 즉 변수가 지닌 속성의 서열과 숫자 간의 간격이 동일하다는 특성 이외에 절대적 영점과 비율 계산이 가능한 측정을 의미한다.

이러한 비율변수에는 소득, 체중, 신장, 연령, 투표율, 인구증가율을 포함한 각종 비율 데이터 등이 있다. 예를 들어 연령이 40세라는 것은 20세보다 2배 높다는 것을 의미한다. 또한 도로포장률이 80%라는 것은 40%에 비해 2배나 잘 포장되어 있다는 것을 의미하며, 도로포장률의 증가율이 0%라는 것은 도로포장의 변동이 없다는 뜻이므로 절대적 영점이 존재한다는 것이다.

5) 측정 수준의 비교

위에서 설명했듯이 측정 수준에는 명목측정, 서열측정, 등간측정, 그리고 비율측정으로 구분할 수 있다. 그러나 아래 그림에서와 같이 측정 대상의 특성에 따라 크게 양적(quantitative)인 것과 질적(qualitative)인 것으로 구분할 수 있다. 중요한 사항은 사회 현상을 분석하고자 할 경우 질적 자료보다는 양적 자료가 고도의 통계 기법을 활용할 수 있다는 것이다.

측정 수준(level of measurement)에 따라 구분하면 아래 그림과 같이 질적인 측정과 양적인 측정으로 구분할 수 있으며, 질적인 측정에는 명목측정과 서열측정, 그리고 양적인 측정에는 등간측정과 비율측정으로 구분할 수 있다.

측정 수준에 따라 구분하는 이유는 명목측정에서 서열측정, 등간측정, 그

[그림 2-4] 측정 수준별 분류

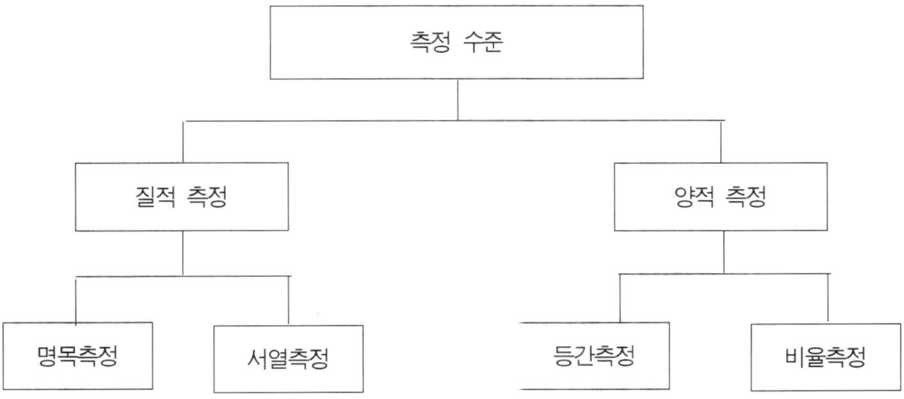

리고 비율측정으로 갈수록 자료가 담고 있는 정보의 양이 많기 때문에 좀 더 정밀한 통계분석 방법을 활용할 수 있다는 점 때문이다.

3. 측정 오차

측정하고자 하는 대상의 참값과 측정값은 일치할 수도 있으나 이들 간에는 어떤 차이가 생기는 것이 일반적이다. 대상의 참값과 측정값과의 차이를 오차(error)라고 하는데, 측정의 오차는 계통오차(systematic error)와 임의오차(random error)로 구성된다.

계통오차는 흔히 편의(偏倚, bias)라고도 하는데 이는 1g이 더 나가는 저울로 무게를 측정하면 어떤 물건이나 항상 정확한 무게보다 1g이 더 나가게 되는 것과 같이 주로 측정 도구가 부정확한 데 기인하는 것으로 측정 도구를 교정하는 방법을 통해 어느 정도 통제가 가능하다.

임의오차는 무작위 오차라고도 하는데 정확한 측정 도구를 사용한다고 하더라도 발생할 수 있는 것으로서 그 원인을 규명하기가 어렵다는 특성을 갖는다. 따라서 인위적으로 통제하기 어려운 오차이다.

오차와 밀접한 관련이 있는 개념으로는 정확도(accuracy)와 정밀도(precise)가 있다. 정밀도는 임의오차와 관련된 것으로서 반복 측정에서 얼

[그림 2-5] 측정의 오차

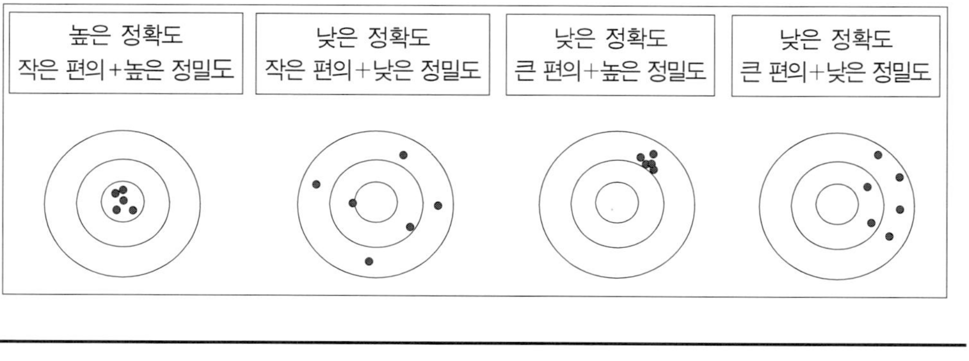

마만큼 재현성이 있느냐 하는 것과 관계가 있다. 즉 정밀도가 높다는 것은 반복하여 측정했을 때 그들 측정치들 간에 차이가 적다는 것을 말한다. 정확도는 계통오차와 임의오차를 모두 고려하는 것으로 정확도가 높다는 것은 계통오차와 임의오차가 모두 작은 것을 말한다.

단원 요약

1. 행정계량분석의 목적은 두 가지로 나누어 살펴볼 수 있는데, 하나는 획득한 자료를 단순히 기술하고 설명하려는 것이고, 다른 하나는 자료의 결과를 토대로 일반화(generalization)하는 것이다.
2. 행정학 연구에서 계량분석의 중요성은 다음과 같다. 첫째, 분석을 통해 행정가가 당면하고 있는 문제들을 명확히 파악할 수 있고 편익과 비용의 분기점을 식별할 수 있으며, 합리적인 의사 결정에 필요한 정보를 체계적으로 정리할 수 있다. 둘째, 계량분석을 이해함으로써 유사한 방법을 통해 산출된 전문 지식을 습득하는 데 필요한 기본 용어를 익힐 수 있다. 셋째, 계량분석을 통해 얻은 지식을 이용해 자기 스스로 새로운 정보와 지식을 창출할 수 있다. 넷째, 계량분석은 행정학의 다른 영역의 연구에 필요한 방법론적 기초를 제공한다.
3. 통계학은 크게 기술통계학과 추리통계학으로 분류할 수 있다. 기술통계학(descriptive statistics)은 연구자가 수집한 자료를 정리해 관찰 대상의 특성을 규명하는 것을 의미한다. 반면 표본의 특성을 이용해 모집단 전체의 특성을 추론하는 절차와 기법을 추리통계학(inferential statistics)이라고 한다.
4. 모집단(population)이란 연구자가 연구 목적을 달성하기 위해 관심을 갖는 대상 집단을 의미한다. 표본(sample)이란 모집단의 일부를 조사 대상으로 추출한 집단을 의미한다.
5. 연구 문제(research question)란 연구자가 가지고 있는 호기심이며 궁금증이라고 할 수 있다. 그리고 가설(hypothesis)이란 연구자가 검정 과정을 거쳐 풀어야 할 문제들을 기대형 진술의 형태로 표현한 것이다. 즉, 연구자가 그러 하리라고 기대하는 바를 보다 논리적으로 검정할 수 있도록 구성된 진술이라 할 수 있다.
6. 변수(variable)란 하나의 개념을 대표하는 특성으로 연구자가 궁금해 하

는 것을 의미하며, 연구자가 관찰하고자 하는 특성을 지칭한다.

독립변수(원인변수, 설명변수)	종속변수(결과변수, 피설명변수)
- 종속 변수에 영향을 주는 변수	- 독립변수의 영향을 받는 변수
양적 변수	**질적 변수**
- 관찰 대상의 특성을 수치로 표현할 수 있는 변수	- 수치로 표현할 수 없는 변수
이산형 변수	**연속형 변수**
- 셀 수 있는 숫자로만 값을 갖는 변수	- 일정한 범위 내에서 어떤 값이라도 취할 수 있는 변수

7. 측정(measurement)은 일반적으로 '사물이나 사건의 속성에 숫자를 부여하는 것'을 의미한다.

척도 구분	특 성
명목	- 변수의 특성을 단순히 분류·식별하기 위해 사용되는 측정
서열	- 변수의 속성에 따라 서열, 크기 등의 순서를 숫자를 이용해 부여하는 것
등간	- 변수의 서열도 구분할 수 있을 뿐만 아니라 숫자 간의 간격도 일정한 것
비율	- 등간측정이 갖고 있는 특성, 즉 변수가 지닌 속성의 서열과 숫자 간의 간격이 동일하다는 특성 이외에 절대적 영점과 비율 계산이 가능한 측정

8. 대상의 참값과 측정값과의 차이를 오차(error)라고 한다. 측정의 오차는 계통오차(systematic error)와 임의오차(rondom error)로 구성된다. 계통오차는 주로 측정 도구가 부정확 한 데 기인하는 것으로 측정 도구를 교정하는 방법을 통해 어느 정도 통제가 가능하다. 임의 오차는 무작위 오차라고도 하는데, 정확한 측정 도구를 사용한다고 하더라도 발생할 수 있는 것으로서 그 원인을 규명하기가 어렵다는 특성을 갖는다.

연습 문제

1. 행정학 연구에서 계량분석의 필요성을 설명하시오.
2. 기술통계와 추리통계학의 차이점을 설명하시오.
3. 모집단과 표본의 차이점을 설명하시오.
4. 변수의 종류와 개념을 설명하시오.
5. 모수와 통계량의 개념을 설명하시오.
6. 자신이 생각하고 있는 연구 문제를 서술하고 모집단이 무엇인지를 설명하시오.
7. 양적 변수와 질적 변수의 차이점을 설명하시오.
8. 연속형 변수와 이산형 변수의 차이점을 설명하시오.
9. 연구를 위한 측정 수준 네 가지를 정의하고, 차이점을 설명하시오.

제 2 부

기술통계의 이론과 활용

제 3 장 자료의 기술 방법 / 37

제 4 장 자료의 표현 방법 / 63

제 5 장 SPSS WIN의 활용 / 71

제 3 장

자료의 기술 방법

수집된 자료를 기술(describe)하는 목적은 수집된 자료의 분포가 갖는 집중 경향(central tendency)을 파악하고 분포의 변이(variation) 정도를 측정하는 데 있다. 즉 사회 현상을 기술하는 데 수집된 자료의 평균은 어느 정도 되는지, 그리고 사회 현상을 구성하는 각 사례들이 평균으로부터 어느 정도 퍼져 있는지 등을 파악하여 복잡한 사회 현상을 단순화시켜 볼 수 있다.

자료의 특성을 기술하는 방법은 자료의 중심 경향을 나타내는 집중경향치, 자료의 분포 정도를 나타내는 분포도, 그리고 자료의 좌우 상하 대칭 정도를 살펴보는 비대칭도 등이 있다. 집중경향치에는 평균, 중위수, 최빈값 등이 있으며, 분포도에는 범위, 사분위수, 표준편차, 분산 등이 있다. 비대칭도에는 왜도와 첨도가 있다. 이 장에서는 자료의 특성을 밝히는 방법들에 대해 고찰하도록 한다.

제 1 절 집중 경향의 측정

집중 경향(central tendency)을 측정하는 방법은 평균, 중위수, 그리고 최빈치가 있다.

1. 평 균

평균(mean)은 기하평균, 조화평균, 산술평균이 있으나 이하에서는 사회과학에서 가장 많이 활용하는 산술평균(이하 평균)을 중심으로 설명하고자 한다.

평균은 일상 생활에서도 가장 많이 사용하고 있는데, 예를 들어 우리 나라 국민의 신문 구독률, TV 시청률, 식사량, 운동량, 독서량, 성씨의 분포 등을 이야기할 때에는 모두 평균을 사용한다. 산술평균은 기술통계뿐만 아니라 향후 설명할 추리통계의 기본이 된다.

1) 평균의 의미 및 공식

평균이란 각 관찰치들의 값을 모두 합한 후 그것을 사례 수로 나눈 값을 의미한다. 예를 들어 신장이 1m 70cm인 갑돌이가 평균 수심 1m 20cm인 강을 헤엄쳐 건너다가 익사 사고로 죽었다고 한다. 그 이유는 강의 수심이 고르지 않고 갑돌이의 신장보다 깊은 곳이 존재했다는 사실을 의미한다. 이러한 관점에서 평균의 의미를 살피면서 평균의 공식을 도출해 보자.

평균의 공식은 N개의 사례 수를 가진 모집단의 평균(μ)을 구하는 공식은 다음과 같다. 수심이 달라지는 곳마다 측정을 한 곳을 우리는 $X_1, X_2, X_3 \cdots X_n$이라고 하고, 이들을 모두 합한 후 측정한 수, 즉 N으로 나누어 주면 평균값을 쉽게 구할 수 있다.

〈모집단의 평균〉

$$\mu = \frac{X_1 + X_2 + \ldots X_N}{N} = \frac{\sum_{i=1}^{N} X_i}{N}$$

[예제 3-1]

어떤 대형 할인업체의 지난 10년간 매출액을 조사한 결과는 다음과 같다고 하자. 지난 10년간 매출액의 평균값을 구하시오. (단위: 억 원)

31 35 36 39 43 46 49 51 53 59

[풀이]

$$\mu = \frac{\sum_{i=1}^{N} X_i}{N} = \frac{31 + 35 + 36 + 39 + 43 + 46 + 49 + 51 + 53 + 59}{10} = 44.2$$

표본의 평균($\overline{X}$)을 계산하는 공식도 모집단의 평균을 구하는 계산 방법과 동일하나 모집단과 구분하기 위해 단지 부호만을 달리 적용한다. 표본의 평균을 구하는 공식은 다음과 같다.

〈표본의 평균〉

$$\overline{X} = \frac{X_1 + X_2 + \ldots X_n}{n} = \frac{\sum_{i=1}^{n} X_i}{n}$$

[예제 3-2]

H자동차 회사에서 출고된 자동차들의 수명을 조사하기 위해 10대를 표본추출해 다음과 같이 조사했다. 자동차들의 평균 수명은 몇 년인가?

(단위: 년)

8 10 9 12 14 7 15 13 5 18

[풀이]

$$\overline{X} \equiv \frac{\sum_{i=1}^{n} X_i}{n} = \frac{8+10+9+12+14+7+15+13+5+18}{10} = 11.1$$

2) 평균의 특징

평균은 가장 많이 사용되는 집중경향치의 하나로 연속적인 변인, 즉 양적 자료에서만 사용할 수 있는 것으로 다음과 같은 중요한 특징이 있다.

첫째, 평균은 연속적인 변인, 즉 변수가 등간 혹은 비율변수일 때만 의미가 있다. 즉 변수가 명목 혹은 서열변수일 경우 이들의 평균은 의미가 없다는 것이다.

둘째, 평균에서 수집된 자료의 각 관찰치를 뺀 값, 즉 편차를 모두 합하면 항상 영(0)이 된다.

셋째, 평균은 극단치, 즉 비정상적으로 크거나 작은 값의 영향을 많이 받는다. 예를 들어 행정계량분석 중간고사에서 5명이 응시한 경우 각각의 점수가 75, 75, 75, 75, 20점을 획득한 경우, 한 학생의 점수만을 제외하면 평균이 75점인데, 20점의 큰 점수를 획득한 학생을 포함시킨 경우 평균은 64점이 된다. 이것은 극단치인 20점의 영향을 많이 받은 결과라고 할 수 있다. 극단치의 영향을 많이 받는 평균의 단점을 극복하기 위해서는 표본의 크기를 크게 하면 어느 정도 평균의 왜곡을 줄일 수 있다. 표본조사의 경우 샘플의 크기를 크게 하려는 이유도 여기에 있다고 하겠다.

위에서 평균의 의미와 공식을 고찰하면서 우리는 평균의 장·단점을 동시에 살펴보았다. 그러나 자료가 가진 특성을 밝히기 위해 집중 경향을 살펴보는 데 가장 많이 사용되는 지표가 평균임에도 불구하고 아직 단점이 많은 것을 발견할 수 있다.

2. 중위수

자료의 집중 경향을 측정하는 지표 중 하나인 중위수는 위에서 설명한 평균의 단점, 즉 극단치의 영향을 많이 받는다는 특징을 보완하는 장점이 있어 수집된 자료에 극단치가 존재할 경우 집중 경향을 측정하는 데 유리하다.

1) 중위수의 의미

중위수(median) 혹은 중앙치는 양적 자료를 크기 순서대로, 즉 오름차순으로 나열했을 때 중앙에 위치하는 값을 의미한다. 중위수를 구하는 공식은 다음과 같다.

〈중위수 계산 공식〉

$$중위수 = \frac{n+1}{2}$$

[예제 3-3]

A도(道) 내에는 9개의 시·군이 존재한다. 이들 지방자치단체의 일년 예산은 다음과 같다고 한다. 이들 자료를 토대로 중위수를 구하시오.

(단위: 억 원)

8 10 9 12 14 7 15 13 5

[풀이]

먼저 관찰치를 크기 순서대로 배열해야 하므로 9개 지방자치단체의 예산액을 크기 순서에 따라 나열한 결과는 다음과 같다.

5 7 8 9 10 12 13 14 15

여기에서 관측치가 홀수 개이므로 중위수는 $\frac{9+1}{2}=5$이다. 따라서 중위수는 5번째 위치하는 관측치, 즉 10이 된다.

[예제 3-4]

위의 [예제 3-3]의 자료에서 관찰치가 10개일 경우에 중위수를 구하시오.

(단위: 억 원)

8 10 9 12 14 7 15 13 5 18

[풀이]

관찰치가 10개이므로 중위수는 $\frac{10+1}{2}=5.5$, 즉 다섯 번째 숫자와 여섯 번째 숫자의 중간값이 된다. 따라서 5 7 8 9 10 12 13 14 15 18의 관찰치 중에서 10과 12의 평균값 11이 중위수이다.

2) 중위수의 특징

중위수의 특징을 평균과 비교해 살펴보면 다음과 같다.

첫째, 관측치가 중위수를 중심으로 좌우 대칭인 경우에는 중위수와 평균은 같다.

둘째, 중위수를 중심으로 관측치의 꼬리가 한쪽으로 길게 분포된 경우 평균은 중위수보다 꼬리쪽에 존재한다.

셋째, 중위수는 극단치의 영향을 적게 받는다.

넷째, 중위수는 관측치들을 순서대로 나열해야 하기 때문에 변수는 반드시 서열변수, 등간변수, 비율변수일 때 의미가 있다.

다섯째, 중위수는 관측치들이 갖는 정보를 최대한 활용하지 못한다는 단점이 있다. 평균의 단점을 보완한다는 점에서는 장점이 될 수 있지만 이러한 장점이 단점이 될 수 있다는 의미이다.

위의 예에서와 같이 행정계량분석 중간고사에서 5명이 응시해 각각의 점수가 75, 75, 75, 75, 20점을 획득한 경우, 중위수는 75점이나 이러한 자료는 평균의 단점을 보완하는 의미도 되지만 모든 자료, 즉 20점을 획득한 극단치를 고려하지 못하는 단점이 있으므로 중위수로 집중 경향을 측정할 경우에는 주의가 필요하다.

3. 최빈치

1) 최빈치의 의의

최빈치(mode)는 관측치 중에서 빈도 수가 가장 많은 관측치를 의미한다. 수집된 자료 중에서 동일한 관측치가 가장 많이 나타날 때, 그 관측치를 최빈치라 한다. 최빈치는 평균값에 대한 보완적 의미르 활용되나 자료에 극단치가 많을 경우에는 대표적인 집중경향치로 활용되기도 한다.

[예제 3-5]
어느 학교에서 9명의 학생들을 대상으로 하루 평균 공부 시간을 조사한 자료는 다음과 같다. 최빈치를 구하시오. (단위: 시간)

2 4 3 5 3 7 10 3 4

[풀이]
위의 관측치에서 공부 시간이 3시간이 제일 많으므로 최빈치는 3이 된다.

2) 최빈치의 특징

최빈치의 특징을 다른 집중경향치, 즉 평균 및 중위수와 비교해 살펴보면 다음과 같다.

첫째, 집중경향치 중에서 가장 구하기 쉽다. 그러나 최빈치는 단독으로 사용되기보다는 평균이나 중위수를 보완하기 위한 목적으로 사용하는 것이 바람직하다.

둘째, 최빈치는 척도의 유형과 관계 없이 사용할 수 있다. 즉 명목변수, 서열변수, 등간변수, 비율변수의 모든 경우에 사용할 수 있다.

셋째, 수집된 관측치에서 한 개 이상의 최빈치가 있거나 혹은 하나도 없을 수 있다. 예를 들어 5명의 중간고사 성적이 50, 60, 70, 80, 90점을 받을 경우 최빈치는 없으며, 50, 70, 70, 90, 90점인 경우 최빈치는 70과 90 두 개가 된다.

넷째, 좌우 대칭인 단봉(single peak) 분포의 경우 평균, 중위수, 최빈치는 모두 같다.

다섯째, 관측치 들의 정보를 가장 적게 이용한다는 단점이 있다. 즉 최빈치는 관측 빈도가 많은 값을 의미하므로 다른 관측치가 얼마인지 그리고 사례 수가 어느 정도인지 등을 전혀 고려하지 않는다.

4. 집중경향치의 특징 및 비교

사회과학의 목적은 사회 현상을 쉽게 이해하기 위해 현상을 기술, 설명, 예측, 나아가 통제하는 데 있다. 위에서 공부한 집중경향치, 즉 평균, 중위수, 최빈치는 사회 현상을 쉽게 이해하고 좀더 잘 설명하기 위해 현상을 단순화하는 데 유용하게 활용된다. 예를 들어 대한민국 노동자들의 평균 수입, 학력의 중위수, 정당 선호도의 최빈치 등을 이용하는데, 이것은 자료의 전체 분포를 간단하게 기술하고 설명하는 편리한 통계치이기 때문이다.

그렇다면 집중경향치 중에서 어떤 것을 이용하는 것이 좋은가? 일반적으로 평균은 자료의 특성을 기술하는 데 가장 많이 사용되는 집중경향치이다. 그러나 자료의 분포가 좌우 대칭으로 구성된 정규 분포가 아닌 경우, 즉 극단치가 존재하는 경우에는 중위수나 최빈치가 자료의 특성을 설명하는 데 유용한 집중경향치로 활용될 수 있다.

예를 들어, 5명이 시험을 본 점수가 30 30 30 30 30점일 경우 평균은 30점이지만, 30 30 30 30 90점일 경우 평균은 극단치 90으로 인해 평균은 42점이 된다. 이러한 경우 대부분의 학생이 30점을 받았으므로 집단의 대표치, 즉 집중경향치는 30점대에서 결정되어야 하지만 90점을 받은 학생이 존재하므로 평균은 42점이 되어 상향 평가된 결과를 낳게 된다. 이러할 경우 중위수나 최빈치를 활용할 경우에는 30점이 되어 평균값이 갖는 한계를 극복할 수 있다. 중위수와 최빈치를 단독으로 활용하기보다는 평균이 갖는 문제점을 보완하는 데 활용하는 것이 중요하다고 할 수 있다.

제 2 절 변이의 기술

제1절에서는 자료의 특성을 기술하는 방법 중에서 집중경향치를 살펴보았다. 그러나 자료의 집중 경향으로는 좀더 정확하게 자료를 분석하기 어려운 경우가 많은데 자료의 변이를 파악하는 것은 수집된 자료를 좀더 명확하게 기술하는 데 도움이 된다. 즉 이 때 수집된 자료의 변이(variation)를 기술하는 것은 자료의 분산도(dispersion)를 측정하는 데 필요하다.

예를 들어 [그림 3-1]과 같이 행정계량분석 수업을 수강하는 두 개의 반, 즉 A반과 B반이 있다고 하자. A, B반 모두 중간고사 평균 점수가 70점이라고 했을 경우, 평균만으로 평가하면 두 반이 같다고 할 수 있다. 그러나 각 반의 분포, 즉 변이를 분석하면 다른 평가를 내릴 수 있다. 즉 각 반에서

[그림 3-1] 평균은 같지만 변이가 다른 두 분포

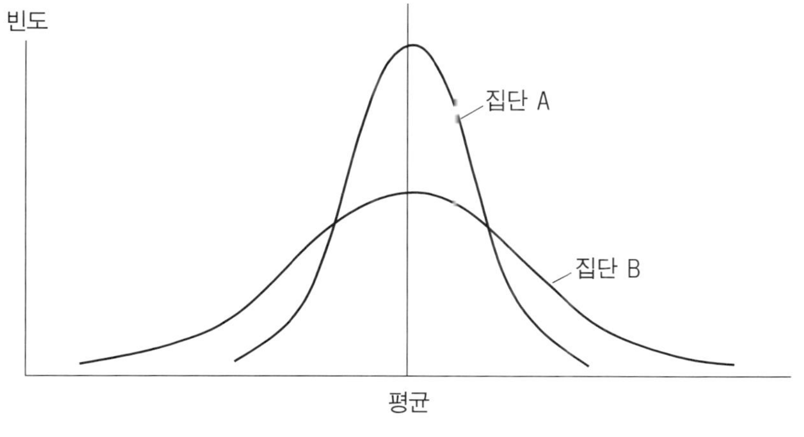

나타난 관측치의 분포를 살펴볼 경우 학생들의 성적이 70점 주변에 몰려 있는 경우도 있을 수 있으며, 낮은 성적과 높은 성적이 섞여 있는 경우도 있을 수 있다. 선생님의 입장에서 평가하면 동일한 수준의 학생을 대상으로 강의하는 경우와 수준이 다른 학생들을 고려해 가며 강의해야 하는 경우도 발생한다. 즉, 평균이 같다고 해서 모두 같다는 평가를 내리는 것은 자료의 변이를 관찰하지 않았을 때 발생하는 오류라 할 수 있다.

이와같이 자료의 변이, 즉 분포를 분석하는 지표로는 집중화 경향에서 고찰한 평균, 중위수, 최빈치 이외에 관측치들의 분포를 살펴보는 변이도 중요하다.

변이를 측정하는 지표로는 범위, 사분위수, 표준편차, 분산, 변이계수, 표준화 계수 등이 있다.

1. 범 위

범위(range)란 변이를 측정하는 가장 단순한 방법의 하나로 관측치들 중에서 최대값(maximum)과 최소값(minimum)의 차이를 의미한다. 이를 유도하는 공식은 다음과 같다.

〈범위〉

$$R = X_{\max} - X_{\min}$$

양 극단의 두 수치가 얼마나 떨어져 있는가, 즉 자료들의 흩어진 정도를 볼 수 있다. 범위의 장점은 이해하기가 쉽고 계산하기 쉽다는 점이다. 그러나 범위는 분포에서 극단적인 수치의 차이만을 보여 줄 뿐 분포의 양상은 전혀 밝힐 수 없다는 단점이 있다.

범위는 최대값과 최소값의 극단값만을 가지고 계산하기 때문에 분포에 관해 유익한 정보를 제공하지 못한다. 또한 범위는 양 극단 값 사이에 분포들이 어떻게 모여 있는지 혹은 퍼져 있는지, 즉 변이에 대한 자세한 설명을 제시하지 못한다. 따라서 범위는 간단한 예측이나 개략적인 변이를 고찰하는 데 사용된다.

[예제 3-6]

어떤 공공기관에 근무하는 공무원 10명의 임금을 조사한 결과 다음과 같은 자료를 얻었을 경우 임금의 범위를 구하라. (단위: 만 원)

100 150 120 110 180 160 90 140 190 80

[풀이]

위 자료에서 임금을 가장 많이 받는 공무원, 즉 최대값은 190만 원, 가장 적게 받는 공무원, 즉 최소값은 80만 원이므로 범위는 190−80=110만 원이다.

2. 사분위수

사분위수(interquartile range: 이하 IQR)는 범위의 단점, 즉 양극단 값만을 가지고 계산하기 때문에 발생하는 극단값의 영향을 최소화하기 위한 방법으로 자료의 25%에 위치하는 관측치와 자료의 75%에 위치하는 관측치로 계산한다. 즉 사분위수는 중위수를 중심으로 상위 25%에 해당하는 관측치와 하위 25%에 해당되는 관측치 간의 차이를 의미한다. 이를 유도하는 공식은 다음과 같다.

〈사분위수 공식〉

$$IQR = \frac{Q_3 - Q_1}{2}$$

Q_3 (3분위수: third quartile): 관측치를 크기 순으로 나열했을 때 전체의 3/4 지점의 관찰치

Q_1 (1분위수: first quartile): 관측치를 크기 순으로 나열했을 때 전체의 1/4 지점의 관찰치

[그림 3-2] 사분위수와 사분편차

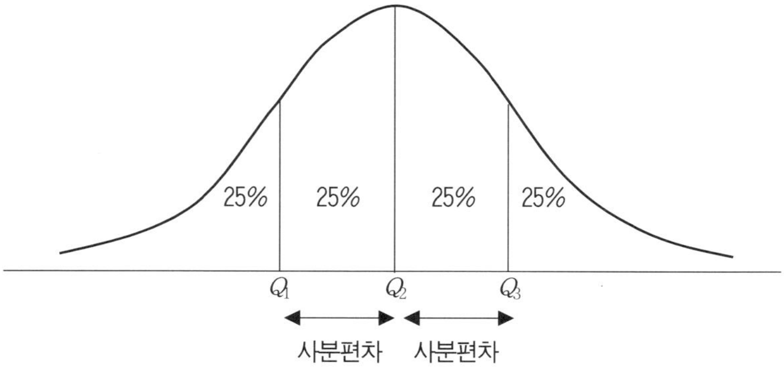

[예제 3-7]
위의 [예제 3-6]의 자료를 이용해 사분위수를 구하시오.

[풀이]
먼저 제1분위수(Q_1)와 제3분위수(Q_3)의 위치는 다음과 같이 계산된다.

$$Q_1\text{의 위치}=\frac{N+1}{4}=11\times 0.25=2.75$$

$$Q_3\text{의 위치}=\frac{3(N+1)}{4}=11\times 0.75=8.25$$

사분위수를 구하기 위해 자료를 크기 순서로 나열하면 다음과 같다.

80 90 100 110 120 140 150 160 180 190

위 자료로부터 2.75의 위치에 해당하는 관찰치 Q_1과 8.25의 위치에 해당하는 관찰치 Q_3를 계산하면 다음과 같다.

$$Q_1=90+(100-90)\times 0.75=97.5$$
$$Q_3=160+(180-160)\times 0.25=165$$

$$\text{따라서 사분위수} = \frac{Q_3 - Q_1}{2} = \frac{165 - 97.5}{2} = 33.75$$

3. 분산과 표준편차

범위 및 사분위수의 단점을 보완할 수 있는 것이 분산과 표준편차이다. 분산과 표준편차는 기술통계에서 변이를 설명하는 데 가장 많이 사용되는 개념이다. 자료의 변이, 즉 자료가 흩어진 정도를 파악하기 위해서는 관찰치들이 평균으로부터 얼마나 흩어져 있는지를 알아야 하는데, 이와같이 평균에서 관찰치를 뺀 값, 즉 차이를 편차(deviation)라 한다. 분산과 표준편차는 자료의 흩어진 정도가 크면 클수록 편차도 커진다는 점을 이용해 계산한다.

예를 들어 학기말 고사에서 A반과 B반이 모두 행정계량분석 점수의 평균 점수가 80점이라고 할 때, 평균 점수만을 갖고 설명한다면 두 반은 동등한 수준을 유지한다고 할 수 있으나, 동일하게 80점을 획득했다고 하더라도 A반 혹은 B반이냐에 따라 등수의 차이가 발생할 수 있다. 이러한 차이를 무엇으로 설명할까? 이것은 평균 점수는 동일하지만 각각의 반에서 획득한 점수의 차이가 다양하므로 각자의 반에서 얼마만큼 흩어져 있는가 혹은 떨어져 있는가를 계산해 내지 않으면 안 된다. 즉, 평균보다 고득점자가 많은 반일 경우에는 자신의 등수가 낮을 것이고, 저득점자가 많을 경우에는 자신의 등수는 높아질 것이기 때문이다.

1) 분산과 표준편차의 개념

표준편차(standard deviation)와 분산(variance)은 분포의 분산도(변이)를 나타내는 개념 중에서 가장 자주 사용되는 지표이다. 분산은 편차 제곱의 합을 관찰된 자료의 수로 나눈 것을 의미하며, 표준편차는 분산의 제곱근을 의미한다. 즉 표준편차를 제곱한 것이 분산이다.

2) 모집단의 분산과 표준편차의 계산

모집단의 분산(σ^2)은 편차의 제곱을 모두 합한 후 관측치의 수(N)로 나눈 것으로 이를 유도하는 공식은 다음과 같다.

〈모집단의 분산〉

$$\sigma^2 = \frac{\sum (X_i - \mu)^2}{N}$$

모집단을 구성하고 있는 관측치의 수가 N개 있다면 모집단의 표준편차(σ)는 다음과 같다. 즉 모집단의 표준편차는 각 관찰치가 모집단 평균(μ)으로부터 떨어져 있는 정도를 계산하기 위한 것으로 공식은 다음과 같다.

〈모집단의 표준편차〉

$$\sigma = \sqrt{\frac{\sum (X_i - \mu)^2}{N}}$$

위의 공식에서 관측치와 평균 간의 차이, 즉 편차를 모두 더하면 항상 0이 된다. 이것을 방지하기 위한 목적으로 편차를 제곱한 후 사례 수로 나누고 다시 제곱근을 하는 것이다.

또한 편차를 제곱하여 모두 합하면 편차가 클수록 편차 제곱의 합도 커지므로 분산뿐만 아니라 표준편차도 커지게 된다. 따라서 자료의 변이, 즉 분포가 평균으로부터 어느 정도 떨어져 있는지를 측정하는 데 유리해진다.

3) 표본의 분산과 표준편차의 계산

위에서는 모집단의 표준편차와 분산을 유도했다. 그러나 표본을 대상으로 표준편차와 분산을 계산할 때에는 모집단의 평균(μ) 대신에 표본의 평균($\overline{X}$)을 사용해야 한다. 모집단을 구성하고 있는 많은 관측치들 중에서 n

개의 표본을 대상으로 표준편차를 구하는 공식은 다음과 같다.

〈표본의 표준편차〉

$$S = \sqrt{\frac{\sum (X_i - \overline{X})^2}{n-1}}$$

표본의 분산(S^2)을 구하는 공식은 다음과 같다.

〈표본의 분산〉

$$S^2 = \frac{\sum (X_i - \overline{X})^2}{n-1}$$

수집된 자료의 분포에서 흩어진 정도가 크면 표준편차가 크게 나타나고 그렇지 않은 경우에는 표준편차가 작게 나타난다. 즉, 표준편차가 적다는 것은 동질적인 요인이 많이 있으며, 이질적인 관찰치가 적다는 것을 의미한다.

또한 모집단의 분산과 표준편차를 계산할 때에는 사례 수인 N으로 나누고 있으나 표본의 분산과 표준편차를 계산할 때에는 $n-1$로 나누고 있다. 이것은 모집단에서 크기가 N인 가능한 모든 표본을 무작위로 추출해 표본의 분산을 계산하면 그 값은 모집단의 분산보다 $(n-1)/n$만큼 적게 나온다. 따라서 표본의 분산을 비편파적(unbiased estimator)으로 만들어 주기 위해 $n/(n-1)$을 곱해 주면 결국 분모를 항상 $n-1$로 나누어 주게 되는 것이다.

[예제 3-8]

2003년도 충청북도 8개 군의 재정자립도는 다음과 같다고 하자. 이들 재정자립도 자료를 이용해 표준편차를 계산하시오. (단위: %)

24.8 9.0 15.1 24.8 14.2 17.0 22.9 15.7

[풀이]

표준편차를 계산하기 위해서 먼저 평균을 구하면 17.94%이다. 평균을 이용해 표준편차의 계산 과정은 다음의 표와 같다.

〈표 3-1〉 재정자립도를 이용한 표준편차 계산 과정

자치단체명	재정자립도(X)	$(X-\overline{X})$	$(X-\overline{X})^2$
청원군	24.8	6.86	47.06
보은군	9.0	-8.94	79.92
옥천군	15.1	-2.84	8.07
진천군	24.8	6.86	47.06
영동군	14.2	-3.74	13.99
괴산군	17.0	-0.94	0.89
음성군	22.9	4.96	24.60
단양군	15.7	-2.24	5.02
	$\Sigma X=143.5$	$\Sigma(X-\overline{X})^2=226.6$	

따라서 표준편차 $S=\sqrt{\dfrac{\sum(X_i-\overline{X})^2}{n-1}}=\sqrt{\dfrac{226.6}{8-1}}=5.69(\%)$이다.

위의 자료에서는 충청북도 내에 소재하는 군 단위의 지방자치단체만을 대상으로 표준편차를 계산했다. 그러나 평균값이 유사한 다른 지방자치단체들의 표준편차를 계산할 경우 광역자치단체 내에 소재하는 기초지방자치단체들 간의 표준편차의 값을 토대로 상대적 비교를 할 수 있다. 기초지방자치단체들 간의 재정자립도의 분포, 즉 흩어진 정도가 크다 혹은 작다 등에 대한 논의를 제기할 수 있다.

4) 분산과 표준편차의 특성

만일 자신의 몸무게가 친구들의 평균 몸무게로부터 얼마나 멀리 떨어져 있는가를 계산해 분산을 구하면 그 분산의 단위는 kg이 아닌 kg^2이 된다.

즉 분산의 단위는 원래의 측정 단위가 아닌 항상 제곱된 단위가 되는 것이다. 따라서 분산은 항상 양의 값이 나와 그 수치 자체를 가지고 해석할 수는 없게 된다. 즉 분산을 구하는 것은 표준편차를 도출하기 위한 것이지 그 자체로 해석할 수는 없다는 것을 명심해야 한다. 따라서 분산에 제곱근을 취한 표준편차는 평균과 단위가 일정하므로 비교 및 해석이 가능해진다. 그래서 표준편차의 용어에 '표준'이라는 말이 붙었다고 생각해도 좋을 것이다.

4. 상대적 변이계수[1)]

표준편차는 절대적 분산도를 측정하는 척도이다. 즉, 자료의 흩어진 정도를 측정하는 데에는 유리하지만 표준편차는 평균이 상이한 집단 간에 분포를 비교하는 데에는 적절하지 못하다. 즉, 평균이 상이하더라도 집단 간의 차이를 정확하게 비교하려면 비교의 기준이 평균의 변화에 영향을 받지 않아야 한다. 따라서 표준편차와 평균이 상당히 다른 두 분포를 비교할 경우 상대적 차이를 유도해야 하는데, 상대적 변이계수(coefficient of relative variation: CRV) 혹은 변이계수(coefficient of variation: CV)는 평균과 표준편차를 결합해 평균이 커지면 표준편차가 동시에 커지는 한계를 극복하게 해 준다.

즉, 상대적 차이를 측정하기 위해 표준편차를 평균으로 나누어 줌으로써 표준편차를 표준화한 값이다.

---

1) 변이계수는 해당 시의 표준편차를 평균으로 나눈 값으로 측정되는데, 변량의 측정 단위에 의해 영향을 받지 않는 무영향성(scale invariance)을 가지고, 특정 분포와 일 대 일의 대응 관계를 갖지 않아 상이한 분포에서도 동일한 측정치가 계산될 수 있다는 장점을 갖는다. 이러한 변이계수는 특히 형평화 효과를 분석하는 데 많이 사용되며 행정학에서는 복지행정과 지방재정 분야에서 많이 이용된다. 지방재정의 예를 들면 변이계수값은 0에서 1 사이의 값을 갖는데 자치단체간 재정형평화 효과가 존재한다고 가정하면 변이계수값은 0에 가까워지게 된다. 변이계수 이외에 경제적 불평등을 나타내는 지수로 지니계수(Gini's coefficient)도 많이 사용되며, 특히 복지정책 및 복지행정 분야에서 많이 이용되는 방식 중 하나이다.

〈상대적 변이계수(*CRV*)〉

$$CRV = \frac{S}{\overline{X}}$$

[예제 3-9]

1995년 남녀간(성별) 월임금의 표준편차는 274,618원이었으며, 2005년의 표준편차는 474,976원으로 증가되었다(통계청, 2005). 지난 10년간 우리 나라에서 성별 월임금의 격차가 증가되었다고 할 수 있는지를 설명하시오.

[풀이]

표준편차를 이용해서 성별간 월임금 수준의 격차를 비교할 경우 <표 3-2>와 같이 남녀간 임금 격차는 지난 10년간 더욱 커진 것으로 오해할 수 있다. 이러한 경우처럼 평균값이 상이한 경우에는 상대적 변이계수를 기준으로 비교해야 한다. 공식에 따라 상대적 변이계수를 도출하면 아래의 표와 같다.

〈표 3-2〉 성별 간 임금 수준의 변이계수

(단위: 원)

연도	$\overline{X}$	S	CRV
1995	744,798	274,618	0.3687
2005	1,622,177	474,976	0.2928

자료: 통계청. 2005.

위의 <표 3-2>에 의하면, 지난 10년간 남녀 임금 수준의 표준편차는 커진 것으로 나타나지만, 상대적 변이계수는 감소한 것으로 분석된다. 여기에서 표준편차의 증가는 실제로 남녀간 임금 격차가 더욱 커졌다는 의미가 아니라 평균 임금의 상승에 따라 표준편차가 증가했다는 것을 의미하며, 상대적 변이계수의 감소는 평균 임금은 증가된 반면 남녀간 실질적인 임금 격차는 줄어들었다는 것을 의미한다.

5. 표준화 계수

표준화 계수(Z score)는 측정 단위가 서로 다른 자료를 비교하고자 할 경우에 사용한다. 즉, "도시의 경우 도르포장률과 재정자립도는 측정 단위가 서로 다르지만 전국을 기준으로 할 경우 어떤 지표가 더욱 양호한 것인가?"라든가, "개인의 경우 동일한 연령대의 학생들에 비해 체중과 신장 중 어떤 것이 친구들에 비해 좋은지 혹은 부족한지" 등을 비교할 때 사용한다.

위에서 공부한 표준편차와 상대적 변이계수는 전체 자료의 특성을 토대로 분포도가 상이한 두 집단의 분포 상태는 비교할 수 있어도 집단 내에 특정 지표들에 대한 비교는 불가능한데, 이러한 때에 표준화 계수를 활용하면 된다.

표준화 계수의 공식은 다음과 같다.

〈표준화 계수(Z score)〉

$$Z = \frac{X - \overline{X}}{S}$$

표준화 계수는 비교하고자 하는 자료의 측정 단위가 달라도 표준화되기 때문에 서로 다른 자료들의 비교가 용이하다. 표준화 계수의 특징은 관찰치와 평균값의 차이, 즉 편차를 표준편차로 나누어 준 값이므로 측정 단위와 관계 없이 원자료의 값을 Z score로 변환시키면 항상 평균은 '0', 표준편차는 '1'이 된다.

[예제 3-10]

행정학과 학생들의 평균 체중은 65kg, 표준편차는 7kg, 신장의 평균은 173cm, 표준편차는 3cm라고 하자. 이 때 김한국 학생의 체중이 67kg이고 신장은 172cm라고 한다면 김한국 학생의 체중과 몸무게 중에서 어느 지표가 친구들과 비교할 때 더욱 양호한 상태라고 할 수 있는가를 설명하시오.

[풀이]

김한국 학생의 체중은 평균 체중보다 무거운 반면 신장은 평균에 못 미치는 것을 알 수 있다. 이를 좀더 정확하게 비교하기 위해서 표준화 계수를 도출하면 다음과 같다.

$$\text{김한국 학생의 체중 표준점수} = Z = \frac{67-65}{7} = 0.286$$

$$\text{김한국 학생의 신장 표준점수} = Z = \frac{172-173}{3} = -0.333\text{이다.}$$

표준화 계수로 판단할 경우, 김한국 학생의 체중은 동료 학생들의 평균 체중보다 표준편차가 0.286만큼 많이 나가고, 신장은 동료 학생들의 평균 신장보다 표준편차 0.333만큼 작게 나간다고 할 수 있다. 따라서 김한국 학생의 경우 동료들에 비해 신장은 작은 반면 체중은 더 많이 나간다고 할 수 있다.

제 3 절 비대칭도

제1~2절에서는 자료의 특성을 기술하는 방법으로 집중경향치와 변이에 대해 살펴보았다. 제3절에서는 자료의 특성을 기술하는 방법 중의 하나인 비대칭도를 살펴보고자 한다. 비대칭도란 자료의 분포가 대칭형이 아닌, 즉 정규분포와 비교할 경우 분포의 모양이 상·하, 좌·우로 벗어난 정도를 의미한다. 이러한 비대칭도를 측정하는 방법은 왜도와 첨도가 있다.

1. 왜 도

왜도(skewness)는 관측치들의 분포가 평균값을 중심으로 좌우 대칭을 이루지 않고 어느 한쪽, 즉 좌측 또는 우측으로 치우쳐 있는 정도를 의미한다.

왜도를 측정하는 방법으로 사용되는 피어슨 계수(Pearson's coefficient) 공식은 다음과 같다.

〈피어슨 왜도 계수〉

$$S_k = \frac{3(\overline{X} - M_d)}{S}$$

S : 표준편차
$\overline{X}$: 평균
M_d: 중위수

왜도의 값이 0에 가까우면 정규분포의 모양과 유사하다고 해석을 한다. 그러나 즉 피어슨 왜도 계수가 양(+)의 값일 경우($S_k>0$)에는 오른쪽 꼬리 분포(positive skewness)라고 하고 음(−)의 값일 경우에는($S_k<0$) 왼쪽 꼬리 분포(negative skewness)라 한다.

[그림 3-3] 왜도(오른쪽 꼬리 분포와 왼쪽 꼬리 분포)

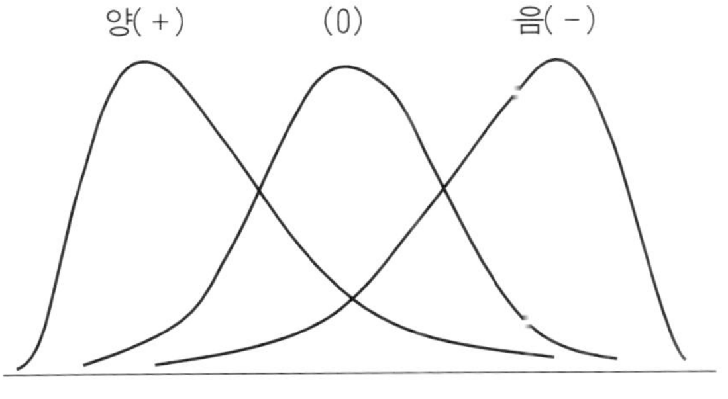

2. 첨 도

첨도(kurtosis)는 관측치들의 분포가 정규분포 곡선에 비해 꼭지점이 높은지 혹은 낮은지의 여부를 파악하는 데 사용한다.

〈첨도 계수: K〉

$$K=\frac{\frac{\Sigma(X_i-\overline{X})^4}{n}}{[\frac{\Sigma(X_i-\overline{X})^2}{(N-1)}]^2}-3$$

$K=0$: 표준정규분포와 분포 모양이 동일

$K>0$: 표준정규분포보다 뾰족함.

$K<0$: 표준정규분포보다 완만함.

첨도의 값이 0에 가까우면 정규분포와 유사하고, 정(+)의 첨도, 즉 첨도의 값이 양수일 경우는 평균값 주변에 비슷한 값을 가진 응답자가 많아 빈도분포 곡선이 뾰족하게 나타나며, 부(−)의 첨도, 즉 첨도의 값이 음수일 경우는 다양한 값을 가진 응답자가 많아 관측된 분포가 정규분포에 비해 완만하게 나타나는 것을 의미한다.

[그림 3-5]와 같이 비대칭도 계수가 0이라면 분포가 평균을 중심으로 좌우 대칭형으로 제1절에서 공부한 집중경향치인 평균, 중위수, 최빈치의 값이 일치하게 된다. 그러나 오른쪽 꼬리 분포일 경우에는 평균이 중위수보다 오른쪽에 위치하고, 왼쪽 꼬리 분포일 경우에는 평균이 중위수보다 왼쪽에 위치하게 된다. 그 이유는 제1절에서 공부한 바와 같이 평균은 개별 관측치들을 모두 포함해 계산하므로 극단치의 영향을 받지만, 중위수는 극단치의 영향을 받지 않기 때문이다. 즉 비대칭 계수의 부호, 즉 양(+), 음(−)을 통해 분포의 모양을 짐작할 수 있으며, 그 절대값을 토대로 한쪽으로 기울어진 정도, 즉 비대칭형의 정도를 판단할 수 있다. 중요한 점은 비

[그림 3-4] 정(+)의 첨도와 부(-)의 첨도

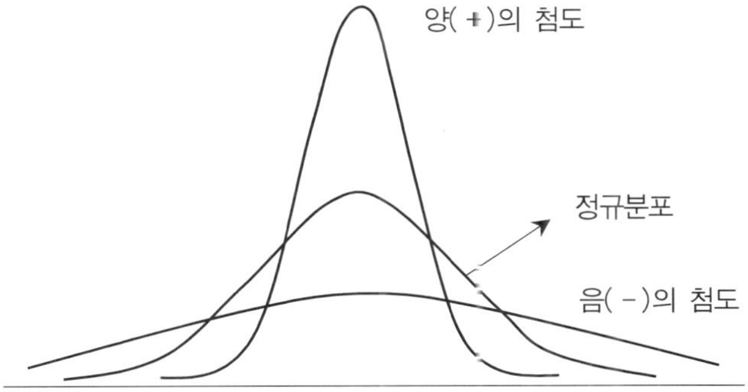

대칭도가 존재할 경우 집단의 집중경향치를 파악하려면 평균값보다는 중위수를 이용하는 것이 효과적이라는 것이다.

[그림 3-5] 분포의 모양과 집중경향치(평균, 중위수, 최빈치)의 위치

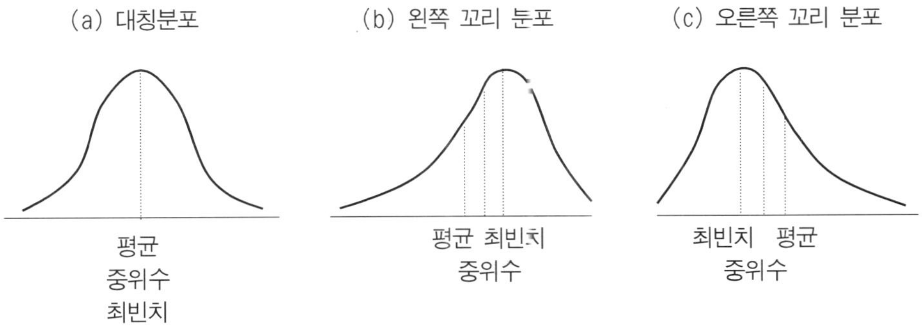

단원 요약

1. 평균(mean)은 각 관찰치들의 값을 모두 합한 후 그것을 사례 수로 나눈 값을 의미하며 다음과 같은 특성을 갖는다. 첫째, 평균은 연속적인 변인, 즉 변수가 등간 혹은 비율변수일 때만 의미가 있다. 둘째, 평균에서 수집된 자료의 각 관찰치를 뺀 값, 즉 편차를 모두 합하면 항상 영(0)이 된다. 셋째, 평균은 극단치, 즉 비정상적으로 크거나 작은 값의 영향을 많이 받는다.
2. 중위수(median) 혹은 중앙치는 양적 자료를 크기 순서대로, 즉 오름차순으로 나열했을 때, 중앙에 위치하는 값을 의미하며, 다음과 같은 특성을 갖는다. 첫째, 관측치가 중위수를 중심으로 좌우 대칭인 경우에는 중위수와 평균은 같다. 둘째, 중위수를 중심으로 관측치의 꼬리가 한쪽으로 길게 분포된 경우 평균은 중위수보다 꼬리 쪽에 존재한다. 셋째, 중위수는 극단치의 영향을 적게 받는다. 넷째, 중위수는 관측치들을 순서대로 나열해야 하기 때문에 변수는 반드시 서열변수, 등간변수, 비율변수일 때 의미가 있다. 다섯째, 중위수는 관측치들이 갖는 정보를 최대한 활용하지 못한다는 단점이 있다.
3. 최빈치(mode)는 관측치 중에서 빈도 수가 가장 많은 관측치를 의미하며, 다음과 같은 특성을 갖는다. 첫째, 집중경향치 중에서 가장 구하기 쉽다. 둘째, 최빈치는 척도의 유형과 관계 없이 사용할 수 있다. 셋째, 수집된 관측치에서 한 개 이상의 최빈치가 있거나 혹은 하나도 없을 수 있다. 넷째, 좌우 대칭인 단봉(single peak) 분포의 경우 평균, 중위수, 최빈치는 모두 같다. 다섯째, 관측치들의 정보를 가장 적게 이용한다는 단점이 있다.
4. 범위(range)란 변이를 측정하는 가장 단순한 방법의 하나로 관측치들 중에서 최대값(maximum)과 최소값(minimum)의 차이를 의미한다.
5. 사분위수(interquartile range: 이하 IQR)는 범위의 단점, 즉 양 극단값만

을 가지고 계산하기 때문에 발생하는 극단값의 영향을 최소화하기 위한 방법으로 자료의 25%에 위치하는 관측치와 자료의 75%에 위치하는 관측치로 계산한다.

6. 표준편차(standard deviation)와 분산(variance)은 분포의 분산도(변이)를 나타내는 개념 중에서 가장 자주 사용되는 지표이다. 분산은 편차 제곱의 합을 관찰된 자료의 수로 나는 것을 의미하며, 표준편차는 분산의 제곱근을 의미한다.
7. 표준화 계수(Z score)는 측정 단위가 서로 다른 자료를 비교하고자 할 경우에 사용한다. 표준화 계수는 비교하고자 하는 자료의 측정 단위가 달라도 표준화되기 때문에 서로 다른 자료들의 비교가 용이하다. 표준화 계수의 특징은 관찰치와 평균값의 차이, 즉 편차를 표준편차로 나누어 준 값이므로 측정 단위와 관계 없이 원자료의 값을 Z score로 변환시키면 항상 평균은 '0', 표준편차는 '1'이 된다.
8. 왜도(skewness)는 관측치들의 분포가 평균값을 중심으로 좌우 대칭을 이루지 않고 어느 한쪽, 즉 좌측 또는 우측으로 치우쳐 있는 정도를 의미한다.
9. 첨도(kurtosis)는 관측치들의 분포가 정규분포 곡선에 비해 꼭지점이 높은지 혹은 낮은지의 여부를 파악하는 데 사용한다.

연습 문제

1. 평균에는 산술평균 이외에도 기하평균과 조화평균이 있는데, 이들의 개념과 계산 방식을 알아보시오.
2. 표본의 분산과 표준편차를 계산할 때, $n-1$(자유도)로 나누는 이유에 대해 설명하시오.
3. 집중 경향을 측정하기 위해 이용되는 방법을 설명하시오.

4. 분산과 표준편차의 차이를 설명하시오.
5. 어떤 모집단에서 5개의 표본을 추출하여 측정했더니 그 값이 각각 16, 18, 20, 22, 24였다. 이 표본의 분산은?
6. 산술평균이 50cm, 중앙값이 75cm, 표준편차가 10cm일 때 다음 물음에 답하시오.
   6-1. 변이계수값은 얼마인가?
   6-2. 피어슨의 비대칭도는 무엇인가?
   6-3. 봉우리가 하나인 분포라면 그 모양은 어느 것에 가까운가?
7. 다음 자료는 136명의 신문 배달 소년들의 출생일에 가장 가까운 연령 분포이다. 표를 보고 물음에 답하시오.

출생일에 가까운 연령	소년의 수
15	13
16	27
17	51
18	39
19	6
합계	136

   7-1. 평균 연령을 구하시오.
   7-2. 중앙치(Md)를 구하시오.
   7-3. 최빈치를 구하시오.

제 4 장

자료의 제시 방법

제3장에서는 자료의 특성을 기술하는 방법으로 집중경향치, 변이(분포도), 비대칭도 등을 살펴보았다. 제4장에서는 자료의 특성을 쉽게 표현하는 방법으로 빈도분포표와 도형을 이용한 자료의 기술 방법을 공부하고자 한다. 빈도분포표는 사회과학자에게 가장 필요한 도구로서 가시적인 방법으로 양적인 정보를 제시하고 과학적으로 의사를 전달하는 방법이다. 그러나 표(table)는 자료의 특성을 제시하는 유일한 방법은 아니며, 제3장에서 학습한 내용에 추가적으로 도형(diagrams)이나 그래프(graphs)를 이용할 경우보다 명확한 시각적 효과를 얻을 수 있다는 것이다.

제 1 절 빈도분포표

자료분석의 예비적 단계는 변수들의 각 응답 범주별로 관찰 빈도 수를 파악하는 것이다. 빈도 수를 파악하는 것은 동일한 변수에 대한 분포의 상대적 변이(variation) 혹은 차이의 설명을 통해 사회 현상에 대한 다양한 설명을 가능하게 해 준다.

빈도분포표란 변수의 응답 범주[1]와 관찰 빈도의 수를 나타낸 표를 의미하는 것으로, 이의 종류에는 빈도분포, 백분율 빈도분포, 누적 빈도분포, 누적 백분율 분포가 있다.

1. 빈도분포

빈도분포(frequency distribution)란 각 응답 범주에 응답한 사람의 수, 또는 각 응답 범주가 나타난 횟수를 나타낸 표를 의미한다. 빈도분포를 표로 표현할 경우 숫자가 작은 값의 빈도부터 높은 값까지 차례로 제시된다. 이 때 숫자가 가장 작은 값을 최소값, 가장 높은 값을 최대값이라고 하며 가장 많이 나타난 값을 최빈값이라고 한다. 이와같이 빈도분포표를 통해 변수의 분포를 개략적으로 파악하는 데 유용하게 활용될 수 있다.

<표 4-1>에서 10대, 20대 등을 계급(class)이라 하고 보통 X로 표시한다. 각 계급에 속하는 관찰치의 개수를 도수(frequency)라고 하고, 각 계급의 빈도 수가 차지하는 비율을 퍼센트(%) 혹은 백분율, 특정 계급의 백분율을 포함하는 백분율을 누적 퍼센트 혹은 누적 백분율이라고 한다.

1) 연속적인 측정치의 경우, 관찰치들을 측정 구간(measurement intervals)으로 묶어서 정리해야 한다. 이러한 집단화(grouping) 작업을 위해서는 반올림(rounding), 정확 한계(true limits) 및 중간점(midpoints)에 대한 이해가 필수적이다.

〈표 4-1〉 연령별 빈도분포표

(단위: 명, %)

연령	빈도	퍼센트	유효 퍼센트	누적 퍼센트
10대	104	26.1	26.1	26.1
20대	122	30.6	30.6	56.7
30대	40	10.0	10.0	66.7
40대	84	21.5	21.5	88.2
50대 이상	43	11.8	11.8	100.0
합계	393	100	100	-

2. 백분율 빈도분포

백분율 빈도분포(percentage frequency distribution)란 퍼센트(%)라고도 하며, 빈도를 총 케이스 수로 나누어 100을 곱한 것을 의미한다. 이러한 백분율 빈도분포는 두 표본을 비교할 경우 특정 범주의 상대적 빈도를 파악하게 해 주는 데 유리하게 활용된다. 이 때 빈도의 값이 유효한 것들만을 대상으로 백분율을 구한 것을 유효 백분율 빈도분포 혹은 유효 퍼센트라고 한다.

3. 누적 빈도분포

누적 빈도분포(cumulative frequency distribution)란 각 응답 범주에 응답한 사람의 수 또는 응답 범주가 나타난 횟수를 누적적으로 합해 제시한 표를 의미한다.

4. 누적 백분율 분포

누적 백분율 분포(cumulative percentage distribution)는 누적 퍼센트라고도 하며, 유효한 케이스에 대해 해당 변수값 이하의 값을 가진 개체의 비율을 나타내는 것으로 가장 높은 값의 누적 퍼센트는 항상 100이 된다.

누적 백분율 분포는 두 표본을 비교할 경우, 특정 범주나 사례의 상대적 위치(응답 범주의 상대적 서열)를 파악하게 해 주는 데 유용하게 활용된다.

제 2 절 도 표

위의 제1절에서는 자료분석의 예비적 단계로 빈도분포표를 통해 수집된 자료를 빈도표로 정리하는 방법을 배웠다. 그러나 빈도표에 제시된 숫자의 나열은 시각적이지 못하다는 단점이 있다. 또한 집중 경향 및 변이를 직관적으로 파악하기에는 도표(graph)를 이용하는 것이 효과적이다. 즉 도표란 변수의 응답 범주와 그 관찰 빈도 수를 시각적으로 표현한 후 기술통계량을 요약해 제시하는 데 유리한 방법이라고 할 수 있다.

이 절에서는 여러 가지 도표의 종류와 특징, 그리고 도표를 이용해 자료를 제시하는 방법에 대해 알아본다.

도표를 이용한 자료 제시 방법은 자료가 범주형인가 아니면 연속형 변수인가에 따라 달라질 수 있다. 범주형 변수의 경우에는 막대도표와 원도표를 활용해야 하며, 연속형 변수의 경우에는 히스토그램과 꺾은선 그래프를 사용해야 한다.

1. 막대도표와 원도표를 이용한 자료 제시 방법

막대도표(bar chart)는 각 범주가 가지는 상대 도수(%)나 도수(frequency), 또는 다른 변수의 통계량을 막대의 길이로 표현한 것을 의미한다. 원도표(pie chart)는 각 응답 범주의 빈도, 퍼센트 등을 원의 중심각 360도를 나누어 작성한다.

막대도표 작성시 유의 사항은 다음과 같다.

첫째, 불연속적인 변수의 범주들 간에 특정한 순서가 없을 때는 막대들

[그림 4-1] 막대그래프의 예(성별 분포)

(단위: 천 명)

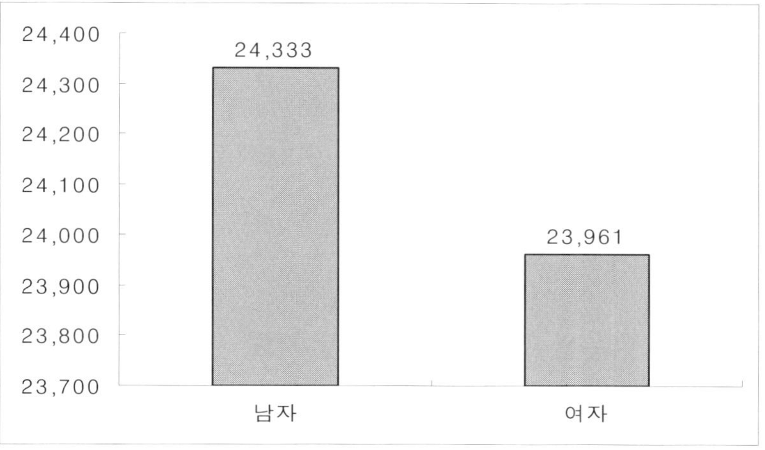

자료: 장래인구 특별추계 결과, 통계청, 2005.

[그림 4-2] 원도표의 예(원자력 에너지 사용의 찬성도)

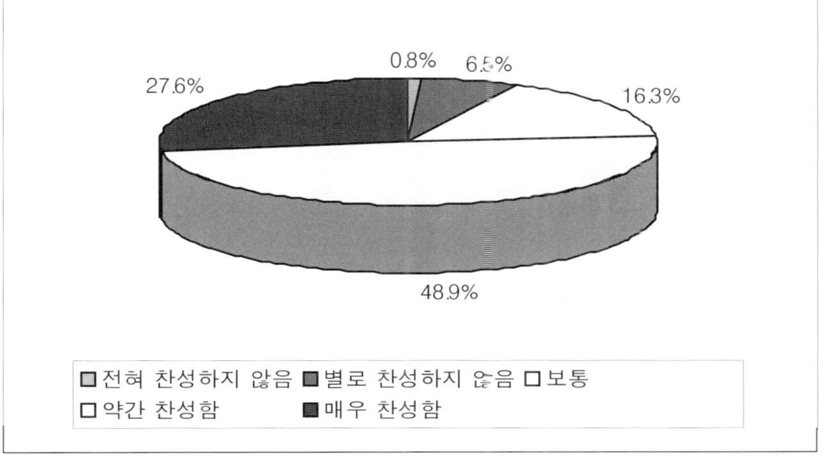

이 서로 닿으면 안 되고 반드시 각각 띄어서 그려야 한다.

둘째, 각 막대의 굵기를 일정하게 해야 한다. 막대의 굵기가 일정하지 않으면 굵은 막대의 경우 더 많은 양을 제시하는 것으로 착각을 일으킬 수 있기 때문이다.

막대도표와 원도표는 범주형 변수를 도표로 표현하는 대표적인 방법이다. 특히 원도표의 경우 전체를 1 혹은 100%로 놓고 각 범주 간의 상대적인 크기(비율)를 비교하는 데 많이 활용된다. 막대도표와 원도표의 예를 제시하면 [그림 4-1], [그림 4-2]와 같다.

2. 히스토그램과 꺾은선 그래프를 이용한 자료 제시 방법

위에서는 막대도표와 원도표는 범주형 변수를 도표로 표현하는 방식을 소개했다. 막대도표와 비슷한 모양을 가진 히스토그램(histogram)은 연속형 변수의 분포를 보여 주는 도표이다. 연속형 변수에서는 범주 간에 서열성을 표시하기 위해 수직으로 된 막대그림들을 서로 붙여 그리는 것이 막대도표와의 차이점이다.

[그림 4-3] 히스토그램의 예(연령별 분포)

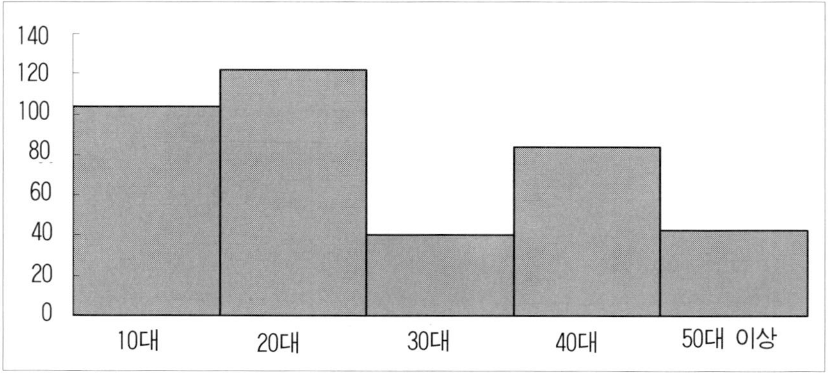

또한 꺾은선 그래프(polygon)는 막대도표나 히스토그램에서와 같이 막대그림을 그리는 대신 각 범주의 중간점을 선으로 연결해서 만든 도표를 의미한다.

<표 4-1>에 제시한 자료를 이용해서 히스토그램과 꺾은선 그래프의 예를 제시하면 다음 그림과 같다.

[그림 4-4] 꺾은선 그래프의 예(연령별 분포)

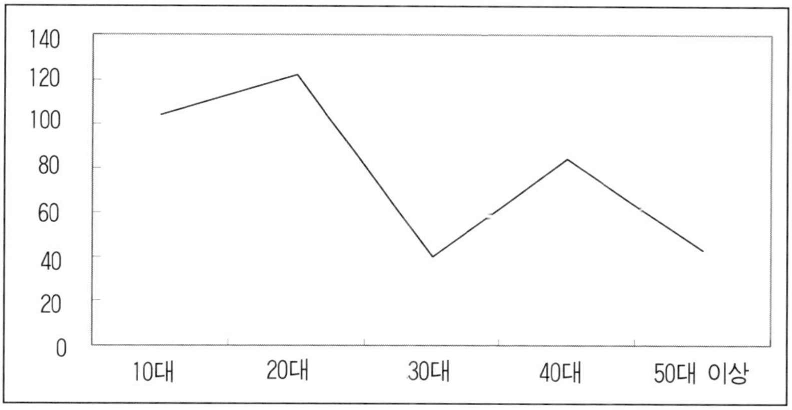

단원 요약

1. 빈도분포(frequency distribution)란 각 응답 범주에 응답한 사람의 수, 또는 각 응답 범주가 나타난 횟수를 나타낸 표를 의미하며, 빈도분포표를 통해 변수의 분포를 개략적으로 파악하는 데 유용하게 활용될 수 있다.
2. 백분율 빈도분포(percentage frequency distribution)란 퍼센트(%)라고도 하며, 빈도를 총 케이스 수로 나누어 100을 곱한 것을 의미한다. 이러한 백분율 빈도분포는 두 표본을 비교할 경우, 특정 범주의 상대적 빈도를 파악하게 해 주는 데 유리하게 활용된다.
3. 누적 빈도분포(cumulative frequency distribution)란 각 응답 범주에 응답한 사람의 수, 또는 응답 범주가 나타난 횟수를 누적적으로 합해 제시한 표를 의미한다. 누적 백분율 분포(cumulative percentage distribution)는 누적 퍼센트라고도 하며, 유효한 케이스에 대해 해당 변수값 이하의 값을 가진 개체의 비율을 나타내는 것을 의미한다.

연습 문제

1. 전국 주민등록 통계 인구를 기준으로 빈도분포표를 만드시오. 단, 계급은 500만으로 설정하시오.
2. 충주시 인구를 기준으로 연령별 빈도분포표를 만드시오. 연령은 10대, 20대, 30대, 40대, 50대, 60대, 70대 이상의 7개 계급으로 하고, 빈도, 퍼센트, 유효 퍼센트, 누적 퍼센트를 작성하시오.
3. 전국 16개 광역시 · 도의 인구를 기준으로 남녀 인구에 대한 막대그래프를 작성하시오.
4. 충주시의 예산 개요를 보고 세입과 세출에 대한 원도표를 그려 보시오.
5. 충주시 10년치 예산세출 총액을 기준으로 연도별 꺾은선 그래프를 그려 보시오.

제5장

SPSS WIN의 활용

제5장에서는 3장과 4장을 통해 이해한 통계학의 이해를 바탕으로 실제 사회 현상을 분석하기 위한 통계 도구 중 하나인 SFSS의 활용에 대해 공부하고자 한다.

SPSS는 SAS 등과 더불어 사회과학에서 가장 많이 이용하는 통계 프로그램이다. 특히 SPSS는 Window 버전으로 운영되며 단순한 기술통계로부터 복잡한 통계 분석까지 쉽게 할 수 있다는 장점을 갖는다.

제1절에서는 우선 SPSS를 이용한 통계 분석에 앞서 학생들이 알아야 하는 SPSS의 기능과 데이터 정리 방법, 구동 및 운영 방법을 공부한 후 제2절에서 실제 데이터를 가지고 SPSS를 이용한 기술통계 분석을 공부하고자 한다.

제 1 절 SPSS의 기본 구성 및 기능

SPSS는 Statistical Package for Social Science(이하 SPSS)의 약자로서 1968년 미국에서 사회과학 분야의 데이터를 분석하기 위해 개발된 프로그램이다. 사회과학 분야의 데이터를 분석하기 위해 잘 알려진 통계 프로그램으로는 SAS, NCSS, 미니탭 등이 있으나 SPSS의 윈도용 버전이 출시되면서 사용자의 편의성이 높아져 이의 활용도가 높아졌다고 할 수 있다. 이 교재는 윈도용 SPSS 한글판 버전 10.0을 가지고 사용법 및 통계분석 방법을 설명하고자 한다. SPSS의 기본 구성은 데이터 편집기 창, 주요 메뉴, 그리고 도구모음(toolbar)으로 이루어져 있으며, 간략한 내용은 다음과 같다.

1. 데이터 편집기 창

SPSS를 구동할 경우 자동으로 열리는 창으로서 데이터 입력, 분석 결과 확인, 도표 등을 입력하고 편집하는 기능을 갖고 있다. 자료의 입력이나 수정이 가능한 창이라는 점에서 데이터 편집기 창은 스프레드 시트(spread sheet)의 일종인 엑셀(excel)과 유사하다.

데이터 편집기 창의 주요 메뉴는 [그림 5-1]에서 보는 바와 같이 파일, 편집, 보기, 데이터, 변환, 분석, 그래프, 유틸리티, 창, 도움말 등이 있다.

주요 메뉴를 간략히 설명하면 다음과 같다.

- 파일: 새로운 파일을 작성하거나 과거에 작성했던 파일을 불러올 수 있다.
- 편집: 한글 프로그램의 메뉴와 비슷하며, 주로 복사, 잘라내기, 붙여 넣기 등의 편집 기능이 있다.
- 보기: 글꼴, 격자선 등을 수정하는 기능이 있다.

- 데이터 : 자료 파일의 변화, 즉 변수 삽입, 사례 삽입 등의 자료 파일을 합치고 나누는 기능을 갖는다.
- 변환: 변수들 간의 계산, 코딩 변경 등의 기능이 있으며, 이로 인해 새로운 값과 새로운 변수로 전환하는 기능을 갖는다.
- 분석: SPSS의 가장 중요한 기능으로 기술통계 및 추리통계를 실시할 수 있는 기능이 있다.
- 그래프: 막대, 원, 산점도 등의 다양한 그래프를 작성할 수 있는 기능이 있다.
- 유틸리티: 변수 및 파일에 관한 정보를 제공하는 기능이 있다.
- 창: 활성된 여러 창들을 이동하거나 통제하는 기능을 갖는다.
- 도움말: 다양한 도움말을 제공하는 기능을 한다.

[그림 5-1] 데이터 편집기 창

2. SPSS WIN의 구동 방법

1) SPSS 시작

SPSS를 실행하면 다음과 같은 활성 창이 나타난다. 이 대화 창은 사용하고자 하는 파일의 형태, 종류를 선택할 수 있도록 도와 준다.

[그림 5-2] 작업 선택 창

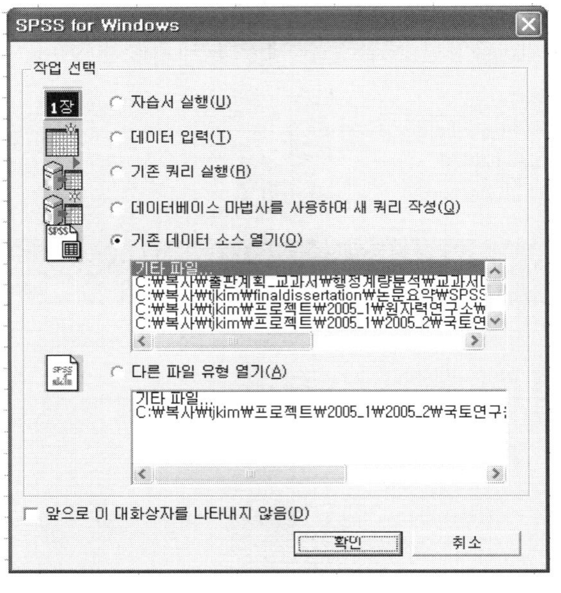

작업 선택의 창은 '자습서 실행', '데이터 입력', '기존 쿼리 실행' 등의 옵션이 있다.

첫째, '자습서 실행의 메뉴'는 사용자가 SPSS를 활용하는 데 필요한 항목을 자습시키는 부분이다. 둘째, '데이터 입력 메뉴'는 사용자가 데이터를 입력(코딩)할 수 있는 공간이 나오며, 사용자가 입력하고자 하는 자료들을 입력할 수 있다.

셋째, '기존 데이터 소스 열기'는 [그림 5-2]에서와 같이 기존의 SPSS를 통해 작업했던 항목들이 제시되는 부분으로 최근 작업한 내용을 쉽게 찾도록 도와 주는 기능을 한다.

기타, '기존 쿼리 실행', '데이터베이스 마법사'를 사용해 새 쿼리 작성 등은 일반 사용자가 많이 사용하지 않는 부분이므로 생략한다.

2) SPSS의 작업 및 종료

SPSS에서 작업을 한 다음에는 작업한 데이터 및 분석 결과물 등을 저장하고 종료해야 한다. 작업한 데이터를 저장할 경우에는 종류에 따라 다양한 형태의 확장자가 자동으로 생성된다. 첫째, 데이터를 코딩하여 저장할 경우에는 *.sav라는 확장자가 생성된다. 둘째, 명령문을 저장할 경우에는 *.sps로 저장된다. 셋째, 분석 결과물을 저장할 경우에는 *.spo로 저장된다.

[그림 5-3] SPSS 저장 및 종료

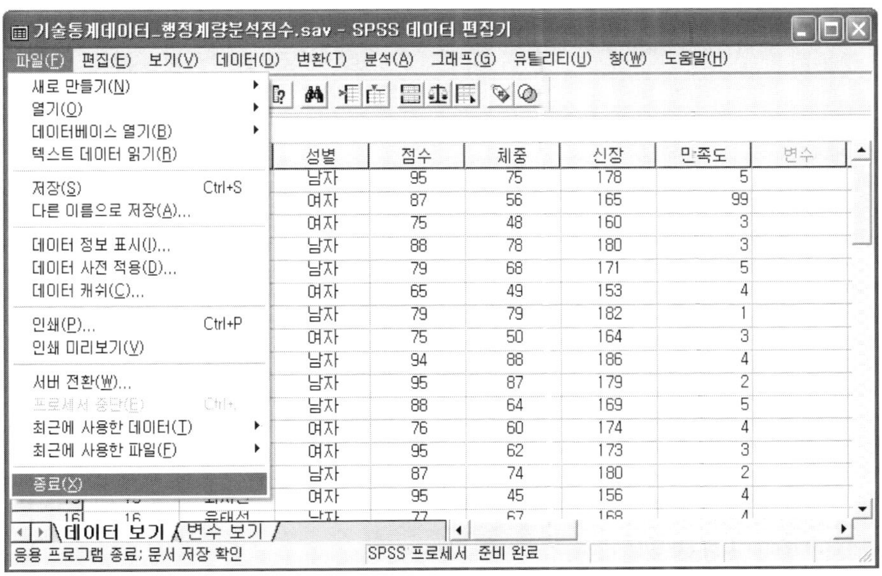

따라서 작업했던 파일을 불러올 경우에는 불러올 파일의 종류에 따라 확장자를 달리해야 한다. 즉 데이터, 명령문, 분석 결과물에 따라 확장자가 다르기 때문이다.

3. 데이터 편집기의 주요 내용

데이터 편집기의 기능은 데이터 보기와 변수 보기의 두 가지 형태가 있다. 데이터 보기는 변수명과 변수의 사례별 측정값이 제시되는 부분이고, 변수 보기는 변수 이름, 변수 유형, 자리 수, 소수점 이하 자리, 변수 설명, 변수값, 결측값, 열 형식, 측도(척도, 명목, 서열) 등의 정보를 편집(추가, 변경, 삭제)하는 기능을 수행한다.

1) 데이터 보기

데이터 보기의 화면은 스프레드 시트의 모양과 비슷하지만 다음과 같은

[그림 5-4] 데이터 보기 화면

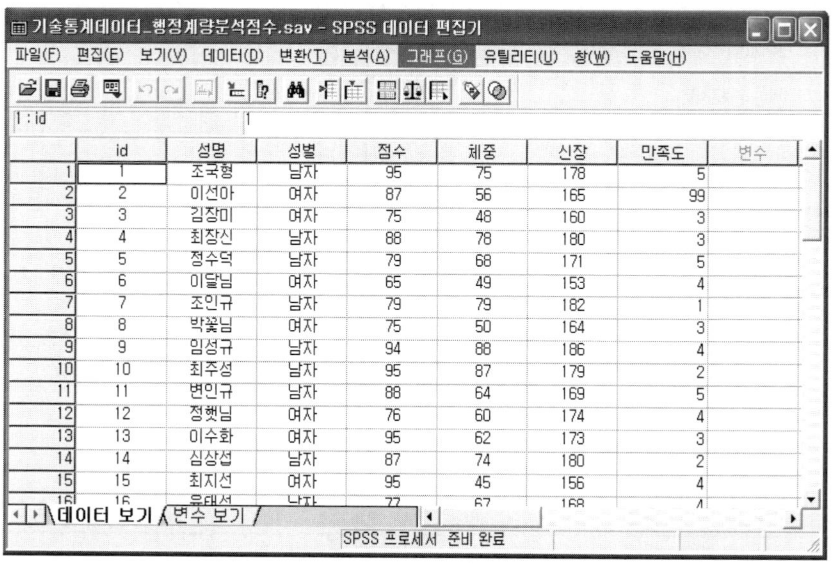

특징이 있다. 첫째, 열(column)은 변수를 의미한다. [그림 5-4]에서 id, 성명, 성별, 점수, 체중, 신장 등이 모두 변수이다. 둘째, 행(row)은 케이스들을 의미한다. 각 행은 하나의 케이스를 의미하며, 그림에서와 같이 20명을 대상으로 자료를 수집했다면 행은 20개가 된다. 셋째, 열과 행이 만나는 각 셀(cell)에는 변수의 측정값이 입력된다

2) 변수 보기

변수 보기 화면은 데이터 보기에서 크딩한 변수들의 특성을 보여 준다. [그림 5-5]에서와 같이 행은 변수의 이름을 보여 주며, 열은 각 변수에 대한 변수의 이름, 유형, 자리 수, 값, 결측값, 척도 등을 보여 준다.

[그림 5-5] 변수 보기 화면

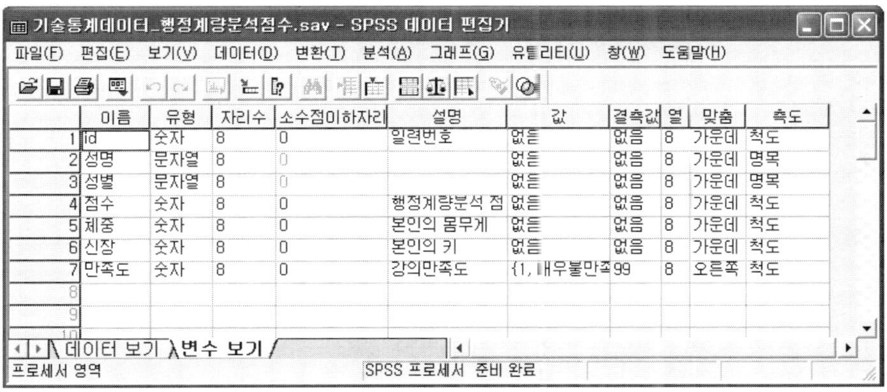

(1) 이 름

[그림 5-5]의 변수 보기 화면에서 '이름'은 변수의 이름을 지정하는 셀이다. 데이터 보기에서 변수값을 입력한 경우 변수 이름은 디폴트로 VAR00001로 되어 있다. 이러한 변수 이름을 사용자가 변수의 특성에 맞는 이름을 넣을 수 있다. 이 때 변수의 순서에 따라 X_1, X_2, $X_3 \cdots$, 등으로 입력하는 방법도 있으며, 변수의 내용을 쉽게 알아보기 위해 사용자가 직접 입력하는 방

법이 있다. 그림에서는 사용자가 직접 입력한 방식을 택하고 있다.

(2) 유 형

유형이란 변수의 유형을 의미한다. [그림 5-4]의 화면을 보면 총 6개의 변수, 즉 id, 성명, 성별, 점수, 체중, 신장 변수가 있다. 이 때, 성명과 성별의 변수는 변수의 유형이 문자(string)인 반면, 나머지 변수는 수치(numeric)의 형태를 취하고 있다.

아래의 [그림 5-6]은 [그림 5-5]의 변수 보기 화면에서 유형의 아래에 있는 '숫자'의 오른쪽 부분을 클릭하면 나타나는 활성 창이다. [그림 5-6]의 'id' 변수는 숫자로 표기되어 있으므로 변수 유형의 경우도 '숫자'로 표기되어 있으며, 이를 문자로 변환하고 싶으면 변수 유형의 활성 창에서 직접 바꿀 수 있다.

또한 변수 유형의 오른쪽에서 자리 수와 소수점 이하 자리가 표시되어 있는데 이것도 변수의 자리 수 또는 소수점 이하 자리의 조정도 직접 변경이 가능하게끔 되어 있다.

[그림 5-6] 변수 유형

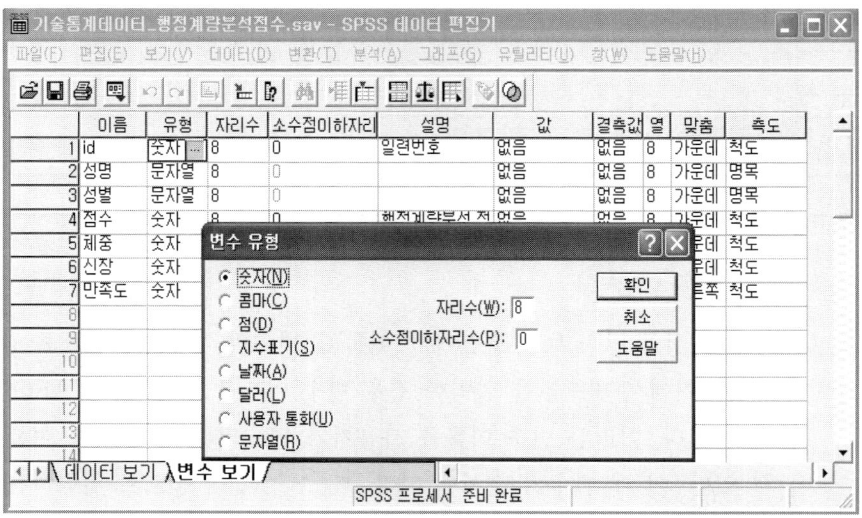

(3) 설 명

설명이란 변수의 설명을 의미하는 것으로 변수 이름과 변수값에 대한 이해를 돕기 위해 사용하는 기능을 갖는다. [그림 5-7]의 설명란에서 보는 바와 같이 'id' 변수는 케이스의 일련 번호를 의미하며, '점수' 변수는 행정계량분석 점수라는 것을 입력해 누가 데이터를 보더라도 데이터에 제시되어 있는 값들의 의미를 쉽게 파악할 수 있도록 변수를 설명하는 곳이다.

[그림 5-7] 변수 설명

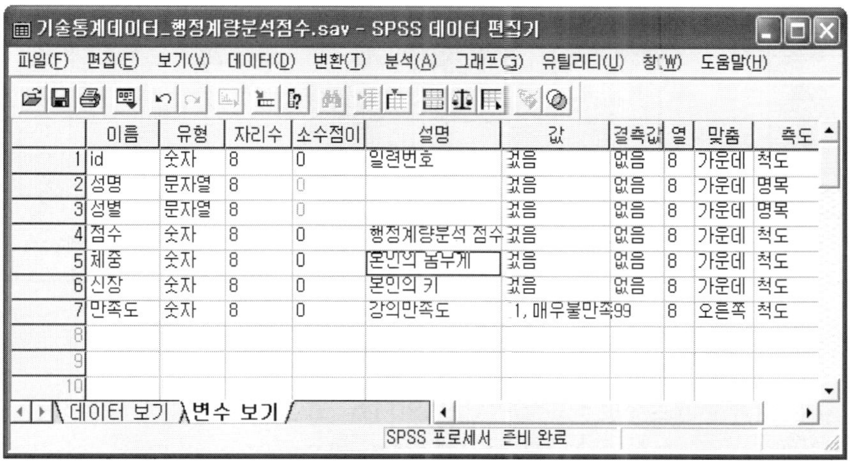

	이름	유형	자리수	소수점이	설명	값	결측값	열	맞춤	측도
1	id	숫자	8	0	일련번호	없음	없음	8	가운데	척도
2	성명	문자열	8	0		없음	없음	8	가운데	명목
3	성별	문자열	8	0		없음	없음	8	가운데	명목
4	점수	숫자	8	0	행정계량분석 점수	없음	없음	8	가운데	척도
5	체중	숫자	8	0	본인의 몸무게	없음	없음	8	가운데	척도
6	신장	숫자	8	0	본인의 키	없음	없음	8	가운데	척도
7	만족도	숫자	8	0	강의만족도	1, 매우불만족	99	8	오른쪽	척도
8										
9										
10										

(4) 값

값이란 변수의 값을 의미한다. [그림 5-8]의 마지막 변수인 만족도 변수의 경우 변수값이 표시되어 있는 것을 알 수 있다. 이 때 변수값을 클릭하면 [그림 5-8]과 같은 '변수값 설명'이라는 활성 창이 나타난다.

예를 들어 '강의 만족도' 변수의 경우 변수의 값은 다섯 가지, 즉 매우 불만족의 경우 '1', 불만족은 '2', 보통은 '3', 만족은 '4', 대우 만족은 '5'로 응답하도록 리커트 5점 척도로 구성했다면, 변수값 설명은 1='매우 불만족', 2='불만족', · · ·, 5='매우 만족'의 형태로 표시해야 한다.

[그림 5-8] 변수값 설명

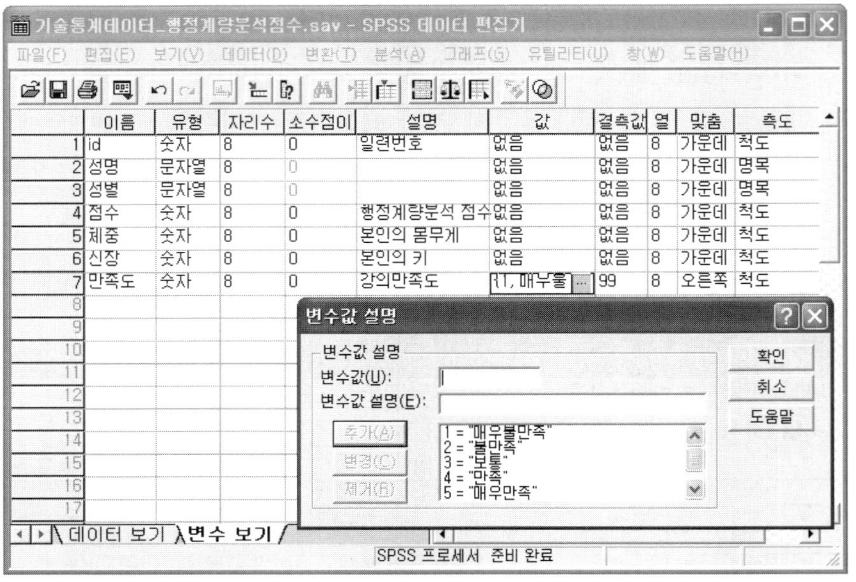

(5) 결측값

결측값(missing value)이란 데이터를 수집하는 과정에서 특정한 변수에 대한 정보가 없거나 설문조사를 했을 경우 응답하지 않아 관측하지 못한 값을 의미한다. 결측값은 주로 설문에 응답자들이 응답하지 않았을 때 자주 발생하며, 특히 연령, 학력, 체중 등을 묻는 질문에서 자주 발생한다.

결측값의 지정 방법은 일반적으로 9, 99, 999 등을 지정한다. 이 때 결측값이 발생했음에도 불구하고 데이터 셀에 아무 표시를 하지 않을 경우 SPSS에서는 이를 '0'의 값으로 인식한다. 이럴 경우 '만족도' 변수의 평균값을 구한다고 할 때 결측값을 별도로 지정하지 않으면 평균값이 낮아지는 경우가 발생할 수 있으므로 주의해야 한다.

[그림 5-9]에서는 결측값으로 '99'를 지정했는데 이는 변수값이 1~5까지의 값을 갖고 있으므로 변수의 값과 혼동을 피하기 위해 '99' 혹은 '999'의 값으로 지정하는 방법을 택했다.

[그림 5-9] 결측값 활성 창

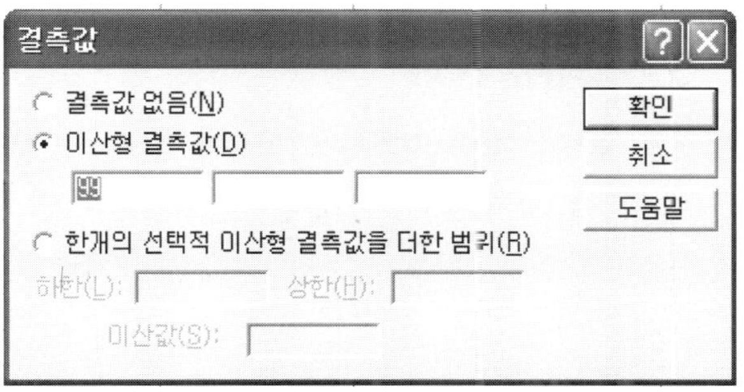

또한 결측값을 두 개 이상 지정할 수드 있다. 예를 들어 "귀하의 학력 수준?"을 묻는 설문에서 응답 항목이 ① 중졸 이하, ② 고졸, ③ 대졸, ④ 대학원 이상, ⑤ 무응답으로 구성되어 있을 경우 ① 중졸 이하와 ⑤ 무응답을 분석에서 제외하고 싶다면 [그림 5-9]의 결측값 지정에서 1과 5를 결측값으로 지정하면 된다.

(6) 열

열은 '데이터 보기'에서 각 열의 크기를 의미한다. SPSS에서는 일반적으로 숫자인 경우 열의 크기가 '8'로 디폴트되어 있다. 만약 열의 크기를 확장시킬 경우에는 이를 크게 하면 된다.

(7) 맞 춤

맞춤은 각 셀의 값들을 왼쪽, 가운데, 오른쪽으로 정렬할 때 사용하는 기능을 제공한다. [그림 5-4]의 화면은 '가운데' 정렬을 한 것이다.

(8) 측 도

측도란 각 변수의 측정 척도를 의미한다. 측도는 척도, 순서, 명목 세 가지가 있는데, 등간 및 비율 척도일 경우에는 척도로, 서열 척도는 순서로, 그리고 명목 척도의 경우에는 명목을 선택하면 된다([그림 5-6] 참고).

제 2 절 SPSS WIN을 이용한 기술통계분석

이 절에서는 SPSS 통계 패키지를 이용해 앞에서 공부했던 기술통계분석에 대한 실습을 하고자 한다. 아래의 <표 5-1>과 같이 A대학 B반 학생들의 행정계량분석 점수 예시 자료를 통해 기술통계량을 구하는 방법을 알아보자.

〈표 5-1〉 행정계량분석 점수의 예시 자료

id	성명	성별	점수	체중	신장
1	조국형	남자	95	75	178
2	이선아	여자	87	56	165
3	김장미	여자	75	48	160
4	최장신	남자	88	78	180
5	정수덕	남자	79	68	171
6	이달님	여자	65	49	153
7	조인규	남자	79	79	182
8	박꽃님	여자	75	50	164
9	임성규	남자	94	88	186
10	최주성	남자	95	87	179
11	변인규	남자	88	64	169
12	정햇님	여자	76	60	174
13	이수화	여자	95	62	173
14	심상섭	남자	87	74	180
15	최지선	여자	95	45	156
16	윤태성	남자	77	67	168
17	윤성실	여자	83	50	154
18	이미화	여자	84	50	150
19	박노력	남자	93	72	173
20	김근면	남자	90	70	170

[예제 5-1]

<표 5-1>의 데이터를 이용해 A대학 B반 학생들의 행정계량분석 점수에 대한 특성을 설명하시오.

[풀이]

A대학 B반 학생들의 특성을 파악하기 위해서는 기술통계량을 통해 집중경향치, 분포, 변이에 대한 특징을 밝혀야 한다. 기술통계분석의 절차에 따라 설명하면 다음과 같다.

1. 기술통계분석의 절차

SPSS WIN을 활용하여 B반의 행정계량분석 점수에 대한 특성을 파악하기 위해서는 기술통계분석의 절차를 이해해야 한다.

첫째, SPSS WIN에서 기술통계분석의 절차는 [그림 5-10]에서와 같이 메뉴에서 분석(A) → 기술통계량(E) → 기술통계(D)를 선택한다.

[그림 5-10] 기술통계분석의 절차

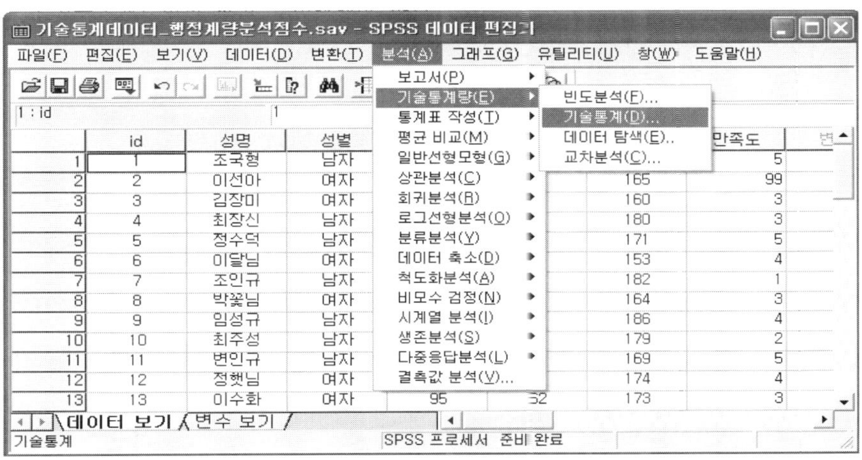

둘째, [그림 5-11]과 같은 '기술통계' 대화 창이 열리고 위의 [그림 5-10] 데이터 파일에 있는 변수들이 왼쪽 상자에 나타난다. 이 때 분석하고자 하는 대상이 '점수' 변수이므로 이를 오른쪽 상자로 이동(▶)한다.

[그림 5-11] 기술통계의 대화 창

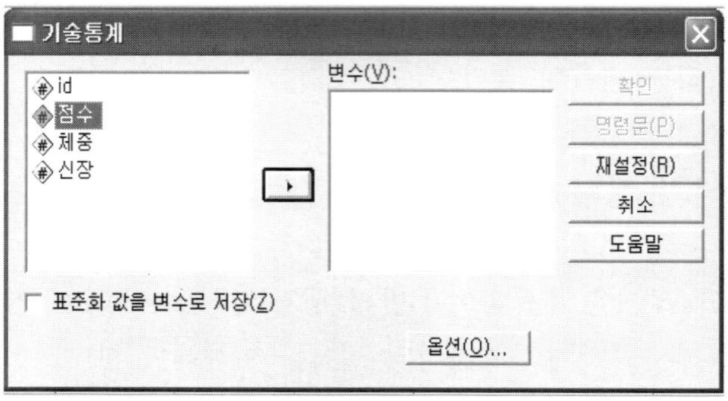

셋째, 기술통계의 대화 창 밑부분에 있는 옵션(O)을 누르면 [그림 5-12]의 옵션 대화 창이 열린다.

[그림 5-12] 기술통계: 옵션 대화 창

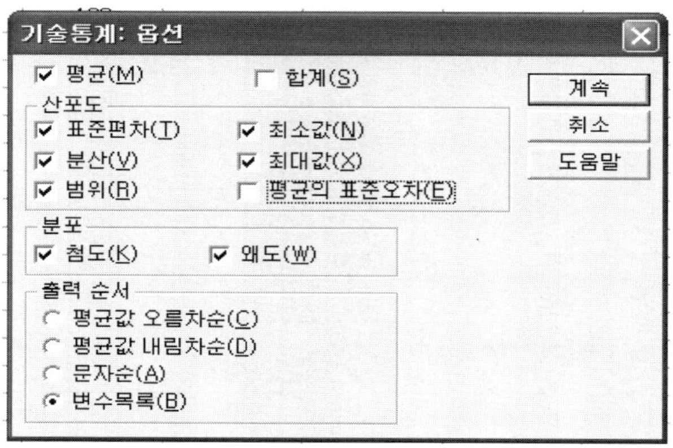

이 중에서 필요한 통계량을 지정하고 계속을 누르면 위의 [그림 5-11]로 돌아가고, 여기서 다시 '확인' 메뉴를 누르면 다음의 <표 5-2>와 같은 기술통계량의 결과를 얻을 수 있다.

〈표 5-2〉 행정계량분석 점수에 대한 기술통계량

	N	범위	최소값	최대값	평균	표준편차	분산	왜도		첨도	
	통계량	통계량	통계량	통계량	통계량	통계량	통계량	통계량	표준오차	통계량	표준오차
점수	20	30	65	95	85.00	8.64	74.632	-.567	.512	-.365	.992

2. 분석 결과의 해석

1) 자료의 기술 방법에 의한 해석

A대학 B반 학생들의 행정계량분석 '점수'의 특성을 파악하기 위해 기술통계분석을 실시해 얻은 결과는 <표 5-2>와 같다.

첫째, 행정계량분석을 수강한 B반 학생들의 점수를 대표할 수 있는 값은 이론에서 강의한 바와 같이 일반적으로 평균을 활용해 설명할 수 있다. 또한 평균의 단점을 보완하기 위해 중위수와 최빈값을 활용한다고 배웠다. 위의 기술통계량에서는 제시되지 않았지만, 빈도분석을 실시할 경우 평균, 중위수, 최빈값 등의 집중경향치를 분석할 수 있다. 분석 결과에 따를 경우 평균 점수는 85점, 중위수는 87점, 최빈값은 95점으로 나타났다.

둘째, 분산도 즉 B반 학생들의 점수 분포에 대한 특징을 파악하기 위해 표준편차, 분산, 범위의 값을 이해해야 한다. 분석 결과에 따르면 최소값과 최대값은 각각 65점과 95점으로 범위에서 나타난 바와 같이 30점의 차이가 난다. B반에서 시험을 가장 잘 치른 학생은 95점이며, 최저점수와는 30점의 차이가 난다는 의미이다.

셋째, 변이, 즉 왜도와 첨도를 분석한 결과 왜도는 -0.567, 첨도는 -0.365로 나타나 전반적으로는 좌우 대칭분포가 아닌 비대칭분포임을 확인할 수 있다. 구체적으로 분석할 경우 왜도의 값이 0보다 작은 음수이므로 왼쪽 꼬리 분포, 즉 정규분포에 비해 왼쪽으로 꼬리가 긴 분포를 갖고 있다. 또한 첨도값의 경우에도 0보다 작은 음수(−)이므로 점수는 평균 주변에 밀집되어 있지 않고 정규분포보다 낮으며 넓게 분포되어 있음을 알 수 있다. 주의할 사항은 왜도나 첨도의 경우 일반적으로 0보다 크거나 작으면 비대칭분포로 해석하기는 하지만 일반적으로 '0'에 가까우면 정규분포로 간주하며, 단 왜도와 첨도의 절대값이 1보다 크거나 작을 경우에만 비대칭분포로 해석하는 것이 타당하다고 할 것이다.

2) 도표에 의한 해석 방법

(1) 빈도표

행정계량분석 점수에 대한 빈도분석을 실시할 경우 <표 5-3>과 같은 빈도표를 도출할 수 있다.

〈표 5-3〉 행정계량분석 점수의 빈도표

점수	빈도	퍼센트	유효 퍼센트	누적 퍼센트
65	1	5.0	5.0	5.0
75	2	10.0	10.0	15.0
76	1	5.0	5.0	20.0
77	1	5.0	5.0	25.0
79	2	10.0	10.0	35.0
83	1	5.0	5.0	40.0
84	1	5.0	5.0	45.0
87	2	10.0	10.0	55.0
88	2	10.0	10.0	65.0
90	1	5.0	5.0	70.0
93	1	5.0	5.0	75.0
94	1	5.0	5.0	80.0
95	4	20.0	20.0	100.0
합계	20	100.0	100.0	

빈도표에 의할 경우 빈도는 각 점수대별 학생의 수를 나타내는 것으로 65점을 획득한 학생은 1명, 75점을 획득한 학생은 2명, 95점을 획득한 학생은 4명으로 나타났다. 퍼센트는 합계 빈도 중에서 각 빈도가 차지하는 비율(%)을 의미하며, 유효 퍼센트는 결측치가 있을 경우 유의미하게 해석할 수 있는 비율을 의미한다. 이 자료에서는 결측치가 없기 때문에 퍼센트와 유효 퍼센트의 값이 동일하다고 할 수 있다. 누적 퍼센트는 합계 빈도 중에서 해당 변수값 이하의 퍼센트를 합한 값이라고 할 수 있다. 참고로 <표 5-3>을 이용할 경우 최빈치는 95점, 중위수는 84점임을 알 수 있다.

(2) 도 표

행정계량분석 점수는 비율변수이므로 도표를 이용할 경우 막대도표(bar chart)나 원도표(pie chart)가 아닌 히스토그램(histogram)으로 작성해야 한다.

위의 자료의 기술 방법에서 왜도와 첨도를 설명한 바와 같이 왼쪽 꼬리 분포라는 것을 확인할 수 있다.

[그림 5-13] 행정계량분석 점수의 히스토그램

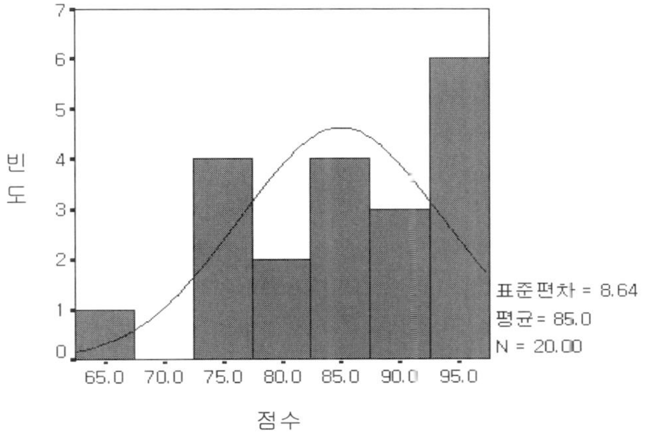

단원 요약

1. 데이터 편집기 창의 주요 메뉴에는 파일, 편집, 보기, 데이터, 변환, 분석, 그래프, 유틸리티, 창, 도움말 등이 있다.
2. SPSS에서 작업한 데이터를 저장할 경우에는 종류에 따라 다양한 형태의 확장자가 자동으로 생성된다. 데이터를 코딩하여 저장할 경우에는 *.sav라는 확장자가 생성되며, 명령문을 저장할 경우에는 *.sps로 저장된다. 또한 분석 결과물을 저장할 경우에는 *.spo로 저장된다.
3. 데이터편집기의 '데이터 보기' 창에서 열(column)은 변수를 의미하며 행(row)은 케이스들을 의미한다.
4. 데이터 편집기의 '변수 보기' 창은 '데이터 보기'에서 코딩한 변수들의 특성을 보여 준다. 즉 행은 변수의 이름을 보여 주며, 열은 각 변수에 대한 변수의 이름, 유형, 자리수, 값, 결측값, 척도 등을 보여 주며 각각의 기능은 다음과 같다. 첫째, 변수 보기 창에서 '이름'은 변수의 이름을 지정하는 셀이다. 둘째, 유형이란 변수의 유형을 의미한다. 셋째, 설명이란 변수의 설명을 의미하는 것으로 변수 이름과 변수값에 대한 이해를 돕기 위해 사용하는 기능을 갖는다. 넷째, 값이란 변수의 값을 의미한다. 다섯째, 결측값(missing value)이란 데이터를 수집하는 과정에서 특정한 변수에 대한 정보가 없거나 설문조사를 했을 경우 응답하지 않아 관측하지 못한 값을 의미한다. 여섯째, 측도란 각 변수의 측정척도를 의미한다. 측도는 척도, 순서, 명목 세 가지가 있는데, 등간 및 비율척도일 경우에는 척도로, 서열척도는 순서로, 그리고 명목척도의 경우에는 명목을 선택하면 된다.

연습 문제

1. 다음은 2006년 5·31 지방선거에서 당선된 의원의 학력을 나타낸 자료이다. SPSS를 이용해 다음의 문제를 해결하시오.

	미기재	독학 (무학)	초졸 이하	초졸 이상 중졸 이하	중졸 이상 고졸 이하	고졸 이상 대졸 이하	대학원 졸 이상
서울	40	3	9	21	47	189	57
부산	11	1	2	14	26	71	33
대구	5	2	4	13	11	47	20
인천	11	0	5	8	21	45	7
광주	1	1	1	1	8	32	15
대전	5	0	0	1	9	28	12
울산	1	0	0	2	10	26	4
경기	9	0	7	12	59	195	82
강원	3	0	8	6	41	69	19
충북	1	1	7	11	35	47	12
충남	2	0	15	17	42	51	25
전북	12	0	6	8	38	88	21
전남	6	1	13	19	53	102	17
경북	1	0	10	18	64	123	31
경남	7	0	12	18	54	100	35

1-1. 데이터를 편집하시오. 코딩하고, 변수 이름을 부여하고, 유형을 설정하시오.

1-2. 기술통계분석을 실시하고, 분석하시오.

2. 다음은 2006년 5·31 지방선거에서 당선된 의원의 성별 및 연령을 나타낸 자료이다. SPSS를 이용해 다음의 문제를 해결하시오.

2-1. 데이터를 편집하시오. 코딩하고 변수 이름을 부여하고, 유형을 설

정하시오.

2-2. 기술통계분석을 실시하고, 분석하시오.

	남	여	30세 미만	30세 이상 39세 이하	40세 이상 49세 이하	50세 이상 59세 이하	60세 이상
서울	333	33	2	26	132	146	60
부산	147	11	1	14	53	68	22
대구	96	6	1	2	40	35	24
인천	93	4	0	6	39	39	13
광주	50	9	0	13	27	16	3
대전	51	4	0	6	28	15	6
울산	38	5	0	7	24	12	0
경기	346	18	2	34	200	116	12
강원	143	3	0	6	74	54	12
충북	113	1	0	3	48	46	17
충남	150	2	0	12	52	71	17
전북	170	3	0	17	68	67	21
전남	209	2	0	7	72	100	32
경북	240	7	0	8	102	119	18
경남	224	2	0	4	102	92	28

제 3 부

추리통계의 이론과 활용

제 6 장 추리통계의 논리 / 93
제 7 장 단일 평균검정 / 120
제 8 장 두 평균 간 차이의 검정 / 137
제 9 장 분산분석 / 156
제10장 교차분석 / 177
제11장 상관분석 / 197
제12장 회귀분석 / 216

제 6 장

추리통계의 논리

기술통계는 추리통계를 학습하기 위한 기반이라고 할 수 있다. 즉 기술통계에서는 모집단의 모수를 알고 있다는 것을 전제로 하여 표본의 특성을 파악하는 것이 대부분이었으나, 실제 사회 현상 및 학문적 연구에서는 모집단을 알지 못하는 상황에서 모집단의 성격, 즉 모수를 추정해야 할 경우가 많다. 예를 들어 모집단을 전수 조사할 경우 모집단의 모수를 알 수 있으나 시간과 비용 등의 문제로 불가능할 경우에는 표본의 특성을 나타내는 통계치를 계산해 이를 토대로 모집단의 모수를 찾아내야 하는데, 이러한 논리를 제공하는 것이 추리통계(inferential statistics)이다.

제6장에서는 추리통계의 개념, 추리통계의 논리, 추리통계의 요소, 추정의 기본이 되는 가설검정 등에 대해 살펴보고자 한다.

제 1 절 추리통계의 개념 및 과정

1. 추리통계의 개념

기술통계는 추리통계를 학습하기 위한 기반이라고 할 수 있다. 즉 기술통계에서는 모집단의 모수를 알고 있다는 것을 전제로 하여 표본의 특성을 파악하는 것이 대부분이었으나, 실제 사회 현상 및 학문적 연구에서는 모집단을 알지 못하는 상황에서 모집단의 성격, 즉 모수를 추정해야 할 경우가 많다. 예를 들어 모집단을 전수조사할 경우 모집단의 특성(모수)을 알아낼 수는 있으나 시간과 비용 등의 문제가 발생하여 현실적으로 불가능할 경우에는 표본의 특성을 나타내는 통계치를 계산하여 이를 토대로 모집단의 모수를 찾아내야 하는데 이러한 논리를 제공하는 것이 추리통계이다. 즉 추리통계(inferential statistics)란 표본에서 얻은 자료, 즉 통계치(sample

[그림 6-1] 추리통계의 논리

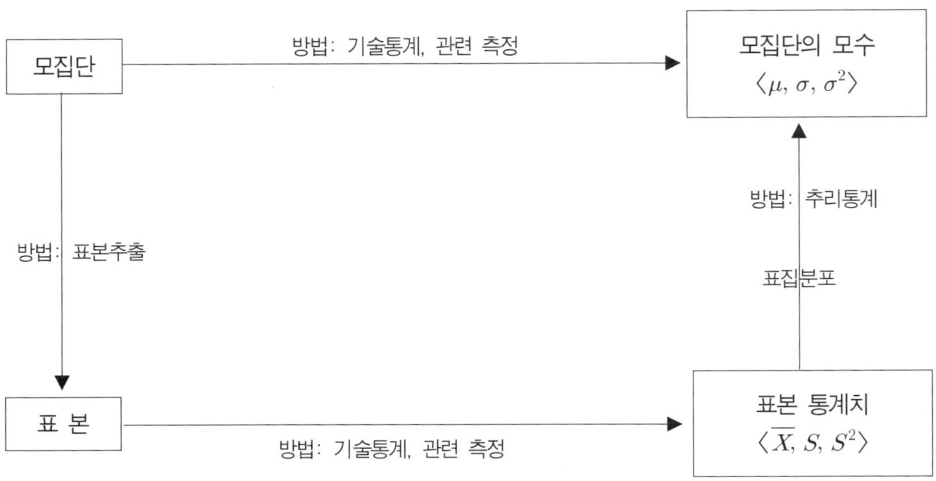

statistics)를 사용해 모집단의 모수(population parameter)를 추정하는 방법을 의미한다.

2. 가설검정의 논리

추리통계의 중요한 논리는 위의 개념에서 언급한 것처럼 표본의 통계치를 사용해 모집단의 모수(특성)를 추정한다고 했다. 추정은 가설검정(hypothesis testing)의 과정을 통해 이루어지며, 가설검정은 유의성 검정(significance testing) 혹은 적합도 검정(goodness of fit test)이라고도 한다.

제2절 추리통계의 요소에서 자세하게 설명하겠지만 가설검정의 기본적인 논리는 연구자가 주장하고 싶어하는 가설, 즉 대립가설을 영가설과 반대로 모집단의 모수를 추정해 놓았기 때문에 그 값이 표본 통계치와 상대적으로 가까운 위치에 놓이게 되어 잠정적으로 받아들여지게 된다는 논리이다. 이와같이 우리가 진실이기를 바라는 대립가설은 영가설의 기각이라는 간접적 방법을 통해 검정되는 것이다.

3. 가설검정의 과정

추리통계는 가설검정의 과정을 통해 모집단의 모수를 추정하는 과정이라고 설명했다. 따라서 가설검정의 과정을 세부적으로 설명하면 다음과 같은 다섯 단계로 구분할 수 있다.

제1단계: 귀무가설과 대립가설을 설정한다.
제2단계: 표집분포를 설정한다.
제3단계: 유의 수준과 자유도를 구해서 임계치를 찾는다.
제4단계: 검정통계치 값을 구한다.
제5단계: 검정통계치와 임계치를 비교해 귀무가설(영가설)의 채택 여부를 결정하고, 이를 토대로 하여 가설의 잠정적인 결론을 내린다.

[그림 6-2] 가설검정의 과정

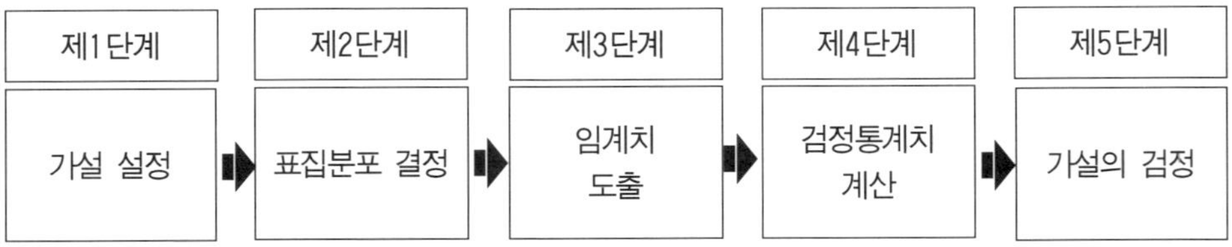

제 2 절 추리통계의 요소

추리통계란 표본의 성격을 나타내는 통계치를 기초로 모집단의 모수(parameter)를 추정하는 것이며, 추정은 가설검정의 과정을 거친다고 했다. 따라서 추리통계의 논리를 이해하기 위해서는 가설, 표집분포, 임계치, 그리고 검정통계치 등의 요소를 알아야 한다.

1. 가 설

우리는 사회 생활을 하면서 다양한 선택과 판단을 하게 된다. 그러나 이와 같은 선택과 판단이 항상 옳은 것은 아닐 수 있다. 일반적으로 경험과학을 주장하는 연구자들은 판단을 하는 데, "어떤 현상이 이럴 것이다"라고 하는 잠정적인 진술을 내리고 이 잠정적인 진술에 대해 옳고 그름을 판단하는 의사 결정을 내린다. 이와같이 가설(hypothesis)이란 실증적인 증명단계에 앞서 세워지는 잠정적인 진술 또는 언명을 의미한다. 따라서 가설은 연구 과정에서 검정의 대상이 되는 가설과 그 가설이 받아들여지지 않을 때 대신 받아들여지는 가설, 영가설과 대립가설 두 가지 유형이 있다. 가설을 두 가지로 세우는 이유는 뒤에서 다시 설명하겠지만, 포퍼(K. Popper)의 반증가능성의 원리(falsification)에 기초를 두고 있기 때문이다.

1) 영가설

영가설(null hypothesis)은 연구자가 지지하고 싶은 가설의 반대되는 (즉, 부인하고 싶은) 가설로서, 실제로 연구에서 검정되는 가설이다. 영가설은 대체로 변수 간의 관계가 없음을 묘사하고 있으며, 기호로는 H_o로 표시한다. 영가설은 귀무가설, 검정가설이라고도 한다.

2) 대립가설

대립가설(alternative hypothesis)은 영가설이 부정되었을 때 진리로 남는 잠정적 진술을 의미하며, 일반적으르 연구자가 연구에서 주장하고자 하는 내용의 가설이라고 할 수 있다. 대립가설은 연구자가 주장하고자 하는 가설이므로 연구가설(research hypothesis)이라고도 하며, 표기는 H_1으로 한다.

대립가설은 일반적으로 변수 간에 관계가 있음을 묘사한다.

예를 들어 연구자가 "우리 나라의 경우 남녀간 임금 격차가 심하다는 사실을 증명하고자 한다"고 할 때, 위의 내용을 토대로 영가설과 대립가설을 설정하면 다음과 같다.

영가설: "남녀간 월평균 임금에는 차이가 없다."
대립가설: : "남녀간 월평균 임금에는 차이가 있다."

위의 예에서와 같이 영가설은 연구자가 부인하고 싶은 진술인 반면 대립가설은 연구자가 연구에서 주장하고 싶은 내용을 진술한다는 데에서 차이가 있다.

가설은 위와 같이 서술식으로 표현할 수도 있지만, 수치로 간명하게 표현할 수도 있다. 단, 남자의 월평균 임금을 μ_1, 여자의 월평균 임금을 μ_2라고 하자.

$$H_o : \mu_1 = \mu_2$$

$$H_1 : \mu_1 \neq \mu_2$$

2. 표집분포

표집분포(sampling distributions)란 한 모집단으로부터 특정 크기의 모든 표본을 추출했다고 가정할 때, 그로부터 얻을 수 있는 특정 통계량의 분포, 즉 이는 이론적 확률분포(theoretical probability distribution)이다.

즉 연구자가 조사하고자 하는 집단의 성격이나 특성을 분석하기 위해서는 해당 집단 전체, 즉 모집단의 특성을 분석하면 되나, 전수조사가 어렵거나 불가능한 경우에 표본조사를 하게 되며, 표본조사를 통해 추출된 표본들의 분포를 표집분포 혹은 표본분포라고 한다. 표집분포는 추리통계의 통계적 추정, 즉 가설검정 단계에 필수적으로 이용되므로 가설검정의 가장 중요한 부분이라고 할 수 있다.

이러한 확률분포는 이산확률분포와 연속확률분포로 구분할 수 있으나, 이 교재에서는 사회과학 통계분석에서 가장 많이 활용되는 연속확률분포에 대해서만 살펴보기로 한다. 연속확률분포의 종류에는 정규분포, t분포, χ^2 분포, F분포 등이 있다. 특히 중요한 것은 연구자의 연구 목적에 따라 표집분포는 주어지는 것이라고 할 수 있다. 즉 연구자가 분석하고자 하는 연구대상 집단의 수 및 연구 목적에 따라 표집분포가 결정된다고 할 수 있는데, 이를 분류하면 다음과 같다.

첫째, 연구자가 하나의 모집단을 대상으로 연구를 하거나 두 집단 간의 차이를 조사하고자 하는 경우에는 Z분포 혹은 t분포를 사용하게 된다(Z분포는 사례 수가 100개 이상인 경우에 활용되므로 사례 수가 100개 미만인 경우에도 활용 가능한 t분포를 활용해 검정하는 것이 일반적이다).

둘째, 연구자가 세 집단 이상 간의 차이를 분석하고자 할 경우에는 F분포를 사용하게 된다.

셋째, 연구 목적이 불연속 변수 간의 관련성을 분석하고자 할 경우에는 χ^2 분포를 활용하게 된다.

위에서 언급한 네 가지의 연속확률분포의 특징은 다음 항에서 간략히 설명하고자 한다.

1) 정규분포와 표준정규분포

(1) 정규분포

정규분포(normal distribution)는 독일의 가우스(K. F. Gauss)에 의해 개발되었으며, 연속확률분포 중에서 가장 널리 이용되는 분포 중 하나이다. 정규분포는 표본을 통한 통계적 추정 및 가설검정의 핵심이 된다.1)

정규분포의 특징은 다음과 같다.

첫째, 모든 정규분포 곡선의 모양과 위치는 모집단의 평균과 분산에 의해 결정된다. 아래의 정규분포 공식에서와 같이 π와 σ^2은 상수이기 때문이다.

둘째, 정규분포는 평균을 중심으로 좌우 대칭인 종 모양(bell shape)을 띠고 있다. 정규분포의 형태는 단일 최빈의 대칭적 분포로서 종 모양을 하고 있다. 즉 정규분포는 평균, 중위수, 최빈값이 모두 같으며 평균을 중심으로 좌우 대칭 분포이다.

셋째, 정규분포곡선은 평균과 분산값에 관계 없이 정규곡선과 X축 사이의 전체 면적은 항상 1이다.

넷째, 정규분포곡선은 X축에 접하지 않으며, 확률변수 X가 취할 수 있는 값의 범위는 $-\infty < X < +\infty$이다. 즉, 확률변수 X는 모든 실수 값을 취할 수 있는 연속확률변수이다.

〈정규분포의 확률밀도함수〉

$$P(Y) = \frac{1}{2\pi\sigma_Y^2} e^{-(Y-\mu_Y)^2/2\sigma_Y^2}$$

π : 3.14159 (원주율: 상수)

e : 2.71828 (상수)

μ : 분포의 평균

σ^2 : 분포의 분산

1) 정규분포는 가우스가 물리 계측의 오차에 대한 확률분포로 도입했다. 그 당시에는 모든 자료의 분포가 정규곡선(normal curve)과 가까운 형태를 지니고 있어야 정상이고, 그렇지 않으면 자료 수집 과정에 이상이 있다고 생각해서 이 분포에 정규(normal)라는 명칭을 사용하게 되었다.

정규분포의 공식은 위와 같으며, 정규분포 곡선은 [그림 6-3]과 같다.

[그림 6-3] 정규분포 곡선

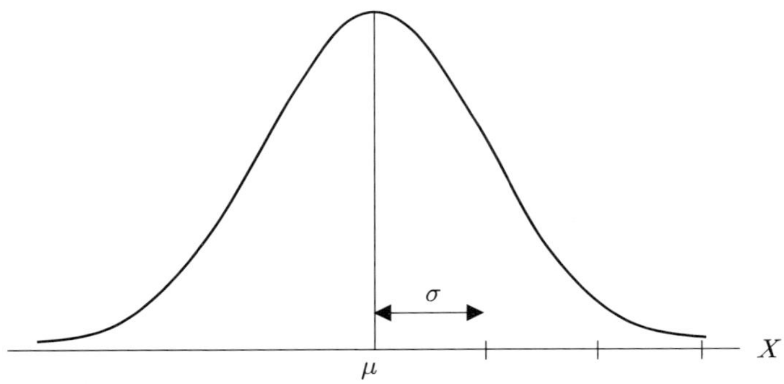

> ■ 중심 극한의 정리(central limit theorem)는 평균이 μ이고 표준편차가 σ인 모집단에서 크기가 n인 가능한 표본을 뽑을 때, 그 표본 평균들의 분포는 모집단의 분포의 모양과 관계 없이 n이 커짐에 따라 모집단의 평균과 같다는 것이다. 즉 표본의 평균과 분산이 정규분포에 접근해 간다는 논리를 지지한다.

(2) 표준정규분포

확률변수 X가 정규분포를 이룰 때 분포의 평균과 분산에 따라 그 모양과 위치가 달라지기 때문에 두 분포의 성격을 서로 비교하거나 또는 한 분포에서 특정한 면적의 확률을 쉽게 계산하고자 할 때에는 표준정규분포(standard normal distribution)가 요구된다.

표준정규분포는 모든 정규분포를 평균$(\mu)=0$, 분산$(\sigma^2)=1$이 되도록 표준화한 것이다. 예를 들어 어떤 관측치 X의 값이 그 분포의 평균으로부터 표준편차의 몇 배 정도나 떨어져 있는가를 표준화된 정규분포 확률변수(Z)로 나타내기 때문에 표준정규분포를 Z분포라고도 한다.

표준정규분포의 공식은 다음과 같다.

〈표준정규분포 공식〉

$$Z = \frac{X - \mu}{\sigma}$$

표준정규분포, Z분포의 특성은 정규분포의 모든 특성과 동일하다. 또한 평균이 μ, 분산이 σ^2인 정규분포 확률변수 X를 표준정규분포 공식에 의해 변형시켜 얻은 확률변수 Z의 분포는 그 평균이 0이며, 분산이 1인 정규분포가 된다.

표준정규분포가 중요한 이유는 각 정규분포의 모양이 상이해도 평균으로부터 1 표준편차만큼 떨어진 사이의 넓이는 표준정규분포(Z분포)의 0과 1 사이의 넓이와 같아진다는 것이다. 따라서 모든 정규분포에서의 넓이의 계산, 즉 확률의 계산은 표준정규분포의 Z값에 따른 넓이만 알면 된다.

2) t분포

t분포(t-distribution)는 단일 집단의 검정 혹은 두 집단 간의 차이의 검정을 할 경우, 즉 연구대상 집단이 하나 혹은 두 개인 경우에 사용하는 분포이다. 이 때는 표집분포가 t분포를 따르므로 검정 방법은 t검정을 하게 된다.

t분포의 특성은 다음과 같다.

첫째, t분포의 모양은 자유도(degrees of freedom: df)에 따라 결정된다. 자유도는 ν(nu) 또는 df 등으로 표기하며, 표본의 크기 n에서 1을 뺀 값을 의미한다. 예를 들어 표본의 크기, 즉 n이 10이면 자유도는 $10 - 1 = 9$가 된다.

자유도에 따른 t분포의 모양을 도식화하면 [그림 6-4]와 같이 Z분포보다 퍼져 있음을 알 수 있다. 즉, 자유도가 적을수록 곡선은 정규곡선에 비해 납작해지고 꼬리는 수평축에 더욱 완만하게 접근한다.

[그림 6-4] 자유도에 따른 t분포 곡선의 변화

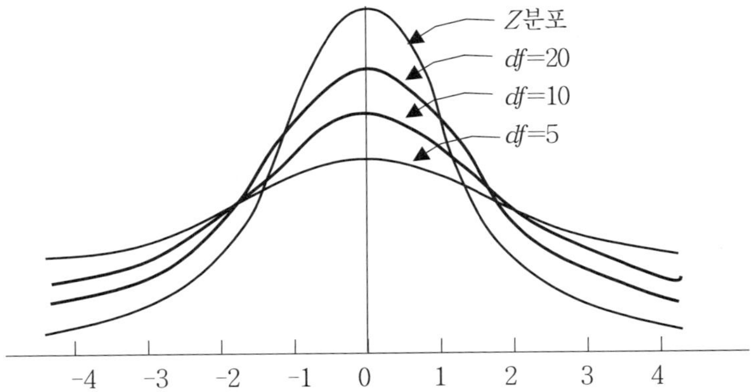

둘째, 표준정규분포 혹은 Z분포와 마찬가지로 종 모양이며, 평균값도 0이다.

셋째, 가설검정을 위해 t분포를 가정할 때, 표본이 추출된 모집단이 정규분포라고 가정한다. 그러나 모집단의 분포가 아주 심하게 비정규적인 것이 아니면, 이 가정에서 약간 위배되는 것은 큰 문제가 안 된다.

넷째, t분포는 같은 크기의 정규분포보다 분산값이 크다.

다섯째, 두 평균 간 차이의 검정시 t분포를 사용하면, 두 모집단이 독립적이라고 가정한다.

3) *F*분포

F분포(F-distribution)는 세 집단 이상 간의 차이를 검정할 때 사용하는 분포로서 주로 분산분석(ANOVA) – 집단 간의 분산과 집단 내의 분산을 비교해 집단 간의 분산이 집단 내의 분산보다 클 경우에 집단 간에 차이가 있다고 분석하는 것 – 에 활용된다.

F분포는 두 분산의 비율에 관한 분포라는 점에서 다른 확률분포와 차이점을 갖고 있으며, 그 특성은 다음과 같다.

첫째, F분포는 대체로 오른쪽 꼬리 분포를 이루고 있으며, 두 개의 자유도에 의해 분포의 모양이 결정된다. 즉 두 개의 자유도 df_1와 df_2, 즉 $j-1$, $n-j$에 따라 F분포의 형태가 다르다(이 때 n은 표본의 수, j는 집단의 수를 의미한다.).

[그림 6-5] 자유도의 변화와 F분포의 형태

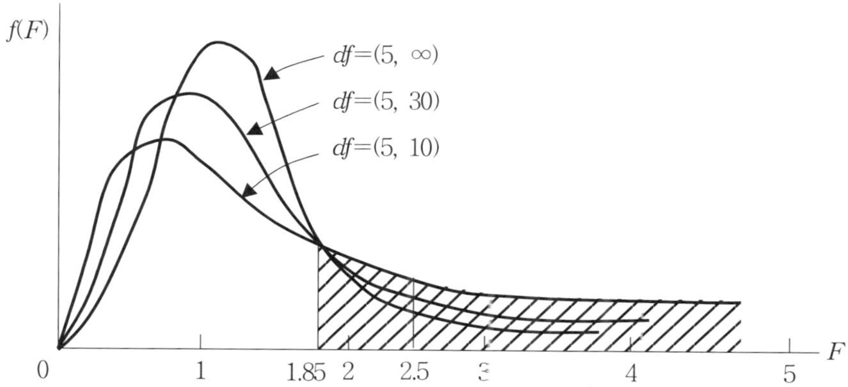

위의 그림에 따르면 분자의 자유도는 일정하더라도($df_1 = 5$) 분모의 자유도가 커질수록 ($df_2 = 10, 30, \infty$) 즉, 집단의 수는 동일하고 사례의 수가 많아질수록 분포의 중심이 오른쪽으로 조금씩 이동하게 된다.

둘째, j개의 표본이 정규분포를 이루는 하나의 고집단으로부터 독립적으로 뽑혀진 것임을 가정한다.

셋째, 모집단의 분산이 j개의 분산과 같다는 것도 가정한다.

넷째, 곡선과 F축 사이의 면적은 항상 '1'이다.

다섯째, F값의 분자와 분모는 모두 분산을 나타내므로 F값은 항상 '양수'이며, 범위는 $0 \leq F \leq \infty$이다.

4) χ^2분포

χ^2검정은 두 변수 간의 관련성 여부, 즉 두 변수의 관계가 서로 독립적

인지 아니면 상호 관련성이 있는지를 검정하기 위해 사용하는 방법으로 분포는 χ^2분포를 따른다.

χ^2분포의 특성은 다음과 같다.

첫째, 자유도에 따라 χ^2분포의 형태가 달라진다. 즉 자유도의 값이 증가함에 따라 χ^2분포의 모양은 종 모양에 더욱 가까워진다. 이것은 자유도가 커질수록 분포의 좌・우측 끝에 위치한 극단치(outlier)가 관찰된 가능성이 낮아진다는 의미로 해석할 수 있다. 따라서 자유도가 작을 때는 분포의 모양이 [그림 6-7]과 같이 비대칭적이다.

[그림 6-6] 자유도의 변화와 χ^2 분포의 모양

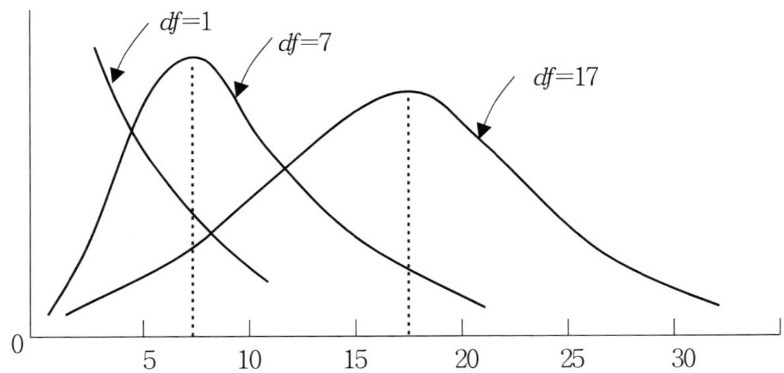

둘째, χ^2값은 제곱된 값을 빈도 수로 나누어 준 값을 합한 값이므로 언제나 '0' 또는 양수이다. χ^2값의 범위는 $0 \leq \chi^2 \leq \infty$이다.

셋째, χ^2의 값은 표본의 크기에 직접 비례한다.

3. 임계치

1) 의 미

임계치(critical value)란 주어진 유의 수준에서 귀무가설을 채택하거나 기각하는 의사 결정을 할 때 검정통계량과의 비교 기준이 되는 값을 의미한다. 즉 임계치는 유의 수준 α가 결정되었을 때 귀무가설(영가설)의 기각 여부를 결정하는 데 기준이 되는 값을 의미한다.

임계치 밖의 영역을 임계 영역(critical region), α 영역, 혹은 기각 영역이라고 부른다. 임계치의 안쪽 영역을 채택 영역이라고 한다.

[그림 6-7] 양측검정에서 귀무가설의 채택 영역과 기각 영역

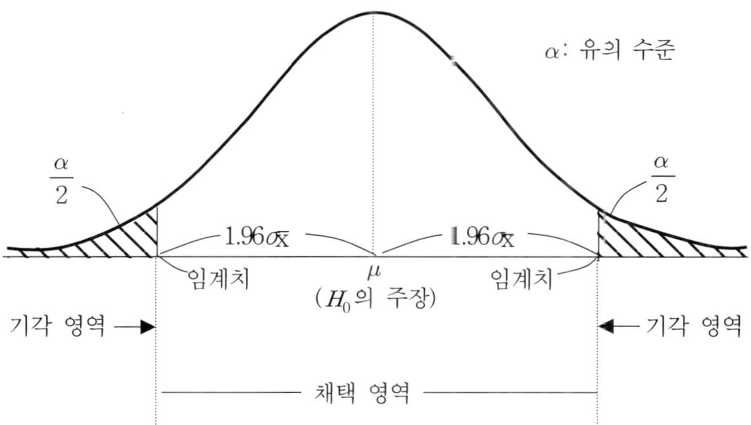

2) 임계치의 결정 방법

임계치는 유의 수준과 자유도에 의해 결정된다. 부록에 정규분포, t분포, F분포, χ^2분포표가 제시되어 있는데, 이들의 값은 모두 유의 수준과 자유도의 조합으로 구성되어 있으며, 제시된 값들은 임계치를 의미한다.

따라서 임계치를 구하기 위해서는 유의 수준과 자유도의 개념을 이해해야 한다. 또한 단측검정을 할 것인지 아니면 양측검정을 해야 할지를 결정하므로 단측검정과 양측검정에 대한 이해를 해야 한다.

(1) 유의 수준

유의 수준(significance level)이란 가설검정이 오류를 범할 확률을 의미하는 것으로 구간 추정에서 사용하는 신뢰 수준과 같은 의미라고 할 수 있다. 일반적으로 사용하는 유의 수준(일반적으로 α로 표기함)에는 0.01, 0.05, 0.1 등이 있다.

모집단의 모수를 추정하기 위해 추출한 표본의 평균이 $\alpha = 0.05$ 수준, 즉 95% 신뢰 구간에서 귀무가설(영가설)을 검정할 때 올바른 귀무가설을 틀렸다고 판정할 확률이 5%는 있게 된다는 의미이다. 이를 Ⅰ종 오류(type Ⅰ error) 또는 α오류(α error)라고 하며 Ⅰ종 오류를 범할 확률이 5% 정도라는 의미이다.2)

유의 수준을 계산식으로 나타내면 다음과 같다.

$$1 - \text{채택 영역의 신뢰 수준} = \text{유의 수준}(\alpha)$$

예를 들어 95%의 채택 영역을 구성했다면 신뢰 수준은 95%가 되며, 따라서 유의 수준(α)은 1 − 0.95 = 0.05, 즉 5%가 된다.

유의 수준이 0.1, 0.05, 0.01일 경우, 즉 채택 영역이 90%, 95%, 99%일 경우를 간단히 나타내면 [그림 6-8]과 같다.

즉 연구자가 기각 영역을 정할 때에는 1종 오류나 2종 오류를 범할 가능성을 염두에 두고 영역을 결정해야 하는데, 1종 오류와 2종 오류에 대한 개

---

2) 사회과학에서는 일반적으로 0.05를 많이 사용하며, SPSS(Statistical Package for Social Science) 통계 패키지에서도 연구자가 유의 수준을 따로 지정하지 않으면 0.05로 지정되어 있다. 즉 유의 수준은 연구자에 따라 다양하게 사용할 수 있다. 예를 들어 유의 수준 α를 0.01를 사용한다면 0.05를 사용할 때보다 귀무가설(영가설)을 잘못 기각할 확률을 줄인다는 의미로 해석할 수 있다. 따라서 공학, 의학 계열에서 유의 수준을 결정할 경우에는 0.05보다는 0.01을 사용하는 경우가 많다. 즉 귀무가설의 기각에 대한 오류의 확률이 유의 수준 이내에 있다고 할 수 있다.

[그림 6-8] 채택 영역과 유의 수준(α)

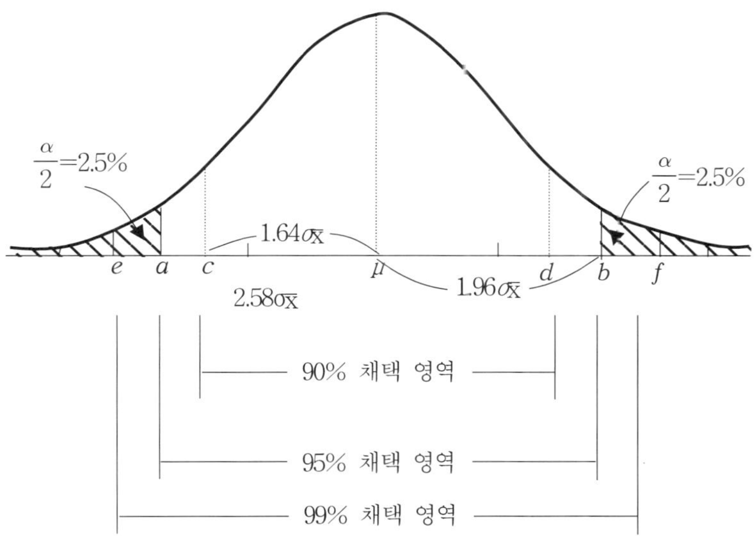

념을 정리하면 다음과 같다.

첫째, 1종 오류란, 기각 영역이 지나치게 커질수록 옳은 귀무가설(영가설)을 기각할 수 있는 오류를 범할 가능성이 증가하는데, 이를 1종 오류(type I error), α오류, 잘못된 부정오류라고 한다.

〈표 6-1〉 가설검정의 오류

귀무가설의 진위 / 검정 결과	**옳은 귀무가설**	**틀린 귀무가설**
귀무가설의 채택	올바른 결정	β오류 (2종 오류)
귀무가설의 기각	α오류 (1종 오류)	올바른 결정

둘째, 2종 오류란, 기각 영역이 지나치게 작아지면 실제로 틀린 귀무가설(영가설)을 기각하지 못할 가능성이 커지는데, 이를 우리는 2종 오류(type II error), β오류, 잘못된 긍정오류라고 한다.

(2) 자유도

자유도(degree of freedom)란 주어진 조건하에서 자유롭게 변화할 수 있는 변인의 수 또는 한 변인이 갖는 범주의 수를 의미하며, 기호로는 df라고 표시한다. 예를 들어, 어떠한 제한 없이 임의로 네 개의 숫자를 써보라고 한 경우에는 네 개의 숫자를 완전히 마음대로 선택할 수 있으므로 자유도(df)는 4가 된다. 그러나 통계적 분석의 경우 자유도는 사례 수(표본의 수) 및 통계적 제한 조건의 수와 관계가 있다. 예를 들어 5명의 학생이 교실에 있다고 가정하자. 이 때 5명의 학생들에게 마음에 드는 학생을 1명씩 선택하라고 할 경우 각 학생이 자유롭게 선택할 수 있는 대상은 자신을 제외한 4명이므로 자유도는 $n - 1 = 5 - 1 = 4$가 된다. 이 경우 5명은 사례 수(N)가 되고, 1명을 선택하는 의미에서 1은 선택할 때의 제한 조건의 수가 된다. 제한 조건의 수를 k라고 하면 자유도의 일반 공식은 $df = N$(사례 수) $- k$(통계적 제한 조건의 수)가 된다.

그러나, 연구자가 검정하고자 하는 방법, 즉 t검정, F검정, χ^2검정에 따라 자유도는 달라진다. 즉 각 검정 방법에 따라 자유도를 계산하는 공식은 다음과 같다.

첫째, t검정에서는 자유도가 위에서 설명한 $N-1$의 구조를 그대로 따른다.

둘째, F검정에서의 자유도는 두 개의 자유도, 즉 $j-1$, $n-j$ 두 개로 구성된다. 여기에서 n은 사례 수를 의미하며, j는 집단 수를 의미한다.

셋째, χ^2검정에서 자유도는 $(r - 1) \times (c - 1)$로 계산할 수 있다.

위에서 설명한 세 가지의 자유도 계산 공식의 공통점은 모두 $N-1$의 구조를 갖고 있다고 할 수 있다.

(3) 단측검정과 양측검정

단측검정(one tailed test)이란 기각 영역을 한쪽에만 설정하고 가설을 검정하는 것을 의미하며, 종류로는 우측검정과 좌측검정이 있다. 반면 양측

〈표 6-2〉 검정 방법과 자유도 계산 공식

구분 / 내용	t검정	F검정	χ^2검정
계산식	$n-1$	$(j-1)$, $(n-j)$	$(r-1) \times (c-1)$
자유도의 구조	자유도의 기본 구조	집단 간 평균자승의 자유도는 j-1이며, 집단 내 평균자승의 자유도는 N-j이다.	교차표의 행(row)에서 1을 뺀 숫자와 열(column)에서 1을 뺀 숫자를 곱한 값이다.

검정(two tailed test)이란 기각 영역을 양쪽에 설정하고 가설을 검정하는 것을 의미한다.

연구자는 단측검정과 양측검정 중 어느 것을 사용해야 할지 고민할 경우가 있다. 일반적으로 선행 연구에 기초해 명확히 진술된 대립가설을 제시할 수 있는 상황이라면 단측검정을 사용해야 한다. 그러나 선행 연구의 결과가 혼합되어 나타나 명확하지 않거나 탐색적 연구에서와 같이 귀무가설(영가설)에서 설정한 평균값과 비교할 모집단의 평균값에 대해 알지 못하는 경우에는 양측검정을 사용하는 것이 바람직하다.

일반적으로 연구 결과물들을 살펴보면 단측검정보다는 양측검정을 많이 사용하게 되는 것을 볼 수 있다. 자연과학에서는 다를 수 있겠지만 사회과학에서는 가설의 설정시 모집단의 모수(특성)을 정확히 알 수 없는 상태에서 설정되므로 귀무가설(영가설)의 기각영역이 단측검정에서와 같이 좌측 혹은 우측 등 어느 한쪽에 있다는 확신을 하기 어려운 경우가 많기 때문이다.

따라서 사회 현상을 연구하는 학자들의 경우에는 보다 안정적인 검정을 위해 단측검정보다는 양측검정을 많이 사용한다고 하겠다. 따라서 이 교재에서도 실제 가장 많이 활용되고 있는 양측검정의 예만 활용해 제시했다.

유의 수준(α=0.05)에서 단측검정(우측검정, 좌측검정)과 양측검정의 기각 영역과 채택 영역을 도식화하면 [그림 6-9], [그림 6-10], [그림 6-11]과 같다.

[그림 6-9] 단측검정(우측검정의 기각 영역)

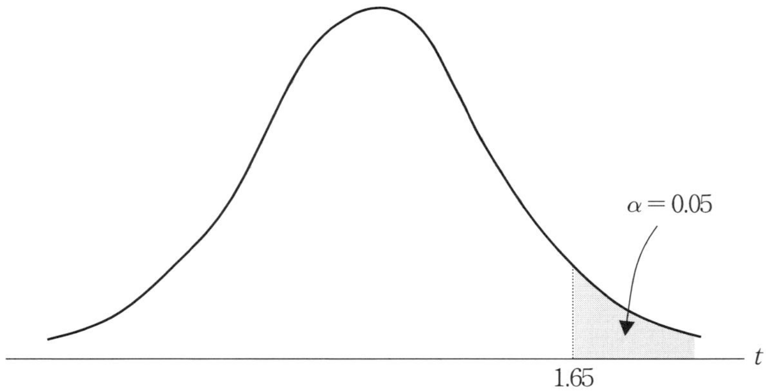

[그림 6-10] 단측검정(좌측검정의 기각 영역)

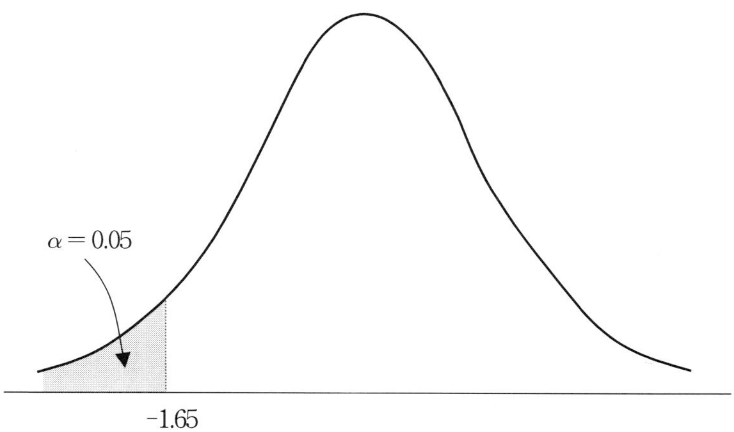

[그림 6-11] 양측검정의 기각 영역

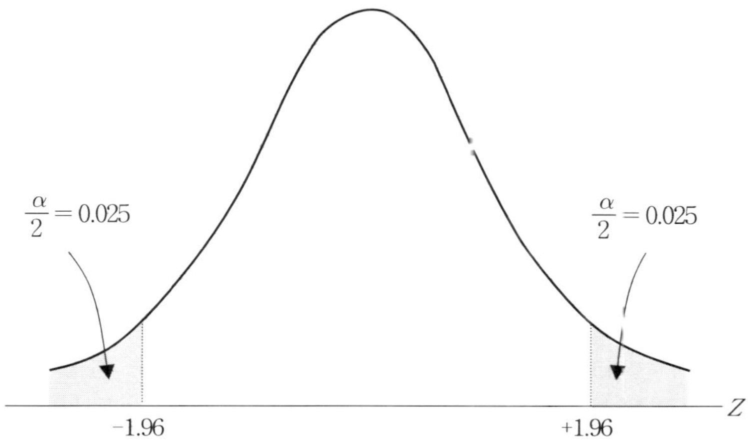

4. 검정통계치

1) 검정통계치의 의미

검정통계치(test statistics)란 귀무가설(영가설)의 타당성 여부를 결정하는 기준이 되는 표본 통계량을 의미한다. 따라서 검정통계치와 임계치를 비교해 가설검정의 여부를 결정하게 된다. 이 때 표본통계치(t값, F값, χ^2값)와 임계치를 비교하기 위해서는 두 수치의 측정 단위(scale)를 통일시켜야 한다.

예를 들어, 단일 평균의 검정(single mean test)이나 두 평균 간 차이의 검정(two mean difference test)을 할 때, 표본통계치(표본의 평균 혹은 두 평균 간의 차이)의 값을 사용할 표집분프가 정규분포냐, 혹은 t분포냐에 따라 Z값이나 t값으로 바꿔 주어야 한다. 이 표준화된 값을 우리는 검정통계치라고 한다.

이 값의 표준화(standardization) 작업에는 표집분포의 분산, 즉 표준오차(standard error)에 대한 정보가 필수적이다. 그러나 SPSS를 활용하여 분석할 경우 검정통계치 값을 자동으로 계산해 제시하므로 이 교재에서는 생략하고 기타 자세한 사항은 관련 통계학 교재를 참고하기 바라며, 여기에서는 검정통계치의 계산 공식에 대해서만 설명한다.

2) 검정통계치 계산 공식

이 교재에서 설명할 추리통계의 방법이 t검정, 분산분석(ANOVA), χ^2검정이므로 이의 검정통계치인 t값, F값, χ^2값의 공식에 대해서만 서술하도록 한다. 특히, t값의 경우 연구 목적에 따라 단일 집단의 평균을 검정하는 경우나 두 집단 간의 평균을 비교해 차이를 검정하는 경우가 있으므로 두 가지로 나누어 설명한다. 통계 방법별로 사용되는 검정통계치의 계산 공식을 요약해 표로 제시하면 다음과 같다.

〈표 6-3〉 검정통계치 계산 공식

검정 방법	검정통계치	계산 공식
단일 평균 검정	t값	$t = \dfrac{\overline{X} - \mu_x}{\dfrac{s_x}{\sqrt{n}}}$
두 평균 간의 검정	t값	$t = \dfrac{(\overline{X_1} - \overline{X_2}) - (\mu_1 - \mu_2)}{\sqrt{\dfrac{S^2}{n_1} + \dfrac{S^2}{n_2}}}$
분산분석	F값	$F = \dfrac{MSbetween}{MSwithin}$
χ^2검정	χ^2값	$\chi^2 = \sum_i \sum_j \dfrac{(f_{ij} - \widehat{f_{ij}})^2}{\widehat{f_{ij}}}$

5. 가설의 검정 단계

지금까지 가설검정의 5단계 중 네 가지 단계를 설명했다. 즉 가설의 설정, 표집분포의 결정, 임계치의 도출, 검정통계치의 유도에 대해 설명했다. 가설검정의 마지막 단계인 검정 단계에서는 제3단계의 임계치와 제4단계인 검정통계치를 비교해 잠정적인 결론을 내리는 단계를 의미한다. 즉, 검정통계치와 임계치 값을 비교해 귀무가설의 채택 여부를 결정하고, 이를 토대로 결론을 내리는 마지막 단계이다.

위에서 설명한 다섯 단계를 검정 방법에 따라 간략히 도식화하면 다음과 같다.

〈표 6-4〉 검정 방법과 가설검정의 과정

단계 \ 방법		단일 평균 검정	두 평균 간 차이 검정	분산분석	χ^2검정
가설 설정		$H_o : \mu = a$ $H_1 : \mu \neq a$	$H_o : \mu_1 = \mu_2$ $H_1 : \mu_1 \neq \mu_2$	$H_0 : \mu_1 = \mu_2 .. = \mu_j$ $H_1 : \mu_1 \neq .. \neq \mu_j$	$H_o : \chi^2 = 0$ $H_1 : \chi^2 \neq 0$
표집분포		Z 분포 ($n \geq 100$) t 분포 ($n<100$)	Z 분포($n_1+n_2 \geq 100$) t 분포 ($n_1+n_2<100$)	F 분포	χ^2 분포
임계치	α	α 수준 결정	α 수준 결정	α 수준 결정	α 수준 결정
	df	$n-1$	n_1+n_2-2	$(j-1)$, $(n-j)$	$(r-1)(c-1)$
검정 통계치		$t = \frac{\overline{X}-\mu_x}{s_x/\sqrt{n}}$	$t = \frac{(\overline{Y_1}-\overline{Y_2})-(\mu_1-\mu_2)}{\sqrt{\frac{S^2}{N_1}+\frac{S^2}{N_2}}}$	$F = \frac{MSbetween}{MSwithin}$	$\chi^2 = \sum_i \sum_j \frac{(f_{ij}-\hat{f}_{ij})^2}{\hat{f}_{ij}}$
결론		$t >$ 임계치 (영가설 부정) $t <$ 임계치 (영가설 잠정 인정)	$t >$ 임계치 (영가설 부정) $t <$ 임계치 (영가설 잠정 인정)	$F >$ 임계치 (영가설 부정) $F <$ 임계치 (영가설 잠정 인정)	$\chi^2 >$ 임계치 (영가설 부정) $\chi^2 <$ 임계치 (영가설 잠정 인정)

제 3 절 추리통계의 선택 방법

행정계량분석을 이용해 자료를 분석하는 경우 연구자에게 요구되는 능력은 두 가지가 있다. 첫째, 연구 목적을 달성하기 위해 어떤 통계 방법, 즉 t-test, 분산분석(ANOVA), χ^2검정, 상관관계분석, 회귀분석 중 어느 것을 이용해야 할 것인가를 결정하는 능력이 필요하다. 둘째, 분석 결과를 토대로 어떻게 해석할 것인가에 대한 능력이 필요하다.

1. 추리통계 방법의 선택

추리통계 방법은 기술통계 방법을 제외한 모든 방법이라고 이야기할 수 있을 정도로 매우 다양한 방법이 존재한다. 즉 연구자들의 분석 욕구를 채워 주기 위해 지금도 새롭고 다양한 분석 방법 등이 등장하고 있다고 말할 수 있다. 그러나 일반적으로 가장 많이 활용되는 추리통계 방법은 t검정, 분산분석, χ^2 검정, 상관관계분석, 그리고 회귀분석(regression analysis) 등이 있다.

첫째, t검정은 주로 두 집단 간의 차이의 여부를 분석할 때 사용하는 것이므로 독립변수는 2개이며, 종속변수가 하나인 경우 사용한다. 또한 변수의 척도는 독립변수의 경우 두 집단으로 분리할 수 있는 명목변수가 되어야 한다. 즉, 성별과 같이 남자와 여자 집단으로 분리해 두 집단을 비교하는 경우에 사용할 수 있다. 또한 종속변수의 척도는 등간척도나 비율척도로 구성되어야 한다. 즉 등간척도 이상의 척도를 갖고 있어야 한다.

둘째, 분산분석(ANOVA)의 경우 세 집단 이상 간의 차이가 있는지의 여부를 분석할 때 사용하는 통계 방법이다. 따라서 독립변수는 3개 이상(엄밀히 정의하면 2개 이상도 가능함), 종속변수는 하나인 경우에 활용한다. 변수의 척도는 독립변수의 경우 세 집단 이상으로 분류할 수 있는 명목변수여야 한다. 즉 종교변수와 같이 개신교, 천주교, 불교와 같이 세 집단 간에 차이의 여부를 비교할 때 사용 가능하다.

셋째, χ^2검정의 경우 독립변수와 종속변수의 범주 간의 관련성을 분석하는 방법이다. 독립변수와 종속변수의 척도는 보통 명목척도 및 서열척도가 일반적이나 조건이 적합할 경우 척도와 관계 없이 활용이 가능하다. 단, χ^2 검정의 조건이 안 되는 경우는 다음과 같다. 추리통계가 아닌 경우, 총 사례 수(총 응답자)가 30명 미만인 경우, 셀(cell) 내 최소 기대 빈도가 5 미만인 경우가 전체 셀의 20% 이상을 차지하고 있는 경우에는 사용할 수 없다.

넷째, 상관관계분석(correlation analysis)의 경우 피어슨 상관계수와 스피어만 상관계수로 구분할 수 있으며, 피어슨 상관계수의 경우 변수의 척도가 등간 혹은 비율 척도일 경우에 사용한다. 반면 스피어만 상관계수의 경우 변수의 척도가 서열 척도의 경우에 활용한다.

다섯째, 회귀분석의 경우 변수 간의 인과관계를 분석하기 위해 활용한다. 구체적으로는 독립변수가 종속변수에 영향을 미치는지?, 영향을 미친다면 그 방향 및 영향의 강도는 어느 정도 되는지를 분석할 때 사용한다.

〈표 6-5〉 추리통계의 선택

통계 방법	분석 목적	변수의 척도	예시
t검정	단일집단의 검정 두 집단 간의 비교	독: 두 범주형 척도 종: 등간 이상의 척도	독: 성별(남, 여) 종: 투표율
분산분석 (ANOVA)	세 집단 이상 간의 차이분석	독: 두 개 이상의 범주형 척도 종: 등간 이상의 척도	독: 종교 종: 소득
χ^2검정	관련성 분석	독, 종: 명목, 서열 (단, 척도에 관계 없이 활용 가능)	독: 성별 종: 학점
상관관계 분석	상관관계분석	독: 등간 이상의 척도 종: 등간 이상의 척도	독: 교육 수준 종: 소득
회귀분석	독립변수가 종속변수에 미치는 영향의 정도 분석	독: 등간 이상의 척도 종: 등간 이상의 척도	독: 소득, 근무 연수 종: 소비

* 독: 독립변수/ 종: 종속변수

2. 분석 결과의 해석

연구 목적 및 자료의 척도에 따라 통계 방법을 결정하고 분석을 할 때 중요한 사항은 변수 간의 관계가 통계적으로 유의한 것인가를 밝혀내는 것이다. 즉, 통계적 유의성을 밝히는 것인데, 이 때 SPSS 통계 패키지를 활용한 경우에는 출력 결과(output) 자료에서 통계적 유의성을 제시하는 지표, 즉 significance(또는 2-tail sig.) 혹은 probability의 값(수치)을 찾아 이 수치(p값)가 유의 수준(α) = 0.05보다 작으면 변수 간의 관계가 통계적으로 유의하다고 결론을 내릴 수 있다. 단, 가설검정 5단계에 의해 수작업으로 분석 결과를 도출할 경우에는 임계치와 검정통계치의 비교를 통해 분석 결과를 해석하면 된다.

단원 요약

1. 추리통계(inferential statistics)란 표본에서 얻은 자료, 즉 통계치(sample statistics)를 사용해 모집단의 모수(population parameter)를 추정하는 방법을 의미한다.
2. 가설검정의 과정은 다음과 같다.

제1단계	제2단계	제3단계	제4단계	제5단계
가설 설정 ➡	표집분포 결정 ➡	임계치 도출 ➡	검정통계치 계산 ➡	가설의 검정

3. 가설(hypothesis)이란 실증적인 증명 단계에 앞서 세워지는 잠정적인 진술 또는 언명을 의미한다. 영가설(null hypothesis)은 연구자가 지지하고 싶은 가설의 반대되는(즉, 부인하고 싶은) 가설로서, 실제로 연구에서 검정되는 가설이다. 대립가설(alternative hypothesis)은 영가설이 부정되었을 때 진리로 남는 잠정적 진술을 의미하며, 일반적으로 연구자가 연구에서 주장하고자 하는 내용을 가설이라고 할 수 있다.
4. 표집분포(sampling distributions)란 한 모집단으로부터 특정 크기의 모든 표본을 추출했다고 가정할 때, 그로부터 얻을 수 있는 특정 통계량의 분포, 즉 이론적 확률분포(theoretical probability distribution)이다.
5. 정규분포(normal distribution)는 독일의 가우스(K. F. Gauss)에 의해 개발되었으며, 그 특징은 다음과 같다. 첫째, 모든 정규분포 곡선의 모양과 위치는 모집단의 평균과 분산에 의해 결정된다. 둘째, 정규분포는 평균을 중심으로 좌우 대칭인 종 모양(bell shape)을 띠고 있다. 셋째, 정규분포곡선은 평균과 분산값에 관계 없이 정규곡선과 X축 사이의 전체 면적은 항상 1이다. 넷째, 정규분포곡선은 X축에 접하지 않으며, 확률변수

X가 취할 수 있는 값의 범위는 $-\infty < X < +\infty$이다.

6. 표준정규분포는 모든 정규분포를 평균$(\mu) = 0$, 분산$(\sigma^2) = 1$이 되도록 표준화한 것이다.
7. t분포(t-distribution)는 단일 집단의 검정 혹은 두 집단 간 차이의 검정을 할 경우, 즉 연구 대상 집단이 하나 혹은 두 개인 경우에 사용하는 분포이다. t분포의 특성은 다음과 같다. 첫째, t분포의 모양은 자유도(degrees of freedom)에 따라 결정된다. 둘째, 표준정규분포 혹은 Z분포와 마찬가지로 종 모양이며, 평균값도 0이다. 셋째, 가설검정을 위해 t분포를 가정할 때, 표본이 추출된 모집단이 정규분포라고 가정한다. 넷째, t분포는 같은 크기의 정규분포보다 분산값이 크다. 다섯째, 두 평균 간 차이의 검정시 t분포를 사용하면, 두 모집단이 독립적이라고 가정한다.
8. F분포(F-distribution)는 세 집단 이상 간의 차이를 검정할 때 사용하는 분포로서 주로 분산분석(ANOVA)에 활용된다. F분포는 다음과 같은 특성을 갖는다. 첫째, F분포는 대체로 오른쪽 꼬리 분포를 이루고 있으며, 두 개의 자유도에 의해 분포의 모양이 결정된다. 둘째, j개의 표본이 정규분포를 이루는 하나의 모집단으로부터 독립적으로 뽑혀진 것임을 가정한다. 셋째, 모집단의 분산이 j개의 분산과 같다는 것도 가정한다. 넷째, 곡선과 F축 사이의 면적은 항상 '1'이다. 다섯째, F값의 분자와 분모는 모두 분산을 나타내므로 F값은 항상 '양수'이며, 범위는 $0 \leq F \leq \infty$이다.
9. χ^2검정은 두 변수 간의 관련성 여부, 즉 두 변수의 관계가 서로 독립적인지 아니면 상호 관련성이 있는지를 검정하기 위해 사용하는 방법으로 그 특성은 다음과 같다. 첫째, 자유도에 따라 χ^2분포의 형태가 달라진다. 즉 자유도의 값이 증가함에 따라 χ^2분포의 모양은 종 모양에 더욱 가까워진다. 둘째, χ^2값은 제곱된 값을 빈도 수로 나누어 준 값을 합한 값이므로 언제나 '0' 또는 양수이다. 셋째, χ^2의 값은 표본의 크기에 직접 비례한다.
10. 임계치란 주어진 유의 수준에서 귀무가설을 채택하거나 기각하는 의사

결정을 할 때 검정통계량과의 비교 기준이 되는 값을 의미한다. 임계치 밖의 영역을 임계 영역(critical region), α 영역, 혹은 기각 영역이라고 부르며 임계치의 안쪽 영역을 채택 영역이라고 한다.

11. 유의 수준(significance level)이란 가설검정이 오류를 범할 확률을 의미하는 것으로 구간 추정에서 사용하는 신뢰 수준과 같은 의미라고 할 수 있다. 일반적으로 사용하는 유의 수준(일반적으로 α로 표기함)에는 0.01, 0.05, 0.1 등이 있다.
12. 자유도(degrees of freedom)란 주어진 조건하에서 자유롭게 변화할 수 있는 변인의 수 또는 한 변인이 갖는 범주의 수를 의미하며, 기호로는 df라고 표시한다.
13. 단측검정(one tailed test)이란 기각 영역을 한쪽에만 설정하고 가설을 검정하는 것을 의미하며, 종류로는 우측검정과 좌측검정이 있다. 반면 양측검정(two tailed test)이란 기각 영역을 양쪽에 설정하고 가설을 검정하는 것을 의미한다.

연습 문제

1. 충주대학교 행정학과 남학생 중 20명을 뽑아 체중을 조사해 보았더니 평균이 68kg이고 표준편차가 16kg이었다. 충주대 전체 남학생의 평균 체중이 60kg보다 많다는 대립가설을 검정할 때 적절한 분석 방법은 무엇인가?
2. 충주대학교 학생의 평균 신장이 167cm이다라는 주장에 대한 가설검정을 위해 100명을 뽑아 조사해 보니 평균이 170cm였다. 대립가설과 귀무가설을 작성하시오.
3. 임계치를 표준화하는 경우에 통계치를 표준화해서 가설검정을 해야 하는가, 아니면 어느 한쪽만 표준화하면 되는가?

4. 중심극한의 정리를 설명하시오.
5. 가설검정의 오류에 대해 설명하시오.
6. t검정, F검정, χ^2검정의 차이를 설명하시오.
7. t검정, F검정, χ^2검정, 회귀분석 등을 실행하고자 할 때 독립변수와 종속변수는 각각 어떠한 척도일 때 가능한지 설명하시오.

제 7 장

단일 평균검정(t 검정)

제6장에서는 추리통계학의 기본 논리, 즉 추리통계의 개념, 추리통계의 논리, 추리통계의 요소, 추정의 기본이 되는 가설검정 등에 대해 살펴보았다. 제7장부터는 모두 추리통계학에 기본을 두고 설명이 이루어진다고 할 수 있으므로 6장에 대한 이해가 매우 중요하다.

제7장은 단일 평균검정, 즉 하나의 모집단을 대상으로 모집단의 모수(특성)을 추정하는 과정을 공부하고자 한다. 특히, 단일 평균검정의 경우 실질적인 활용도는 낮지만 추리통계에 대한 설명에 기본이 된다는 점에서 매우 중요하다고 할 수 있다. 즉 현실적으로 가설검정을 하는 데 연구 문제로서 단일 평균에 대한 내용은 많지 않다는 것이다.

제7장에서는 단일 평균검정은 모수에 따라 평균에 대한 가설검정, 분산에 대한 가설검정, 비율에 대한 가설검정으로 구분할 수 있지만 실질적으로 활용도가 가장 많은 평균에 대한 가설검정을 중심으로 살펴보고자 한다. 따라서 분산에 대한 가설검정, 비율에 대한 가설검정 부분에 대해 심화 학습을 하고 싶은 분들은 다른 교재를 참고해 주기 바란다.

제1절 기본 개념 및 사용 목적

단일 평균검정은 하나의 특정 집단에서 추출한 표본 집단의 특성이 모집단의 특성과 동일한지의 여부를 분석하는 방법이다. 단일 평균검정은 단일 집단의 평균검정이라고도 하며, 일정한 유의 수준에서 표본 평균이 모집단의 평균과 동일한 것인지의 여부를 검정하는 데 사용한다. 단일 평균검정의 경우 사회 현상을 분석하는 데에는 자주 사용되지 않지만 일반적으로 추리통계 분석의 절차를 설명하기 위해 활용되는 경우가 많다.

단일 평균검정에 대한 가상의 예를 제시하면, 1990년 한국 청소년의 평균 키가 170cm였다면 2005년 현재 한국 청소년의 평균키는 170cm일까?, 1995년 한국 청소년의 흡연율이 20%였다고 한다면 2006년 현재도 20%일까?, 1995년 지방자치 제도가 실시될 때, 공무원의 직무만족도가 '3'이라고 한다면 2006년 현재도 그러할까?(5점 척도로 질문한 경우) 등이 있다. 즉, 단일 평균검정 방법은 하나의 모집단에 대한 평균이 특정 값에 맞는가를 표본을 통해 검정하는 방법을 의미한다.

주의할 사항은 단일 평균검정의 경우 모집단의 분산을 알고 있는 경우와 모르는 경우로 나누어 설명할 수 있다. 그러나 일반적으로 모집단의 분산을 알지 못하는 경우가 대부분이므로 이 교재에서는 모집단의 분산을 알지 못하는 경우에 대해서만 설명하기로 한다.[1] 또한 추리통계의 기초에서 설명한 바와 같이 단측검정보다는 양측검정을 활용해 분석하고자 한다.

제2절 단일 평균검정의 과정

단일 평균검정에 대한 예시 문제를 통해 가설검정의 5단계, 즉 가설 설

1) 모집단의 분산을 알고 있는 경우에는 모집단의 표준편차를 사용하지만, 모르는 경우에는 표본의 표준편차를 사용하면 된다.

정, 표집분포 설정, 임계치 도출, 검정통계량 계산, 그리고 임계치와 검정통계량 비교를 통한 분석 결과의 해석 단계로 구분해서 구체적으로 살펴보면 [그림 7-1]과 같다.

[그림 7-1] 단일 평균검정의 과정

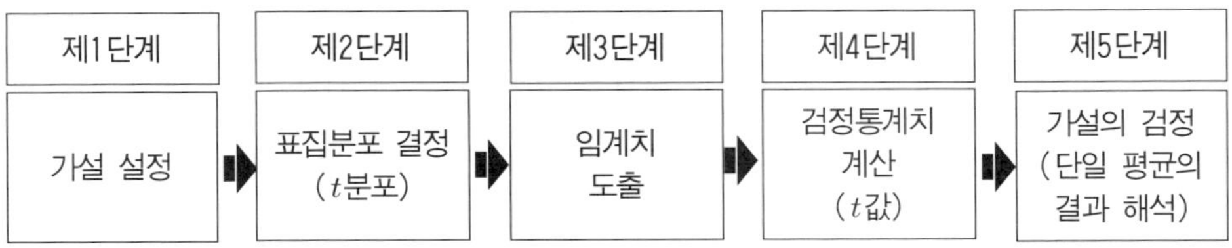

[예제 7-1]

통계청에서 발행한 '한국의 사회지표(2005)'에 의하면 2004년 우리 나라 남성의 평균 초혼 연령은 30.1세로 나타났다. 우리 나라 남성의 평균 초혼 연령이 30.1세인지를 검정하기 위해 A시의 성인 남성 50명을 대상으로 초혼 연령을 조사했다. 표본이 된 집단의 평균 초혼 연령은 31.8세이고, 표준편차는 8세로 나타났다. A시의 성인 남성의 초혼 연령과 우리 나라 남성의 평균 초혼 연령은 같다고 할 수 있는가?

1. 가설 설정

가설검정 5단계에서 설명한 바와 같이 통계적 가설은 두 가지, 즉 영가설(귀무가설)과 대립가설(연구가설)로 대립적인 가설을 설정하고 있는데, 이는 만약 한 가설이 기각된다면 다른 가설은 과학적이고 실재적인 가설을 지지하는 것이 된다.

위의 예제에서 제시한 '성인 남자의 평균 초혼 연령'에 관한 가설을 정리하면, 영가설은 "우리 나라 성인 남자의 평균 초혼 연령은 30.1세이다"로 하고, 대립가설은 "우리 나라 성인 남자의 평균 초혼 연령은 30.1세가 아니다"라고 하는 것이 타당하다.

가설의 형태는 서술형과 수치형으로 제시할 수 있는데, 위의 가설을 수치 형태로 표현하면 다음과 같다.

$$H_0 : \mu = 30.1$$
$$H_1 : \mu \neq 30.1$$

2. 표집분포의 결정

가설을 설정한 이후 가설검정의 두 번째 단계는 표집분포를 결정하는 것이다. 즉, 모집단에서 표본을 선정하고 이를 대상으로 표본추출을 하게 된다. 표집분포란, 제6장에서 설명한 바와 같이 "한 모집단으로부터 특정 크기의 모든 표본을 추출했다고 가정할 때, 그로부터 얻을 수 있는 특정 통계량의 분포, 즉 이론적 확률분포(theoretical probability distribution)"를 말한다.

위의 가설을 토대로 할 경우 표집분포는 Z분포 혹은 t분포 중에 하나를 선택해야 한다. Z분포일 경우 Z검정을 해야 하며, t분포일 경우 t검정을 해야 하므로 이를 구분할 수 있는 기준이 있어야 한다. 즉, 표본의 통계량이 평균값인가 아니면 비율값인가?, 표본의 크기는 어느 정도인가?, 모집단의 표준편차(혹은 분산)를 알고 있느냐? 등의 여부에 따라 차이가 있을 수 있다.

표본의 크기가 크고($N \geq 30$), 모집단의 표준편차를 알고 있는 경우, 그리고 표본통계량이 비율값이 아닌 평균값으로 제시되어 있다면, Z분포에 따른 Z검정을 해야 하며, 반면 표본의 크기가 작고($N \leq 30$), 모집단의 표준편차를 모르는 경우, 그리고 표본 통계량이 비율값으로 제시되어 있다면, t분포에 따른 t검정을 해야 한다.

그러나, 현실적으로 모집단의 표준편차(혹은 분산)를 모르는 경우가 대부분이며,[2] 표본도 정규분포의 가정만 충족된다면 t검정과 Z검정의 결과

2) 통계청 혹은 정부기관에서 제시하고 있는 자료들을 고찰하면 대체로 평균값만을 제시

에 차이가 발생하지 않는다. 따라서 t검정을 일반적으로 사용할 수 있다.

결국, 위의 예시에서 제시된 단일 평균검정의 경우에 표집분포는 t분포를 따른다고 할 수 있다.

3. 임계치의 결정

임계치란 제6장에서 설명한 바와 같이 "주어진 유의 수준에서 귀무가설을 채택하거나 기각하는 의사 결정을 할 때 검정통계량과의 비교 기준이 되는 값"을 의미한다. 즉 임계치는 유의 수준 α가 결정되었을 때 귀무가설(영가설)의 기각 여부를 결정하는 데 기준이 되는 값을 의미한다. 또한 임계치의 계산 방법은 유의 수준[3]과 자유도에 따라 결정된다고 했다. 자유도는 단일 평균검정의 경우 사례 수에서 1을 뺀 값, 즉 $n-1$의 공식을 따른다고 설명했다.

따라서 위의 제시된 예를 토대로 임계치를 계산하면 다음과 같다.

양측검정을 전제로 하고 있으므로, 유의 수준이 0.05이며, 자유도가 49 ($df=50-1$)인 t분포에서 임계치는 (+) 방향에 있는 오른쪽 꼬리 부분과 (−) 방향에 있는 왼쪽 꼬리 부분에 각각 임계치가 설정된다. 부록에 제시되어 있는 t분포표에서 유의 수준이 0.025(양측검정이므로 0.05/2의 값)이며, 자유도가 49인 값을 구하면 임계치는 2.021[4]임을 알 수 있다. 임계치(양측검정)$=\pm 2.021$ 이다(<부록 3> 참고).

하고 있으며(도시화율, 인구증가율, 범죄율, 초혼의 평균 연령, 평균 흡연율 등), 표준편차 혹은 분산을 제시하고 있지 않는 것을 알 수 있다. 따라서 대부분의 경우 Z검정이 아닌 t검정을 해야 한다.

3) 유의 수준(significance level)도 세 가지, 즉 0.1, 0.05, 0.01 등이 있으며, 연구자가 자유롭게 선택할 수도 있으나 일반적으로 0.05를 사용한다고 설명했다.

4) 이 교재에서 제시하고 있는 t분포표의 경우 단측검정을 전제로 한 값을 제시하고 있으므로 양측검정을 적용할 경우 유의 수준을 반으로 나눈 값, 즉 $\alpha/2$의 값을 적용해야 한다. 또한 위의 예제에서 제시한 자유도는 49인데 분포표를 살펴보면 자유도가 40인 값과 60인 값만 제시하고 있는 것을 알 수 있다. 즉, 49와 가까운 자유도를 선택하거나 40과 60의 자유도 사이의 값을 연구자가 제시할 수도 있다. 왜냐하면 자유도에 따라 제시된 두 값 간의 차이가 거의 없기 때문이다. 따라서 이 교재에서는 40의 자유도 값을 선택해서 활용하고 있다.

4. 검정통계량의 계산(t값)

위의 예시에서 제시된 문제가 t분포를 따르고 있으므로 검정통계량도 t값을 유도해야 한다. 단일 평균검정에서 t값의 계산 공식은 아래와 같다.

$$t = \frac{\overline{X} - \mu}{\frac{\varepsilon_x}{\sqrt{n}}}$$

위의 식에서 $\overline{X}$= 표본집단의 평균값(31.8), μ=모집단의 평균값(30.1), s_x=표본집단의 표준편차(8), n=사례 수(50)를 의미한다.

따라서 예시에서 제시된 각 통계량을 검정통계량 공식에 적용하면 다음과 같다.

$$t = \frac{\overline{X} - \mu}{\frac{s_x}{\sqrt{n}}} = \frac{31.8 - 30.1}{\frac{8}{\sqrt{50}}} = 1.502$$

5. 분석 결과의 해석

가설검정의 5단계, 즉 마지막 단계는 제3단계에서 계산한 임계치와 제4단계에서 도출한 검정통계치의 값을 비교해 귀무가설을 채택할 것인지 아니면 대립가설을 잠정적으로 채택할 것인지의 여부를 결정해야 하는 단계이다.

제6장에서 설명한 바와 같이 검정통계량의 값이 임계치보다 클 경우에는 기각 영역에 포함되므로 귀무가설을 기각해야 하며, 반대로 검정통계량의 값이 임계치보다 작을 경우에는 귀무가설을 채택해야 한다.

위의 3단계과 4단계에서 도출한 결과에 따를 경우 검정통계량 t값

(±1.502)이 임계치(±2.021)보다 작으므로 영가설을 채택해야 한다. 즉 대한민국 성인의 평균 초혼 연령은 30.1세가 타당하다고 할 수 있다.

제 3 절 SPSS를 이용한 단일 평균검정의 실습

이 절에서는 예제를 토대로 위에서 학습한 가설 검정 5단계에 따라 수작업에 의한 방법과 SPSS를 활용한 방법 두 가지를 토대로 단일 평균검정에 대한 실습을 하고자 한다.

[예제]

2003년 한국도시연감 통계에 의하면, 우리 나라 74개 일반 시의 평균 1인당 지방세 부담액은 669,134원이라고 한다. <표 7-1>에서 경기도, 강원도, 충청북도에 소재하는 35개 시를 표본으로 추출하여 지방세 부담액을 조사하니 평균은 931,444원, 표준편차는 1,787,116원으로 나타났다. 1인당 지방세 부담액이 우리 나라 전체 일반시의 1인당 지방세 부담액과 같다고 할 수 있는지를 검정하시오.

1. 수작업에 의한 가설검정 5단계 검정

첫째, 가설의 설정

위의 예제를 기초로 경기도, 강원도, 충청북도에 소재하는 도시의 1인당 지방세 부담액을 기타 도에 소재하고 있는 1인당 지방세 부담액과 비교할 경우 높은지 혹은 낮은지에 대한 여부를 판정하기 어렵다. 따라서 단측검정보다는 양측검정을 사용해서 가설을 설정해야 하는데, 이는 다음과 같다.

$$H_0 : \mu = 669{,}134\text{원}$$
$$H_1 : \mu \neq 669{,}134\text{원}$$

〈표 7-1〉 우리 나라 일반 시의 주요 통계

도	구분	도시명	인구 수 (명)	면적 (㎢)	결산액 (백만 원)	지방세 부담액(원)	공무원 수 (명)	범죄 발생 건수
경기도	1	수원시	1,023,875	121.09	595,239	725,430	2,092	39,703
	2	성남시	946,445	141.82	514,704	732,512	2,196	35,871
	3	의정부시	380,521	81.59	225,824	520,197	758	18,399
	4	안양시	597,656	58.52	342,121	236,394	1,511	15,767
	5	부천시	821,081	53.45	468,128	700,969	1,934	27,093
	6	광명시	341,617	38.50	195,326	486,539	802	10,943
	7	평택시	362,507	452.2.	335,627	597,936	1,397	14,100
	8	동두천시	74,739	95.68	95,499	475,272	453	4,584
	9	안산시	637,660	146.23	381,970	736,546	1,450	20,041
	10	과천시	70,716	35.85	170,894	11,118,453	457	7,202
	11	구리시	193,850	31.64	136,321	709,097	563	20,624
	12	남양주시	394,202	459.99	296,165	619,615	963	13,822
	13	오산시	116,624	42.75	86,574	641,930	424	4,500
	14	시흥시	359,072	132.74	222,774	720,956	699	15,378
	15	군포시	269,889	36.35	197,017	517,439	618	6,909
	16	의왕시	133,967	54.00	83,777	738,767	435	2,957
	17	하남시	127,935	93.08	274,332	904,159	497	4,464
	18	고양시	840,345	267.33	531,089	788,507	1,712	15,423
	19	용인시	529,300	591.50	520,124	1,429,356	1,064	13,804
	20	파주시	237,341	672.57	222,289	701,780	881	7,513
	21	이천시	190,641	461.18	189,152	579,621	755	6,012
	22	화성시	231,347	687.70	341,262	1,044,032	802	10,761
	23	광주시	177,593	431.84	141,689	998,699	615	6,441
	24	안성시	149,233	554.16	207,754	582,568	721	6,594
	25	김포시	196,193	276.54	163,172	842,783	601	6,532
강원도	26	춘천시	253,532	1,116.42	374,426	503,048	1,321	8,778
	27	원주시	277,987	867.22	372,203	487,058	1,165	10,395
	28	강릉시	230,714	1,040.22	859,694	447,990	1,153	10,067
	29	동해시	103,039	180.01	280,519	413,535	501	5,027
	30	태백시	55,233	303.57	231,961	351,561	491	2,106
	31	속초시	90,447	105.25	269,068	534,439	452	5,507
	32	삼척시	77,555	1,185.70	539,288	444,443	548	3,420
충북	33	청주시	606,305	153.32	410,349	471,371	1,586	32,608
	34	충주시	212,875	983.96	385,579	431,170	1,143	7,325
	35	제천시	143,655	882.45	277,255	366,394	913	6,451

충남	36	천안시	445,485	636.38	336,389	600,812	1,353	16,964
	37	공주시	133,012	940.81	193,879	362,420	905	4,757
	38	보령시	113,720	568.22	187,260	484,735	836	6,554
	39	아산시	193,188	542.29	300,400	582,693	1,482	7,515
	40	서산시	148,697	739.48	185,664	477,556	854	6,763
	41	논산시	167,843	615.50	201,272	358,449	654	5,638
전북	42	전주시	626,069	206.22	501,733	208,507	1,817	25,364
	43	군산시	272,007	378.06	284,392	413,460	1,305	12,265
	44	익산시	332,545	507.01	448,425	362,833	1,407	12,978
	45	정읍시	139,876	692.88	210,016	275,860	1,129	4,809
	46	남원시	100,677	752.79	236,359	256,523	912	3,559
	47	김제시	111,462	545.28	196,856	263,410	942	4,960
전남	48	목포시	245,315	47.24	394,267	483,979	1,044	10,478
	49	여수시	316,143	345.00	689,068	461,380	1,936	10,538
	50	순천시	271,636	907.30	398,104	389,265	1,239	13,282
	51	나주시	103,452	603.97	341,471	298,350	1,017	3,590
	52	광양시	138,468	446.75	206,596	543,584	788	3,953
경북	53	포항시	513,424	1,127.69	379,438	536,979	1,886	20,383
	54	경주시	285,900	1,323.85	303,781	467,515	1,382	10,187
	55	김천시	147,760	1,009.60	221,944	345,028	1,009	5,235
	56	안동시	179,587	1,519.95	299,356	333,638	1,241	5,723
	57	구미시	354,746	616.25	268,546	630,000	1,184	12,514
	58	영주시	126,303	688.79	199,159	302,530	924	3,692
	59	영천시	116,523	920.29	198,059	382,191	867	3,944
	60	상주시	119,283	1,254.85	233,621	264,354	1,054	3,295
	61	문경시	83,955	912.15	199,083	291,378	834	2,733
	62	경산시	221,196	411.58	198,578	487,840	1,022	7,952
경남	63	창원시	517,577	292.69	440,646	845,750	1,259	20,672
	64	마산시	434,996	329.59	415,994	417,000	1,548	18,105
	65	진주시	340,816	712.63	309,758	410,630	1,357	11,510
	66	진해시	141,936	111.89	120,214	439,327	602	4,236
	67	통영시	134,581	236.82	180,288	442,735	830	5,572
	68	사천시	117,427	396.83	39,432	336,812	805	4,409
	69	김해시	393,936	463.24	730,007	641,848	1,268	14,631
	70	밀양시	120,808	799.01	206,455	188,500	875	3,529
	71	거제시	183,897	400.69	213,429	520,392	795	6,576
	72	양산시	208,304	484.16	288,722	629,966	687	7,656
제주	73	제주시	290,664	255.48	299,746	592,347	1,028	15,237
	74	서귀포시	84,862	254.57	170,919	584,804	575	5,175

* 자료: 행정자치부. 2003. 「한국도시연감」에서 재구성.
* 참고: 지방세 부담액: 1인당 지방세 부담액(원).

둘째, 표집분포는 단일 평균검정을 하는 것이므로 t분포를 따른다.

셋째, 임계치는 유의 수준과 자유도에 의해 결정된다. 유의 수준 0.05로 하고 자유도는 34 (34=35−1)일 때 임계치의 값은 ±2.042이다.

넷째, 검정통계치 t값을 공식에 따라 계산하면 다음과 같다.

$$t = \frac{\overline{X} - \mu}{\frac{s_x}{\sqrt{n}}} = \frac{931,444 - 669,134}{\frac{1,787,116}{\sqrt{35}}} = 0.868$$

다섯째, 임계치와 검정통계치 t값을 비교할 경우 t값이 임계치보다 작으므로 귀무가설은 채택되어야 한다. 즉 우리 나라 일반 시의 평균 1인당 지방세 부담액은 669,134원이라고 할 수 있다.

2. SPSS를 이용한 단일 평균검정

1) SPSS 이용 절차

위에서는 수작업을 이용해 단일 평균검정을 했다. 여기에서는 35개 표본

[그림 7-2] 일반 시 주요 통계 데이터

	id	도시명	인구수	면적	결산액	지방세	공무원수	범죄건수
1	1	수원시	1023875	121.09	595239	725430	2092	39703
2	2	성남시	946445	141.82	514704	732512	2196	35871
3	3	의정부시	380521	81.59	225824	520197	758	18399
4	4	안양시	597656	58.52	342121	236394	15 1	15767
5	5	부천시	821081	53.45	468128	700969	1934	27093
6	6	광명시	341617	38.50	195326	486539	802	10943
7	7	평택시	362507	45.22	335627	597936	1397	14100
8	8	동두천시	74739	95.68	95499	475272	453	4584
9	9	안산시	637660	146.23	381970	736546	1450	20041
10	10	과천시	70716	35.85	170894	11118453	457	7202
11	11	구리시	193850	31.64	136321	709097	563	20624

도시의 평균 1인당 지방세 부담액이 전체 도시의 1인당 지방세 부담액과 같은지의 여부를 분석하기 위해 '일반시 주요 통계.sav' 파일을 불러온다.

SPSS를 이용해 단일 표본에 대한 가설 검정을 하기 위해서는 주메뉴에서 분석(A) → 평균 비교(M) → 일표본 T검정(S)을 차례로 선택한다.

[그림 7-3] 단일 평균검정의 실행 절차

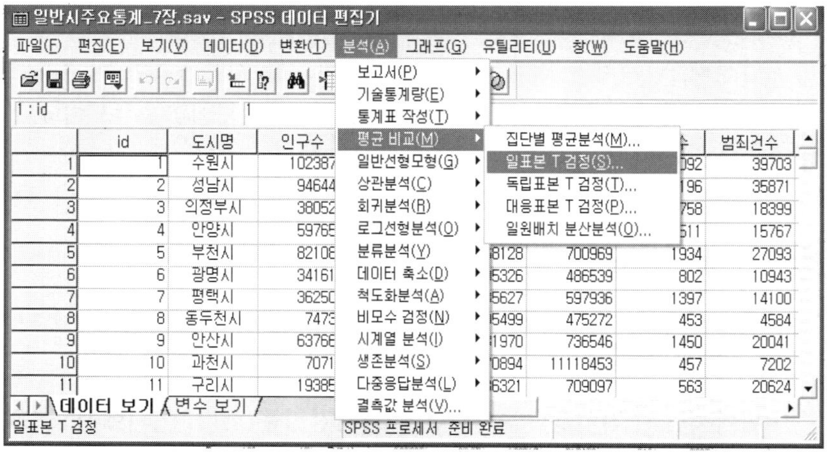

'일표본 T검정'을 선택하면 다음과 같은 대화상자가 활성화된다. 왼쪽에 제시되어 있는 변수들 중에서 '1인당 주민세 부담액'를 선택해 오른쪽 창으

[그림 7-4] 단일 평균검정(일표본 T검정)의 대화상자

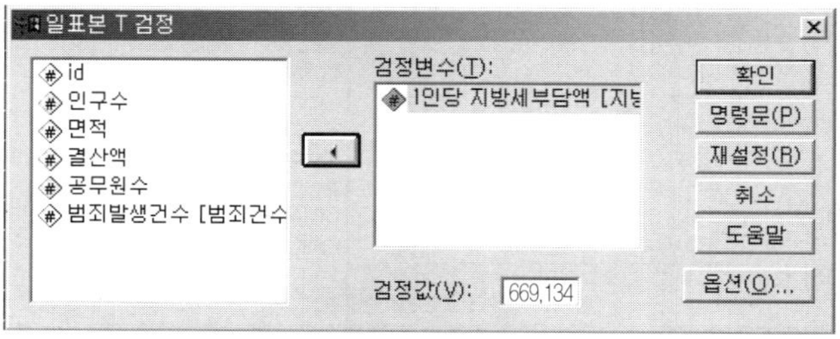

[그림 7-5] 1인당 지방세 부담액의 통계량

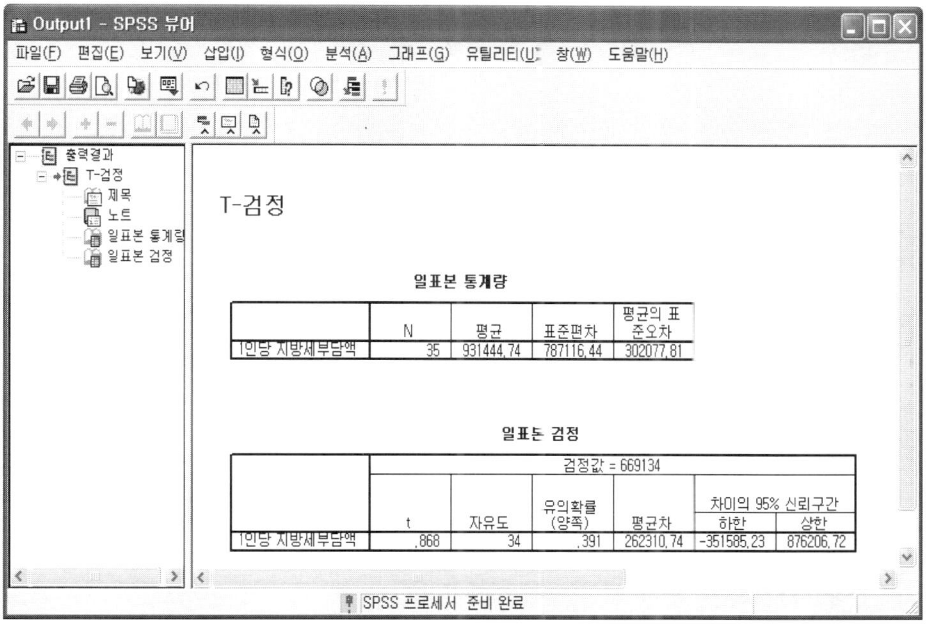

일표본 통계량

	N	평균	표준편차	평균의 표준오차
1인당 지방세부담액	35	931444.74	787116.44	302077.81

일표본 검정

	검정값 = 669134					
					차이의 95% 신뢰구간	
	t	자유도	유의확률 (양쪽)	평균차	하한	상한
1인당 지방세부담액	.868	34	.391	262310.74	-351585.23	876206.72

로 이동시키고 검정값(V)에 669,134원을 입력한 후 '확인'을 누르면 출력결과가 도출된다.

2) SPSS를 활용한 가설검정

[그림 7-5]의 통계량을 통해 우리가 알 수 있는 것은 표본의 수가 35개라는 것(n=35), 1인당 지방세 부담액의 평균이 931,444원으로 나타났다는 것, 표준편차가 1,787,116원, 자유도가 34라는 것($df=n-1$), t값(검정통계량)이 .868이라는 정보를 알 수 있다. 이러한 결과를 수작업과 비교해 가설검정 5단계에 따라 설명하면 다음과 같다.

첫째, SPSS를 활용하더라도 가설은 연구자가 수작업에서와 같이 설정해야 한다. 따라서 아래의 수식을 이용한 가설과 같이 영가설의 경우 1인당 지방세 부담액은 669,134원이라고 설정하고, 대립가설은 669,134원이 아니라고 설정한다.

$$H_0 : \mu = 669{,}134\text{원}$$
$$H_1 : \mu \neq 669{,}134\text{원}$$

둘째, 단일 표본검정이므로 t분포를 따른다. 이것도 연구 목적에 따라 연구자가 알고 있어야 하는 부분이다.

셋째, 임계치의 경우도 수작업에서는 도출했지만 SPSS 출력 결과에서는 보여주지 못한다.

넷째, 검정통계량(t값)의 경우 [그림 7-5]에 나타난 바와 같이 .868로 나타났다. 이 값은 위의 수작업에서 계산한 값과 동일하다는 것을 확인할 수 있다.

다섯째, SPSS를 활용할 경우 임계치가 도출되지 않지만 제6장에서 설명한 바와 같이 '유의 확률(양쪽)' = .391로 유의 수준 .05보다 크므로 영가설을 기각하지 못한다. 즉 우리 나라 일반시의 지방세 부담액의 평균은 통계적으로 검정할 경우 669,134원이라고 할 수 있다.

단원 요약

1. 단일 평균검정은 하나의 특정 집단에서 추출한 표본 집단의 특성이 모집단의 특성과 동일한지의 여부를 분석하는 방법이다. 단일 평균검정은 단일 집단의 평균검정이라고도 하며, 일정한 유의 수준에서 표본 평균이 모집단의 평균과 동일한 것인지의 여부를 검정하는 데 사용한다.
2. 단일 평균검정의 과정은 가설검정의 5단계, 즉 가설 설정, 표집분포 설정, 임계치 도출, 검정통계량 계산, 그리고 임계치와 검정통계량 비교를 통한 분석 결과의 해석 단계 등으로 이루어진다.

<단일 평균 검정의 과정>

제1단계	제2단계	제3단계	제4단계	제5단계
가설 설정 ➡	표집분포 결정 (t분포) ➡	임계치 도출 ➡	검정통계치 계산 (t값) ➡	가설의 검정 (단일 평균의 결과 해석)

3. 단일 평균검정에선 표집분포는 Z분포 혹은 t분포를 사용할 수 있다. 표본의 크기가 크고($N \geq 30$), 모집단의 표준편차를 알고 있는 경우, 그리고 표본통계량이 비율값이 아닌 평균값으로 제시되어 있다면, Z분포에 따른 Z검정을 해야 하며, 반면 표본의 크기가 작고($N \leq 30$), 모집단의 표준편차를 모르는 경우, 그리고 표본 통계량이 비율값으로 제시되어 있다면, t분포에 따른 t검정을 해야 한다. 그러나, 현실적으로 모집단의 표준편차(혹은 분산)를 모르는 경우가 대부분이며 표본도 정규분포의 가정만 충족된다면 t검정과 Z검정의 결과에 차이가 발생하지 않으므로 t검정을 일반적으로 사용할 수 있다고 할 수 있다.
4. 단일 평균검정에서 자유도(df)의 공식은 사례 수에서 1을 뺀 값, 즉 N-1의 공식을 따른다.

연습 문제

1. 단일 평균검정의 정의를 설명하고, 단일 평균검정의 예를 3개씩 들어 보시오.
2. 다음은 2003년부터 2005년까지의 각 기초자치단체의 인구밀도, 65세 이상 인구 비율, 재정자립도, 1인당 지방세, 도로포장률, 도시노동자 인구 비율에 관한 데이터이다. 이 데이터를 기초로 충청북도의 평균값을 계산한 결과 인구밀도는 1,444이고, 65세 이상 인구 비율은 0.08576, 재정자립도는 34.0%, 1인당 지방세는 409,155, 도로포장률은 64, 도시노동자 인구 비율은 0.26863인 것으로 나타났다.
   2-1. 영호는 충주시의 인구밀도, 65세 이상 인구 비율, 재정자립도, 1인당 지방세, 도로포장률, 도시노동자 인구 비율 평균이 전국 평균과 같은지 또는 차이가 존재하는지를 분석하고자 한다. 이에 대한 가설을 설정하시오.
   2-2. SPSS를 이용해 가설을 검정하시오.

	인구밀도	65세 이상 인구 비율	재정자립도	1인당 지방세	도로 포장률	도시노동자 인구 비율
수원	8,455	0.04691	63.4	678,787	73	0.27622
성남	6,674	0.05546	68.0	706,691	91	0.21690
의정부	4,663	0.06118	51.6	496,745	92	0.20477
안양	10,216	0.05442	65.8	332,996	89	0.28560
부천	15,376	0.05080	59.9	640,742	92	0.27545
광명	8,873	0.05632	51.2	467,667	100	0.17917
평택	802	0.07612	42.1	567,138	76	0.31771
동두천	781	0.08813	26.7	456,805	100	0.26242
안산	4,361	0.04373	59.0	688,402	96	0.36347
고양	3,143	0.06400	62.4	720,135	98	0.19024
과천	1,973	0.06908	39.6	10,196,790	100	0.40479
구리	5,821	0.05354	49.5	672,230	100	0.21794

남양주	857	0.06732	47.6	598,294	88	0.16524
오산	2,731	0.04682	43.4	615,345	43	0.26172
시흥	2,706	0.04283	54.0	675,472	82	0.34858
군포	7,425	0.05292	57.7	512,853	68	0.26348
의왕	2,481	0.06028	44.8	680,472	97	0.22296
하남	1,374	0.06441	41.4	797,805	97	0.21906
용인	895	0.06280	54.4	1,383,802	75	0.26977
파주	353	0.09422	43.6	712,787	77	0.26195
이천	413	0.07738	46.1	603,497	62	0.34200
안성	269	0.10465	31.4	559,675	89	0.29553
김포	709	0.07405	43.7	842,760	64	0.35054
화성	336	0.09106	52.6	960,046	74	0.52930
광주	411	0.07048	50.4	994,609	94	0.31316
춘천	227	0.09254	33.8	478,742	85	0.27332
원주	321	0.08435	34.0	470,177	88	0.29363
강릉	222	0.09470	27.7	437,066	80	0.28226
동해	572	0.08387	23.1	414,311	37	0.28264
태백	182	0.08504	18.8	372,995	61	0.26754
속초	859	0.08193	31.4	510,789	48	0.29168
삼척	65	0.12527	14.5	403,997	67	0.24294
청주	3,954	0.05749	58.8	453,709	64	0.28860
충주	216	0.10092	21.8	417,113	70	0.25063
제천	163	0.09886	21.5	356,641	59	0.26665
천안	700	0.06557	47.0	575,046	54	0.33751
공주	141	0.13561	15.4	354,917	73	0.23702
보령	200	0.12888	17.0	438,083	72	0.22638
아산	353	0.10156	31.5	576,526	50	0.33436
서산	201	0.11309	23.6	475,776	76	0.24105
논산	273	0.12767	17.6	356,080	82	0.21714
전주	3,036	0.06772	47.3	247,976	100	0.25129
군산	722	0.08573	31.2	401,686	81	0.26280
익산	656	0.09195	29.2	354,932	78	0.25211
정읍	202	0.14618	13.1	251,392	74	0.20665
남원	133	0.14770	14.3	273,611	77	0.23286
김제	204	0.16617	17.1	261,792	76	0.21846
목포	5,193	0.06643	31.3	456,863	90	0.27561
여수	634	0.08448	31.4	438,900	59	0.25979
순천	299	0.08714	27.1	361,444	70	0.24161

나주	171	0.16868	14.6	301,323	60	0.22396
광양	309	0.07348	39.0	582,136	66	0.30265
포항	455	0.06799	51.0	532,746	71	0.30282
경주	216	0.10563	28.1	459,521	60	0.29523
김천	146	0.13206	21.7	336,547	75	0.23536
안동	118	0.13133	18.8	333,693	62	0.24754
구미	576	0.05018	63.8	629,110	84	0.41712
영주	189	0.12885	22.7	298,027	74	0.22914
영천	127	0.14382	18.9	376,552	98	0.25548
상주	95	0.17536	14.0	259,586	85	0.19961
문경	92	0.15581	13.6	283,498	64	0.21210
경산	537	0.08189	33.3	489,315	74	0.30656
창원	1,768	0.04088	62.1	771,976	96	0.41868
마산	1,319	0.06605	40.8	417,000	72	0.27744
진주	478	0.08218	32.0	392,281	88	0.27382
진해	1,261	0.07819	29.4	362,572	58	0.22389
통영	568	0.09143	18.8	424,649	68	0.24373
사천	296	0.11696	18.9	280,071	62	0.25846
김해	850	0.05705	38.4	609,921	63	0.30492
밀양	151	0.14073	18.2	224,410	76	0.21821
거제	459	0.06862	29.8	492,559	82	0.37407
양산	425	0.06156	51.0	600,826	57	0.39251
제주	1,138	0.06046	34.9	571,844	92	0.36420
서귀포	333	0.08635	21.2	571,437	98	0.31048

제8장

두 평균 간 차이의 검정(t검정)

제6장에서는 추리통계학의 기본 논리, 즉 추리통계의 개념, 추리통계의 논리, 추리통계의 요소, 추정의 기본이 되는 가설검정 등에 대해 살펴보았고, 제7장에서는 단일평균에 대한 추론 과정을 살펴보았다.

연구자들은 일반적으로 하나의 변수에 대한 추론에 관심을 갖기보다는 두 변수들 간의 비교, 혹은 두 집단 간에 비교에 관심을 많이 두고 있다. 왜냐하면 현실적으로 나타나는 일반적인 사회 현상은 변수들 간의 관계 속에서 나타나기 때문이다.

예를 들어 "남자가 여자보다 학업 성적이 낮을 것"이라든가, "고학년이 저학년보다 수업성취도가 높을 것"이라든지, "회사원이 공무원보다 평균 소득이 높을 것"인가, "A회사가 만든 자동차가 B회사가 만든 자동차보다 수명이 더욱 길 것인가" 등에 대한 연구문제는 두 모집단 간의 비교를 통해 분석이 가능한 것이다.

따라서 제8장에서는 현실적으로 관심의 대상이 되고 있는 변수들 간의 관계, 즉 두 집단 간의 비교에 대한 검정을 살펴보고자 한다.

제 1 절 기본 개념 및 사용 목적

제7장에서는 단일 평균의 검정, 즉 단일 모집단의 특성치인 모평균에 대한 가설검정 절차를 알아보았다. 이 장에서는 두 모집단, 즉 두 평균 간의 차이가 있는지의 여부를 밝히기 위한 추론 과정을 살펴보기로 한다. 두 집단 간의 차이에 대한 비교 문제는 학문적 연구 또는 일상 생활에서 자주 발견할 수 있다. 즉 우리는 사회 현상에서 두 집단 혹은 두 변수 간 차이를 기술하고 그 원인을 설명하는 경우가 많이 있다. 예를 들어, "동일한 학력을 가진 사람들 중에서 남자와 여자 중 누가 봉급을 더 많이 받는가?"를 비교한다든지, "특정 대학교에 입학한 학생들의 입학 성적을 비교할 때 A학과와 B학과에 지원한 학생 중에서 어떤 집단의 입학 성적이 더 높은가?"를 비교하고자 할 경우, "민간기업과 공무원 중에서 어떤 집단의 임금 수준이 높은가?"를 비교하고자 할 경우와 같이 두 집단 간 평균의 차이를 비교해 통계적 유의성을 밝혀내고자 할 때에는 두 평균 간 차이의 검정을 활용해야 한다.

제 2 절 두 평균 간 차이 검정의 과정

두 평균 간 차이의 검정에서는 두 모집단의 표준편차(σ_1, σ_2)를 알고 있을 경우와 모르는 경우 두 가지에 따라 검정 공식이 달라진다. 또한 표본의 크기가 충분히 클 경우에는 Z검정을 사용하고, 작을 경우에는 t검정을 사용해야 한다. 그러나 일반적으로 두 모집단의 표준편차를 모르는 경우가 대부분이며, 표준편차를 알지 못한다고 하더라도 표본의 크기가 충분히 큰 경우라면 표본분포는 정규분포라고 간주할 수 있으며, 표본의 표준편차를 사용하여 모집단의 표준편차를 대신 사용할 수 있으므로 Z검정을 할 수 있다. 그러나 단일 평균검정에서와 같이 일반적으로 Z검정보다는 t검정을 사용하는 것이 일반적이다. 왜냐하면 t검정의 경우 표본의 크기가 30 이하인 경우에도 활용이 가능하므로 표본의 크기에 관계 없이 검정이 가능하기 때문이다.

두 평균 간 차이의 검정에 대한 추론 과정은 추리통계학에서 설명한 바와 같이 가설검정 5단계에 따라 설명할 수 있다. 즉, 가설 설정 단계, 표집분포 결정 단계, 임계치 도출 단계, 검정통계량 계산 단계, 그리고 분석 결과의 해석 단계로 구분된다.

[그림 8-1] 두 평균 간 차이의 검정 과정

[예제]

A대학의 행정학과와 경영학과의 학싱들 간에 행정계량분석 점수의 차이가 있는지를 알아보려고 한다. 이 때 행정학과 학생들 100명을 추출했더니 평균 점수는 85점, 표준편차는 1.6로 나타났으며, 경영학과 학생들 90명을 추출했더니 평균 점수는 89점, 표준편차는 3.2로 나타났다. 두 학과 간에 행정계량분석의 점수에 차이가 있는지의 여부를 검정하시오.

1. 가설 설정

A대학 학생들 중에서 행정학과와 경영학과 중에서 어느 학과가 성적이

더 좋은지를 알 수 없기 때문에 단측검정보다는 양측검정이 타당하다. 따라서 영가설은 "행정학과(μ_1)와 경영학과(μ_2) 간 행정계량분석 점수에 차이가 없을 것이다."라고 하고, 대립가설은 "행정학과와 경영학과 간 행정계량분석 점수에 차이가 있을 것이다."로 설정할 수 있다. 이러한 가설을 기호로 표시하면 다음과 같다.

$$H_0 : \mu_1 - \mu_2 = 0$$
$$H_1 : \mu_1 - \mu_2 \neq 0$$

2. 표집분포

표집분포는 두 집단 간의 차이에 대한 검정이라 Z검정과 t검정을 모두 사용할 수 있다. 모집단의 분산을 알 수 없어도 두 표본의 크기가 크므로 Z검정을 할 수 있지만 좀더 정확한 검정을 위해 t검정을 사용하고자 한다. 따라서 이들 두 표본집단의 분포는 t분포를 가정하게 되는 것이다.

3. 임계치

임계치란 일정한 유의 수준하에서 가설의 기각 여부를 결정하는 기준이 되는 값이라고 공부했다. 임계치는 자유도와 유의 수준에 따라 결정되나, 유의 수준을 0.05로 설정한다면 두 평균 간 차이의 검정에서는 자유도를 구하는 것이 중요하다고 할 수 있다.

두 평균 간 차이의 검정에서 자유도를 구하는 공식은 다음과 같다.

$$\text{자유도}(df) = n_1 + n_2 - 2$$

단일 평균의 검정에서 자유도의 일반적인 공식은 $n-1$의 구조를 갖는다고 배웠다. 역시 두 평균 간 차이의 검정에서도 이러한 구조를 동일하게 갖는다고 할 수 있다. 단일 평균 검정에서는 집단이 하나이므로 $n-1$이지만, 두 평균 간 차이의 검정에서는 집단의 수가 두 개이므로 $n_1 - 1 + n_2 - 1$이 된다고 하겠다. 따라서 이들을 합하면 결국 $n_1 + n_2 - 2$가 되기 때문이다.

유의 수준 = 0.05, 자유도 = 188 ($df = 100 + 90 - 2$)인 t분포에서 임계치를 구해 보면 양측검정이므로 유의 수준은 0.025이고 임계치는 ±1.960 (양측검정이므로 +, − 값이 양측으로 존재함)임을 알 수 있다.

4. 검정통계량

두 평균 간 차이의 검정에서 검정통계량 t값의 계산 공식은 아래와 같다. 아래의 공식에서 $(\mu_1 - \mu_2)$의 값은 항상 0이 된다. 왜냐하면 이 값은 가설에 의한 값이기 때문이다. 위의 영가설을 다시 확인하면 두 모집단의 평균은 같다고 가정하고 있기 때문이다. 따라서 두 평균 간 차이의 검정에 대한 검정통계량 공식에서는 이를 제외한 나머지에 대해서만 알고 있으면 계산이 가능해진다.

$$t = \frac{(\overline{X_1} - \overline{X_2}) - (\mu_1 - \mu_2)}{\sqrt{\frac{S_1^2}{n_1} + \frac{S_2^2}{n_2}}}$$

n_1 = 표본 1(행정학과)의 케이스 수

n_2 = 표본 2(경영학과)의 케이스 수

$\overline{X}_1$ = 표본 1(행정학과)의 평균

$\overline{X}_2$ = 표본 2(경영학과)의 평균

S_1^2 = 표본 1(행정학과)의 표준편차

S_2^2 = 표본 2(경영학과)의 표준편차

예제에서 주어진 값을 토대로 검정통계량을 도출하면 다음과 같다.

$$t = \frac{(\overline{X_1} - \overline{X_2}) - (\mu_1 - \mu_2)}{\sqrt{\frac{S_1^2}{n_1} + \frac{S_2^2}{n_2}}} = \frac{(85-89)-(0)}{\sqrt{\frac{1.6^2}{100} + \frac{3.2^2}{90}}} = -10.718$$

5. 분석 결과의 해석

검정통계치(10.718)가 임계치(1.960)보다 큰 값이므로 영가설을 기각하고 대립가설을 잠정적으로 채택할 수 있다. 즉 유의 수준 0.05에서 행정학과와 경영학과 간 행정계량분석의 점수는 차이가 있다고 할 수 있다.

제 3 절 SPSS를 이용한 두 평균 간 차이 검정의 실습

1. 두 평균 간 차이의 검정(독립표본 *t*검정)

1) SPSS 분석 절차

'급여 수준.sav_제8장'을 이용하여 남녀 간에 최초 급여에 차이가 있는지를 분석하고자 한다. 첫째, 가설설정은 최초 급여가 남녀 간에 차이가 있는지, 어떤 집단이 높은지를 알 수 없기 때문에 양측검정을 사용해 가설을 설정하면 다음과 같다.

영가설: "남녀 간에 최초 급여에는 차이가 없다."
대립가설: "남녀 간에 최초 급여에는 차이가 있다."

이를 기호로 표시하면 다음과 같다.

$$H_0 = \mu_1 - \mu_2 = 0$$
$$H_1 = \mu_1 - \mu_2 \neq 0$$

[그림 8-2] 급여 수준 데이터

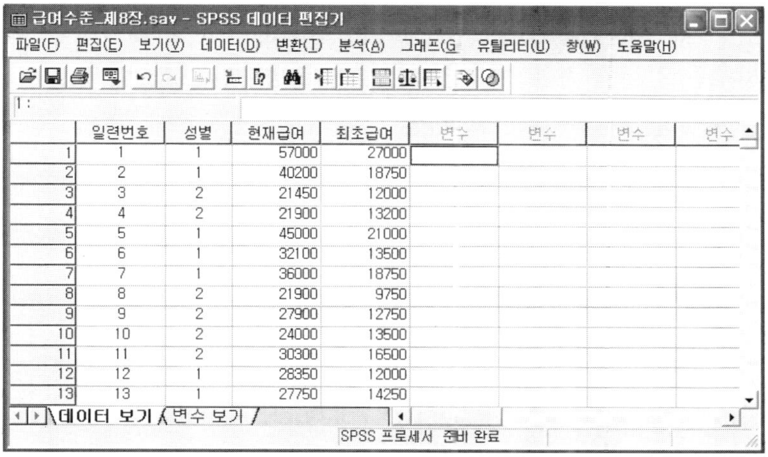

둘째, SPSS를 이용해 두 평균 간의 차이의 검정(독립표본 T검정)을 하기 위해서는 주 메뉴에서 분석(A) → 평균 비교(M) → 독립표본 T검정(T)을 차례로 선택한다.

[그림 8-3] 독립표본 T검정의 실행 절차

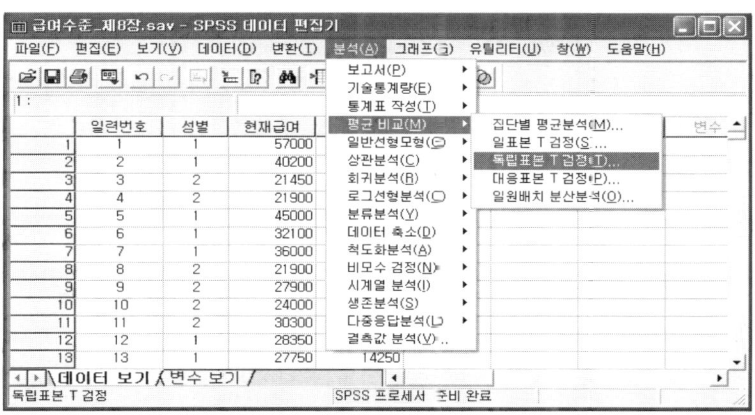

'독립표본 T검정'을 선택하면 다음과 같은 대화상자가 활성화된다. 이 때 왼쪽 상자에서 분석하고자 하는 변수, 즉 '최초 급여'를 선택해 오른쪽 상자의 검정변수로 옮긴 후 오른쪽 하단의 집단변수를 선택해 집단 1에 남자 범주인 '1'을 입력하고 집단 2에는 여자 범주인 '2'를 입력한 후 계속 단추를 누르면 다음과 같은 그림이 된다.

[그림 8-4] 독립표본 T검정 대화상자

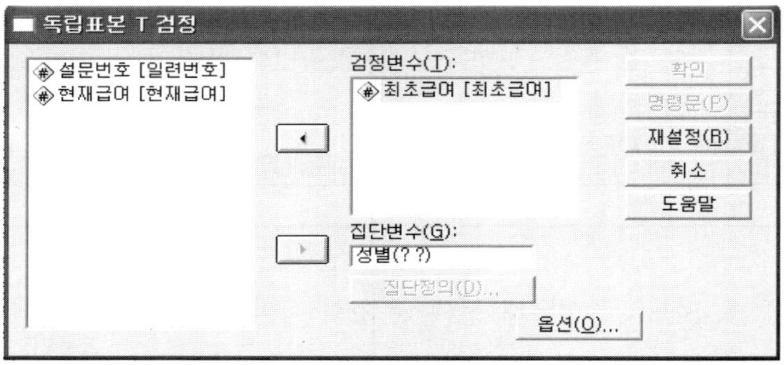

[그림 8-5] 집단정의 대화상자

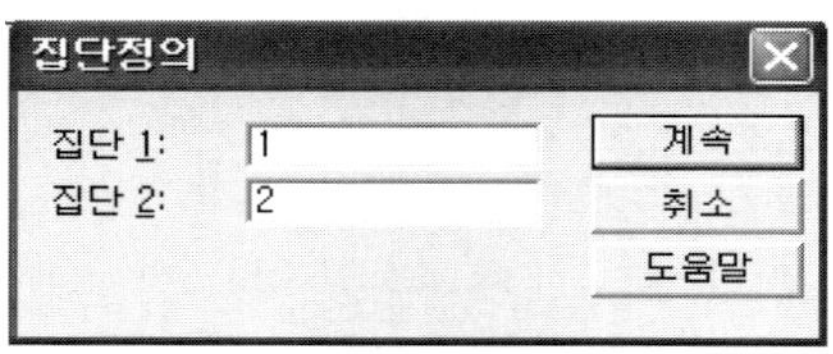

셋째, 분석 결과의 해석: <표 8-1>의 집단 통계량을 보면 남자의 표본 수는 258명, 여자의 표본 수는 216명임을 알 수 있다. 최초 급여의 경우 남자는 평균이 20,301달러, 표준편차는 9,112달러로 나타났으며, 여자는 평균이 13,091달러, 표준편차가 2,936달러인 것을 알 수 있다.

〈표 8-1〉 독립표본 T검정의 출력 결과(집단통계량)

성별		N	평균	표준편차	평균의 표준오차
최초 급여	남자	258	20301.40	9111.78	567.27
	여자	216	13091.97	2935.60	199.74

<표 8-2>의 독립표본 검정을 보면, 러벤(Levene)의 등분산 검정(두 모집단의 분산이 동일한지의 여부를 분석)의 F통계량 값은 105.969이고 이 값의 유의확률(p값)은 0.000으로 나타났다. 이 값은 유의 수준(0.05)보다 작은 값이므로 두 모집단의 등분산은 가정되지 않음을 알 수 있다. 따라서 <표 8-2>의 '등분산이 가정되지 않음'의 열(row)을 해석해야 한다.

평균의 동일성에 대한 T검정을 보면, 검정통계량 t값이 11.987, 유의 확률(양쪽)은 0.000으로($0.05 > 0.000$) 분석되었다. 따라서 "남녀 간 최초 급여에 차이가 없다"라는 영가설을 기각하고 대립가설, 즉 "남녀 간 최초 급여에 차이가 존재한다"라는 가설을 잠정적으로 채택할 수 있다. 이러한 분석 결과를 토대로 할 경우 위의 분석 결과에서 나타난 평균값에서도 알 수 있듯이 남자가 여자보다 최초 급여가 높다는 사실을 보여 준다고 하겠다.

〈표 8-2〉 독립표본 T검정의 출력 결과(독립표본 검정)

		Levene의 등분산 검정		평균의 동일성에 대한 t검정						
		F	유의확률	t	자유도	유의확률(양쪽)	평균차	차이의 표준오차	차이의 95% 신뢰 구간	
									하한	상한
최초 급여	등분산이 가정됨.	105.969	.000	11.152	472	.000	7209.43	646.45	5939.16	8479.70
	등분산이 가정되지 않음.			11.987	318.818	.000	7209.43	601.41	6026.19	8392.67

2. 두 평균 간 차이의 검정(대응표본 t검정)

두 평균 간의 차이 검정에 대한 사용 목적 및 원리는 동일하나 두 개의 모집단에서 두 개의 표본집단을 추출해 두 집단을 비교할 경우에는 독립표본 t검정을 실시하지만, 하나의 모집단에서 두 개의 표본집단을 추출해 평균 간 차이를 검정할 경우에는 대응 표본 t검정을 실시해야 한다. 이를 도식화해 표현하면 다음과 같다.

[그림 8-6] 독립표본 t검정과 대응표본 t검정의 차이

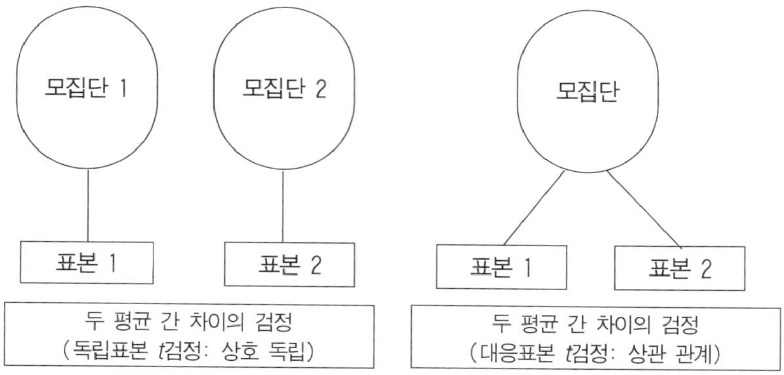

위의 그림에서도 나타난 바와 같이 대응 표본 t검정은 두 집단의 평균을 비교하는 것이 아니라 동일한 집단에서 두 변수집단 간의 평균을 구하는데 있다고 하겠다.

대응표본 t검정의 절차도 두 평균 간의 차이의 검정에서 제시한 바와 같이 동일한 가설검정 단계 과정을 통해 이루어지나 t검정통계량의 공식에 약간의 차이가 있다.

$$t = \frac{\bar{d} - d_0}{s_d / \sqrt{n}}$$

$\bar{d}$: 각 표본 요소 값들의 차이의 평균값

d_o : 영가설로 설정된 차이의 평균값

S_d : 표본 요소들의 차이값들의 표준편차

1) SPSS 분석 절차(대응표본 t검정)

대응표본 t검정의 예를 제시하면 다음과 같다.

예 1) 행정계량분석 수업에서 SPSS 통계 패키지의 실습을 하기 전과 실시한 후의 성적을 비교해 보고자 할 때에 사용할 수 있다.

예 2) 헬스 프로그램을 실시하기 이전과 이후의 체중을 비교해 보고자 할 경우에 사용할 수 있다.

예 3) 지방자치제 실시 이전과 실시 이후에 지방세 수입에 차이가 있는지를 비교할 경우에도 사용할 수 있다.

특히, 대응표본 t검정의 경우 위의 예에서와 같이 실험 이전의 집단이나 실험 이후의 집단이 동일한 경우 상당한 상관 관계가 있기 때문에 독립표본 t검정 대신에 대응표본 t검정을 사용해야 한다.

이 절에서는 예 1) 즉 행정계량분석 수업에서 SPSS 통계 패키지의 실습을 하기 전과 실시한 후의 성적의 차이를 비교하는 예를 통해 대응표본 t검정 절차를 살펴보고자 한다.

첫째, 가설 설정은 SPSS 통계 패키지의 실습을 하기 전과 후의 성적 차이를 알 수 없기 때문에 양측검정을 사용해서 가설을 설정하면 다음과 같다.

영가설: "SPSS 실습을 하기 전과 실시한 이후의 성적에는 차이가 없다."
대립가설: "SPSS 실습을 하기 전과 실시한 이후의 성적에는 차이가 있다."

이를 기호로 표시하면 다음과 같다.

$$H_0 = \mu_1 - \mu_2 = 0$$
$$H_1 = \mu_1 - \mu_2 \neq 0$$

〈표 8-3〉 행정계량분석 성적 비교

사례 수 \ 성적	SPSS 실습 이전 성적	SPSS 실습 이후 성적
1	72	76
2	74	86
3	63	60
4	85	95
5	53	56
6	91	97
7	67	65
8	83	89
9	52	54
10	93	97
11	73	84
12	65	79
13	75	75
14	86	86
15	74	75

[그림 8-7] SPSS 실습 전후 성적 데이터

둘째, SPSS를 이용해 두 평균 간의 차이의 검정(대응표본 T검정)을 하기 위해서는 주 메뉴에서 분석(A) → 평균 비교(M) → 대응표본 T검정(P)을 차례로 선택한다.

[그림 8-8] 대응표본 T검정의 실행 절차

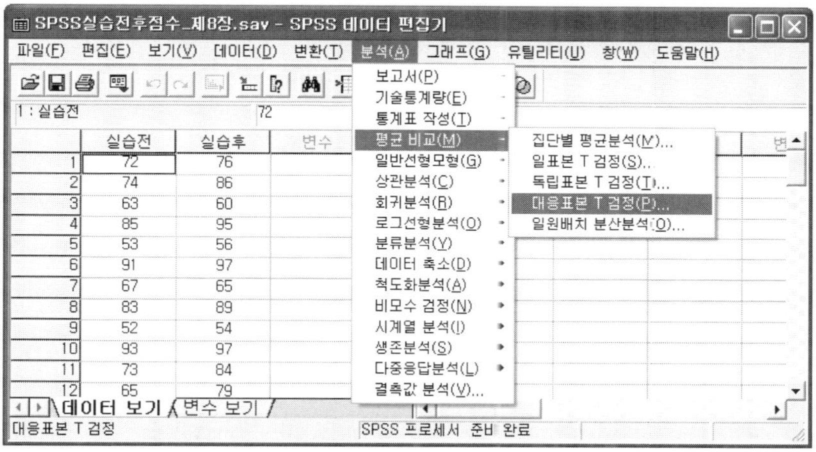

'대응표본 T검정'을 선택하면 다음과 같은 대화상자가 활성화된다. 이 때 왼쪽 상자에서 분석하고자 하는 변수, 즉 '실습전'을 선택하면 왼쪽 아래창

[그림 8-9] 대응표본 T검정 대화상자

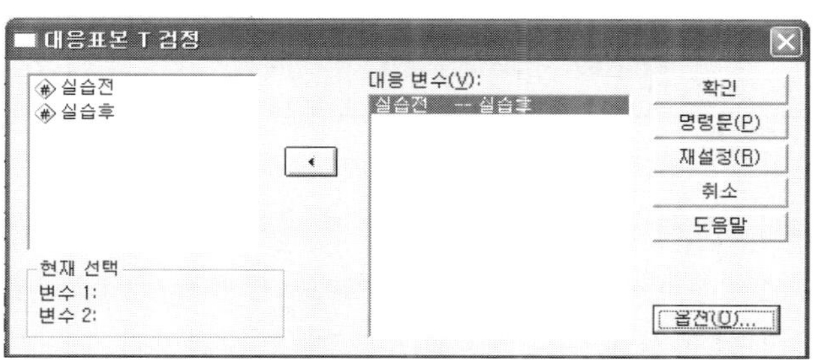

의 현재 선택의 변수 1에 '실습 전'이 나타나고 다시 '실습 후'를 선택하면 현재 선택의 변수 2에 '실습 후'가 나타난다. 이를 오른쪽 상자의 대응변수 쪽으로 옮긴 후 확인을 누르면 출력 결과가 산출된다.

셋째, 분석 결과의 해석: <표 8-4>에서와 같이 대응표본 T검정의 출력 결과는 세 가지, 즉 대응표본 통계량, 대응표본 상관 계수, 그리고 대응표본의 검정으로 나타난다.

〈표 8-4〉 대응표본 T검정의 출력 결과

대응표본 통계량

		평균	n	표준편차	평균의 표준오차
대응 1	실습 전	73.73	15	12.47	3.22
	실습 후	78.27	15	14.32	3.70

대응표본 상관 계수

	n	상관계수	유의 확률
대응1 실습 전 & 실습 후	15	.933	.000

대응표본 검정

		대응차					t	자유도	유의 확률 (양쪽)
		평균	표준편차	평균의 표준오차	차이의 95% 신뢰 구간				
					하한	상한			
대응 1	실습 전-실습 후	-4.53	5.24	1.35	-7.43	-1.63	-3.354	14	.005

대응표본 통계량을 보면 'SPSS를 실습하지 않았을 때, 즉 실습 전의 행정계량분석 점수의 평균은 73.73점, 표준편차는 12.47점으로 나타났고, 'SPSS 실습 이후'에는 평균이 78.27점, 표준편차가 14.32점으로 나타났으

며, 표본의 크기는 각각 15개임을 알 수 있다.

대응표본 상관계수를 보면 유의 수준 0.05 이하에서 통계적 유의성이 있으며, 상관계수는 0.933으로 높은 상관 관계를 갖는 것으로 나타난다.

또한 대응표본 검정에서 나타난 바와 같이 'SPSS 실습 전과 실습 이후'에 대한 차이의 평균은 -4.53점, 표준편차는 5.24이며, 검정통계량 t값은 -3.354로 나타났다. 이 때 자유도(df)는 14, 양측검정의 유의 확률은 0.005로 나타났다.

따라서 유의 수준 0.05 이하에서 SPSS 실습 이전과 실습 이후의 행정계량분석 점수에 대한 차이가 유의하게 존재하며, SPSS 실습의 효과가 행정계량분석의 점수에 반영되었다고 할 수 있다. 즉 행정계량분석의 성적을 높이기 위해서는 SPSS의 실습이 동반되어야 함을 분석 결과를 통해 알 수 있다.

단원 요약

1. 두 평균 간 차이의 검정은 두 모집단 간에 차이가 있는지의 여부를 밝히기 위한 추론 과정이다. 두 집단 간의 차이에 대한 비교 문제는 학문적 연구 또는 일상 생활에서 자주 발견할 수 있으며, 일반적으로 사회 현상에서 두 집단 혹은 두 변수 간 차이를 기술하고 그 원인을 설명하는 경우가 많이 있다.
2. 두 평균 간 차이의 검정에 대한 추론 과정은 가설 검정 5단계, 즉 가설 설정 단계, 표집분포 결정 단계, 임계치 도출 단계, 검정통계량 계산 단계, 그리고 분석 결과의 해석 단계로 구분된다.

<두 평균 간 차이의 검정 과정>

제1단계	제2단계	제3단계	제4단계	제5단계
가설 설정	표집분포 결정 (t 분포)	임계치 도출	검정통계치 계산 (t값)	가설의 검정 (두 집단 간 차이 분석)

3. 두 평균 간 차이의 검정에서 표집분포는 Z분포와 t분포를 모두 사용할 수 있다. 그러나 단일 평균 검정에서와 좀더 정확한 검정을 위해 일반적으로 t분포를 사용하고, 따라서 검정통계량도 t값을 유도한다.
4. 두 평균 간 차이의 검정에서 자유도를 구하는 공식은 단일 평균검정의 자유도 공식을 확장한 것이다. 즉 자유도 공식은 일반적으로 $n-1$의 구조를 갖는데 두 평균 간 차이의 검정에서는 집단이 두 개이므로 자유도(df)는 '$n_1 + n_2 - 2$'가 된다.
5. 두 개의 모집단에서 두 개의 표본집단을 추출해 두 집단을 비교할 경우에는 독립표본 t검정을 실시하지만, 하나의 모집단에서 두 개의 표본집단을 추출해 평균 간의 차이를 검정할 경우에는 대응표본 t검정을 실시한다.

연습 문제

1. 두 평균 간 차이 검정의 정의를 설명하고, 예를 3개씩 들어 보시오.
2. 다음은 A 회사 전략 마케팅 팀에서 소비자들을 대상으로 설문조사를 실시한 결과이다. 설문조사의 내용은 회사 이미지에 대한 것으로 회사 이미지는 3점 리커트 척도(①좋음, ②보통, ③싫음)로 구성되었다.

성별	회사 이미지	성별	회사 이미지
여자	1	남자	2
여자	1	여자	3
남자	2	남자	1
여자	2	여자	2
남자	3	남자	3
여자	2	여자	2
여자	1	여자	1
남자	2	남자	3
여자	1	여자	1
남자	3	남자	2
남자	3	여자	1
남자	2	남자	2
여자	1	여자	2
여자	1	남자	3
남자	2	남자	2

2-1. 성별에 따라 회사 이미지에 대한 차이가 존재하는지를 분석하고자 한다. 가설을 설정시오.

2-2. SPSS를 이용해 가설을 검정하시오.

3. 다음 <표>는 도농 통합 이전과 이후의 지방세, 일반행정비, 경제개발비,

전 지방세	전 일반행정비	전 경제개발비	전 인건비	후 지방세	후 일반행정비	후 경제개발비	후 인건비
12,108	0.2942	0.4367	0.1517	39,258	0.1918	0.3024	0.0926
11,485	0.2310	0.4340	0.1876	43,610	0.2539	0.3319	0.1502
10,670	0.2626	0.3509	0.1817	43,624	0.2632	0.2730	0.1498
3,835	0.2653	0.3510	0.1939	12,641	0.2116	0.3262	0.1229
9,033	0.2364	0.3954	0.1836	34,389	0.2926	0.3005	0.1306
5,422	0.2505	0.4192	0.1974	20,615	0.2187	0.4125	0.1196
5,005	0.2175	0.3223	0.1673	17,227	0.2141	0.3884	0.1293
5,857	0.2126	0.3287	0.1546	16,104	0.2323	0.3053	0.1243
6,740	0.2258	0.3288	0.1674	33,765	0.2526	0.3049	0.1235
7,092	0.2180	0.3518	0.1534	25,400	0.2326	0.2893	0.1288
12,172	0.2805	0.2632	0.2192	45,430	0.2235	0.2203	0.1278
4,648	0.2702	0.3439	0.2172	15,652	0.2474	0.2681	0.1444
3,491	0.3623	0.2322	0.2410	12,564	0.2430	0.3206	0.1420
3,743	0.3362	0.2740	0.2388	13,459	0.2574	0.2647	0.1413
8,184	0.2561	0.3238	0.1910	34,321	0.2369	0.2764	0.1440
3,842	0.2808	0.2647	0.2270	14,199	0.2707	0.2958	0.1489
31,476	0.1811	0.4757	0.1680	113,138	0.1989	0.2739	0.1336
14,980	0.1989	0.3969	0.1622	53,621	0.2160	0.2580	0.1259
6,175	0.3197	0.3760	0.2118	20,363	0.3235	0.2908	0.1599
7,597	0.2981	0.3150	0.2372	25,500	0.2464	0.3278	0.1489
18,554	0.2427	0.3565	0.2451	76,837	0.2178	0.3618	0.1451
5,148	0.2842	0.3748	0.2356	17,199	0.2645	0.2960	0.1344
4,831	0.2626	0.3494	0.2190	17,260	0.2512	0.3204	0.1436
4,200	0.2535	0.3370	0.2060	13,683	0.2635	0.3453	0.1345
3,415	0.2887	0.3520	0.2100	10,259	0.2528	0.3324	0.1455
9,318	0.2856	0.4024	0.2092	36,419	0.2544	0.2576	0.1363
8,776	0.2943	0.3333	0.2240	52,148	0.2524	0.2318	0.1345
11,968	0.2308	0.3479	0.1926	18,626	0.2909	0.2693	0.1345
4,632	0.2227	0.3417	0.1633	15,289	0.2501	0.2664	0.1100
6,733	0.2596	0.3465	0.1754	29,602	0.2543	0.2524	0.1198

인건비에 대한 데이터이다. 도농 통합시의 추진은 1994년과 1995년에 걸쳐 실시되었다. 1994년 8월에는 경기도 남양주시 등 33개 도농 복합 형태의 시(市) 설치 등에 관한 법률이 제정되었고(1차 통합), 같은 해 12월에 전남 광양시 등 2개 도농 복합 형태의 시 설치 등에 관한 법률이 제정되었다(2차 통합). 그리고 이듬해인 1995년 5월에 경기도 평택시 등 5개 도농 복합 형태의 시 설치 등에 관한 법률이 제정(3차 통합)됨으로써 전국 41개시와 39개 군을 통합한 40개의 새로운 형태인 도농 복합형 시가 탄생되었다. 1994~5년의 도농 통합을 두고 적지 않은 찬반 논란이 있었는데, 도농 통합을 지지하는 논자들은 그의 정당화 논리로 주민생활권과 행정구역의 일치화, 외부 효과의 내부화, 행정비용의 감소, 규모의 경제 실현, 도시와 농촌의 균형 개발, 재정 운용의 효율성 등을 주장했다. 반면에 도농 통합에 부정적인 논자들은 규모의 경제 발생의 불확실성, 행정 서비스 공급의 지역 간 불균형, 통합으로 인한 예산 증가 발생, 도시 행정 수요와 농촌 행정 수요의 이질성, 행정의 반응성 감소 등의 문제점을 주장했다. 앞의 자료를 기초로 도농 통합 이전과 이후의 자치단체 재정수입과 지출을 비교 분석하시오.

3-1. 도농 통합 이전과 이후의 지방세, 일반행정비, 경제개발비, 인건비가 유의한 수준에서 차이가 있는지를 분석하고자 할 때 가설을 설정하시오.

3-2. SPSS를 이용해 가설을 검정하시오.

3-3. 도농 통합의 효과성을 분석하는 보고서를 5페이지 내외로 작성해 제출하시오.

제 9 장

분산분석

제7장에서는 추리통계학의 기초가 되는 단일 평균검정을 통해 추정의 논리가 되는 가설검정 5단계에 대한 이론과 실습을 해 보았다. 제8장에서는 사회과학 연구에서 실질적으로 많은 관심이 되고 있는 두 집단(두 변수) 간의 비교(차이)를 하기 위한 두 평균 간의 차이 검정을 살펴보았다.

제7장에서 단일 집단에 대한 검정이었고, 제8장이 두 집단 간 차이 및 비교를 하는 것이었다면, 분석 대상이 세 집단 이상일 경우에는 어떠한 통계적 방법을 사용해야 할 것인가? 물론 제8장에서 공부한 두 집단 간의 검정을 여러 번 실행하여 여러 집단 간의 비교를 해도 좋을 것이다. 그러나 이러한 불편을 덜어 주기 위해 개발된 통계 기법이 제9장에서 공부하게 될 분산분석(ANOVA)이다. 분산분석은 세 집단 이상 간의 비교 및 차이를 연구하고자 할 때 사용하는 통계 기법이다. 분산분석을 세 집단 간의 평균 비교라고 하지 않고 분산분석이라고 하는 이유는 검정 과정에서 분산을 비교 분석하고 있으므로 붙여진 명칭이다.

분산분석에는 독립변수가 하나인 일원분산분석(one way ANOVA)과 독립변수가 두 개 이상인 다원분산분석(중다변량분석: MANOVA: Multivariate Analysis of Variance)이 있다. 그러나 이 교재에서는 일원분산분석만 다루고자 한다.

제 1 절 기본 개념 및 사용 목적

제8장에서는 두 평균 간 차이의 검정으로 두 집단 간 차이가 있는지의 여부를 분석하는 방법에 대해 공부했다. 그러나 분석 대상이 세 집단 이상이 존재할 경우, 즉 모집단의 수가 세 개 이상이 되면 분산분석(ANOVA: ANalysis Of VAriance)을 활용해야 한다.

분산분석은 평균값을 기초로 하여 여러 집단을 비교하고, 이들 집단 간에 차이점이 있는지를 검정하는 기법이다. 예를 들어 교육 수준별로 월급을 조사한다고 할 경우 교육 수준별로 고졸, 전문대 졸, 대학 졸 등으로 학력을 구분한 후 각 집단별 월급액의 차이를 비교 연구하고자 한다면 단일변량 분산분석(ANOVA) 기법을 이용해야 한다. 이와같이 하나의 변수(월급액)를 상대로 요인[1](학력)을 연구하는 것이 분산분석이다.

반면 하나의 요인으로 두 개 이상의 변수를 동시에 관찰하고자 할 때는 다변량 분산분석(MANOVA: Multivariate ANalysis Of VAriance)을 이용해야 한다. 예를 들어 학력에 따라 월급액과 문화비 지출액의 차이에 대해서 연구하고자 한다면 MANOVA분석을 실시해야 한다.

이렇듯 ANOVA와 MANOVA의 차이는 실험 개체를 대상으로 놓고 측정되는 종속변수가 하나인가 혹은 복수인가에 따라 구분된다. 그리고 단일변량 분산분석은 요인의 수에 따라서 일원분산분석(one-way ANOVA)과 이원분산분석(two-way ANOVA)으로 구분된다. 예를 들어 학력에 따른 월급액의 차이를 분석한다면 일원분산분석이 되고, 학력과 학과에 따른 월급액의 차이를 분석한다면 이원분산분석이 된다. 마찬가지로 다변량 분산분석도 요인의 수에 따라 일원 다변량 분산분석(one-way MANOVA)과 이원 다변량 분산분석(two-way MANOVA)으로 구분된다. 예를 들어 학력에

1) 요인(factor)은 인자라고도 하며, 어떤 실험의 자료를 배치하는 요인은 여러 개의 배반 집합으로 나누는 분할의 역할을 한다. 예를 들어 학력을 요인이라 한다면 학력은 초졸, 중졸, 고졸, 대졸, 대학원 졸이라는 다섯 가지 수준으로 구성된다는 것을 의미한다.

따른 월급액과 문화비 지출액의 차이를 분석한다면 이는 일원다변량 분산분석을 이용해야 하고, 학력과 학과에 따른 월급액과 문화비 지출액의 차이를 분석하고자 한다면 이원다변량 분산분석을 이용해야 한다.

〈표 9-1〉 단일분산분석과 다변량 분산분석

분산분석		구 분	예
단일분산분석 (ANOVA)	일원분산분석	요인 1개×변수 1개	학력에 따른 월급액의 차이
	이원분산분석	요인 2개 이상× 변수 1개 이상	학력과 성별에 따른 월급액
다변량 분산분석 (MANOVA)	일원다변량 분산분석	요인 1개× 변수 2개 이상	학력에 따른 월급액과 문화지출비 차이
	이원다변량 분산분석	요인 2개 이상× 변수 2개 이상	학력과 학과에 따른 월급액, 문화지출비 차이

다만 이 교재에서는 다변량 분산분석은 다루지 않고 단일분산분석만 다루고자 한다. 예를 들어 보면 김영어 학생이 영어 회화 성적을 높이기 위해 영어 교재를 선택하기로 했다. A 교재는 단어 중심의 교재이며, B 교재는 문법 중심의 교재, C 교재는 회화 중심의 교재이다. 김영어 학생은 학습 교재에 따라 영어 회화 성적이 어떻게 달라지는지를 분석하기 위해 영어 성적이 비슷한 학생 30명을 무작위로 추출해 10명씩 3개 집단으로 구분하고 세 가지의 학습 교재를 각각 6개월간 공부하도록 한 후 성적을 비교했더니 <표 9-2>와 같은 결과를 얻었다고 하자.

이러한 경우 세 집단 간에 영어 회화 점수에 차이가 있는지를 비교하고 어떤 학습 교재가 영어 회화 성적을 높이는 데 도움이 되는지를 분석하기 위해서는 분산분석을 사용해야 한다. 여기에서 영어 학습 교재는 독립변수가 되고 영어 회화 성적은 종속변수가 된다.

〈표 9-2〉 영어 학습 교재별 영어 성적

교재 / 케이스	영어 교재			
	A 교재	B 교재	C 교재	전체 평균
1	73	66	85	74.67
2	76	54	84	71.33
3	64	58	82	68.00
4	76	59	83	72.67
5	82	67	79	76.00
6	62	78	69	69.67
7	72	79	77	76.00
8	75	82	85	80.67
9	66	76	92	78.00
10	78	77	88	81.00
평균	72.40	69.60	82.40	74.80

제 2 절 분산분석의 기본 원리

1. 기본 원리

자동차의 안전성(100점 만점)을 분석하기 위해 3개의 자동차 회사(B사, H사, F사)에서 출고된 자동차를 각각 10대씩 무작위로 추출하여 충돌 테스트를 했더니 B사는 95점, H사는 87점, F사는 92점으로 나타났다고 하자. 이 때 이 분석 결과를 토대로 세 개의 자동차 회사 간 자동차의 안전성에 차이가 있다고 설명할 수 있을까?

이러한 경우 자동차의 안전성에 대한 차이는 집단 간(자동차 회사별) 차이도 존재하지만 집단 내(같은 회사의 자동차)에서도 차이가 존재할 수 있다.

분산분석의 기본 원리는 집단 간의 차이가 집단 내의 차이보다 크게 나타날 때 집단 간에 차이가 있다고 설명하는 것이다. 즉 자동차 회사들 간의 안전성(집단 간 차이)의 차이가 각 회사별 자동차의 안전성(집단 내 차이)보다 크게 나타날 때 집단 간에는 차이가 있다고 설명하는 것이다. 이와같이 세 집단 이상 간에 차이가 있는지의 여부를 분석하는 데 활용하는 통계 기법이 분산분석인 것이다.

2. 전제 조건

분산분석에서 비교하고자 하는 대상을 독립변수라고 하고, 비교의 기준이 되는 변수를 종속변수라고 한다. 자동차 안전성 테스트에 대한 예를 토대로 설명한다면 독립변수는 세 개의 자동차 회사가 되는 것이고, 종속변수는 자동차의 안전성 테스트 결과가 되는 것이다. 여기에서 독립변수는 명목 척도를 가진 변수여야 하는데 성별, 종교별, 학력별, 지역별, 직업별 등과 같이 범위가 제한적이어야 한다. 서열 척도를 가진 경우에도 독립변수가 될 수 있다. 반면 종속변수는 비교의 기준이 되어야 하므로 수치화가 용이할 뿐만 아니라 데이터의 내용도 다양해야 한다. 따라서 등간 척도나 비율 척도가 되어야 한다.

예를 들어, 우리 나라 정당의 지지도를 종교별로 조사한다면 천주교, 기독교, 불교 등의 종교가 독립변수가 되며, 정당 지지도가 종속변수가 된다.

분산분석을 사용하기 위해서는 다음과 같은 조건을 충족시켜야 한다. 첫째, 각 모집단의 분산은 동일해야 한다는 등분산성(homogeneity)의 가정, 둘째, 각 모집단 들은 상호 독립적이어야 한다는 가정, 셋째, 각 표본집단이 추출된 모집단들은 정규 분포를 이루고 있어야 한다는 가정을 충족해야 한다. 그러나 이론상으로는 이들 가정을 만족시켜야 하나 실제 검정에서는 각 모집단이 상호 독립적이라는 가정만 만족시킨 경우 다른 가정을 충족시키지 못해도 결과에는 큰 차이가 없다. 또한 비교 대상이 되는 집단별 케이스의 수가 클 경우에는 이러한 가정을 만족시키는 경우가 많아 집단별 케이스 수를 많게 하는 것이 통계 기법에서는 중요하다.

제 3 절 분산분석의 과정

분산분석은 추리통계의 일부분이므로 제6장에서 설명한 바와 같이 가설검정 5단계를 통해 모집단의 모수를 추정할 수 있다. 분산분석의 과정은 단계별로 살펴보면 다음과 같다.

[그림 9-1] 분산분석의 과정

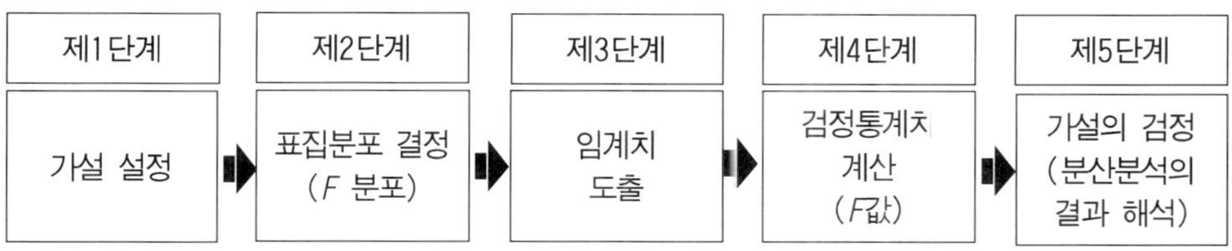

1. 가설 설정

가설검정의 첫 단계는 가설을 설정하는 것이다. 위에서 '세 가지 학습 교재에 따른 영어 회화 성적을 비교'하고자 하는 예를 제시했는데, 이러한 예제를 토대로 영가설과 대립가설을 제시하면 다음과 같다.

영가설: "세 가지 학습 교재에 따른 영어 회화 성적에는 차이가 없다."
대립가설: "세 가지 학습 교재에 따른 영어 회화 성적이 반드시 같지는 않다."

이들 가설을 기호로 표시하면 다음과 같다.

$$H_0 : \mu_1 = \mu_2 = \mu_3$$

$$H_1 : \mu_1 \neq \mu_2 \neq \mu_3$$

$$\mu_1 = \mu_2 \neq \mu_3$$
$$\mu_1 \neq \mu_2 = \mu_3$$

영가설의 경우 세 가지 학습 교재에 따라 성적에 차이가 없다고 했으므로 성적이 모두 동일하다고 할 수도 있으며, 이로 인해 영가설의 경우 기호로 표시하면 위와 같이 표현될 수 있다. 그러나 대립가설의 경우 세 가지 영어 교재에 따라 영어 성적이 모두 다르거나 혹은 세 교재 중에서 두 가지 교재만 서로 다른 경우가 생길 수 있으므로 대립가설은 기호로 표시할 경우 위와 같은 세 가지의 경우가 발생한다.

2. 표집분포

가설검정의 두 번째 단계는 표집분포를 결정하는 것이다. 분산분석의 경우 세 집단 이상 간의 비교 및 차이를 검정할 때 사용하는 기법인데, 기본원리에서 설명한 바와 같이 집단 간의 분산과 집단 내의 분산을 비교하는 것이므로 F분포(F-distribution)를 따르게 된다.

3. 임계치

가설검정의 세 번째 단계는 임계치를 결정하는 단계로 영가설의 채택 여부를 결정할 때 검정통계량(F값)의 비교 기준이 되는 값을 의미한다.

임계치의 계산 방법은 제6장에서 유의 수준과 자유도에 따라 결정된다고 공부했다. 유의 수준은 연구자에 따라 자유롭게 결정할 수 있는 부분이며 일반적으로 0.05를 사용한다고 했다. 문제는 자유도(df)를 결정하는 부분인데 F분포의 경우 대체로 오른쪽 꼬리 분포를 이루고 있으며, 두 개의 자유도, 즉 $df_1(j-1)$과 $df_2(n-j)$에 의해 분포의 모양이 결정된다. (이 때 n은 표본의 수, j는 집단의 수를 의미한다.)

위의 공식에 따라 자유도를 계산하면 다음과 같다.

$$df_1 = j - 1 = 3 - 1 = 2$$
$$df_2 = n - j = 30 - 3 = 27$$

유의 수준(α)=0.05 이하에서 $df_1=2$, $df_2=27$인 값을 부록에 있는 F분포표에서 찾아보면 임계치(C.V)=3.35임을 알 수 있다.

4. 검정통계량

가설검정의 네 번째 단계는 검정통계치를 구하는 단계이다. 기본 원리에서 분산분석은 집단 간 분산이 집단 내 분산보다 충분히 클 것인가의 여부에 따라 집단 간 차이를 검정하는 방법이라고 설명했다.

$$F = \frac{MSbetween}{MSwithin}$$

$MSbetween$=집단 간 평균 분산(mean square of between groups)

$MSwithin$=집단 내 평균 분산(mean square of within groups)

즉, 집단 간 평균 분산($MSbetween$)이 집단 내 평균 분산($MSwithin$)과 같을 경우에는 F값이 '1'이 되므로 이 때에는 집단 간 차이가 없다고 할 수 있다. 그러나 집단 간 평균 분산이 집단 내 평균 분산보다 클 경우에는 F값이 1보다 커지므로($F>1$), 집단 간에 차이가 있다고 해석한다. 특히, F값이 1보다 많이 커질 경우 집단 간의 차이는 확실히 존재한다고 판단할 수 있다. 집단 간 평균 분산과 집단 내 평균 분산을 유도하는 공식을 좀더 구체적으로 알아보자.

첫째, 집단 간 분산을 유도하는 공식은 다음과 같다.

$$MSbetween = \frac{\text{집단간분산}}{df_1} = \frac{SS_B}{df_1}$$

$$SS_B = \sum_{j=1}^{J} n_j(\overline{Y}_i - \overline{Y})^2$$

j=집단 수

n=집단별 표본의 수

$\overline{Y}_j$=j집단의 평균치

$\overline{Y}$= 전체 평균

$$SS_B = 10\{(72.40-74.80)^2+(69.60-74.80)^2+(82.40-74.80)^2\}=$$
$$=10\{(5.76)+(27.04)+(57.76)\}=905.6$$

따라서 $MSbetween = \dfrac{\text{집단간분산}}{df_1} = \dfrac{SS_B}{df_1} = \dfrac{905.6}{2} = 452.8$이다.

둘째, 집단 내 분산을 유도하는 공식은 다음과 같다.

$$MSwithin = \frac{\text{집단내분산}}{df_2} = \frac{SS_W}{df_2}$$

$$SS_W = \sum_{j=1}^{J}\sum_{i=1}^{n_j}(Y_{ij} - \overline{Y_j})^2$$

j=집단 수

n=집단별 표본의 수

Y_{ij}=각 요소별 측정치

$\overline{Y_j}$=j집단의 평균치

집단 내 분산은 집단이 세 개(j=1, j=2, j=3)이므로 이들을 각각 도출하면 다음과 같다.

▸ A 교재(집단)의 집단 내 분산(j=1) : $\sum_{i=1}^{10}(Y_{i1} - \overline{Y_j})^2$

$(73-72.4)^2 + (76-72.4-)^2 + (64-72.4-)^2 + (76-72.4)^2 + (82-72.4)^2 +$
$(62-72.4)^2 + (72-72.4)^2 + (75-72.4)^2 + (66-72.4)^2 + (78-72.4)^2 = 376.4$

▶ B 교재(집단)의 집단 내 분산($j=2$) : $\sum_{i=1}^{10}(Y_{i2} - \overline{Y_j})^2$

$(66-69.6)^2 + (54-69.6)^2 + (58-69.6)^2 + (59-69.6)^2 + (67-69.6)^2 +$
$(78-69.6)^2 + (79-69.6)^2 + (82-69.6)^2 + (76-69.6)^2 + (77-69.6)^2 = 918.4$

▶ C 교재(집단)의 집단 내 분산($j=3$) : $\sum_{i=1}^{10}(Y_{i3} - \overline{Y_j})^2$

$(85-82.4)^2 + (84-82.4)^2 + (82-82.4)^2 + (83-82.4)^2 + (79-82.4)^2 +$
$(69-82.4)^2 + (77-82.4)^2 + (85-82.4)^2 + (92-82.4)^2 + (88-82.4)^2 = 360.4$

위의 계산값을 토대로 전체 집단 내 분산값은 다음과 같다.
$SS_W = 376.4 + 918.4 + 360.4 = 1,655.2$

따라서 $MSwithin = \frac{\text{집단내분산}}{df_2} = \frac{SS_W}{df_2} = \frac{1,655.2}{27} = 61.30$

검정통계치 $F = \frac{MSbetween}{MSwithin} = \frac{452.8}{61.30} = 7.387$ 이다.

5. 분석 결과의 해석

가설검정의 마지막 단계인 분석 결과의 해석 단계는 임계치와 검정통계치의 값을 비교해 영가설을 채택할 것인지의 여부를 결정하는 단계이다.
위의 분석 결과를 토대로 할 경우 임계치는 유의 수준 0.05 이하에서 3.35이며, 검정통계치 F값은 7.387이므로 영가설은 기각되고 대립가설이 잠정적으로 채택된다고 할 수 있다. 즉 어떤 학습 교재를 선택하느냐에 따라 영어 회화 성적에는 차이가 존재한다는 대립가설을 인정해야 한다.

그렇다면, 세 가지 학습 교재(A, B, C 교재) 중에서 어떤 교재를 쓰는 것이 가장 좋을 것인가, 그리고 세 집단 간에 차이의 정도는 어느 정도 되는 것인가에 대한 의문이 생길 수 있다. 이 내용은 다음 절에서 이어지는 SPSS 실습 내용에서 제시하겠지만 '사후검정'을 통해 구체적으로 밝혀질 수 있다.

제 4 절 SPSS를 이용한 일원배치 분산분석의 실습

1. SPSS 이용 절차

분산분석(일원배치 분산분석)에 대한 SPSS의 실습은 <표 9-2>에서 제

[그림 9-2] 영어 회화 성적 데이터

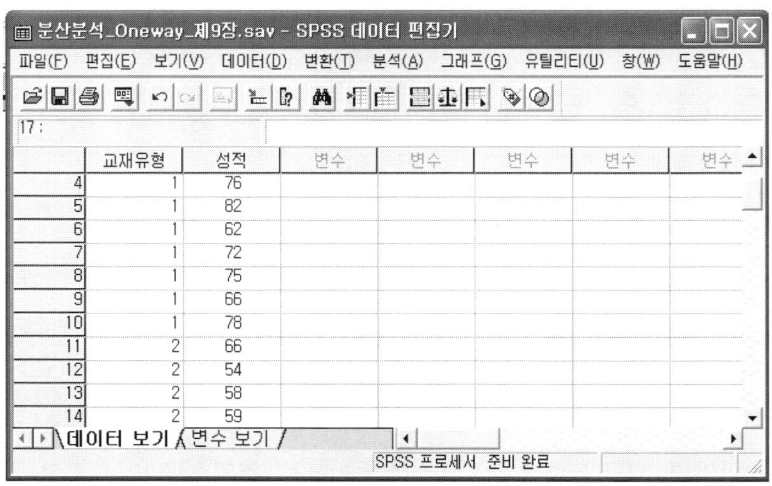

시한 내용으로 교재 유형별(A, B, C 교재)로 영어 회화 성적에 차이가 있는지의 여부를 분석하고자 한다. 데이터는 데이터 파일에서 '분산분석_Oneway_제9장.sav' 파일을 불러오면 [그림 9-2]와 같다. [그림 9-2]는 세 가지의 교재를 선택해 공부한 학생별로 성적이 제시되어 있다. 독립변수는 범주형 변수인 교재 유형이 되며, 성적은 연속형 변수로 구성되어 있다. 이때 교재 유형은 A 교재일 경우 '1'을 부여하고 B 교재는 '2', 그리고 C 교재는 '3'의 값을 부여했다.

SPSS를 이용해 분산분석(일원배치 분산분석)을 하기 위해서는 주 메뉴에서 분석(A) → 평균 비교(M) → 일원배치 분산분석(O)을 차례로 선택한다.

[그림 9-3] 분산분석(일원배치 분산분석)의 실행 절차

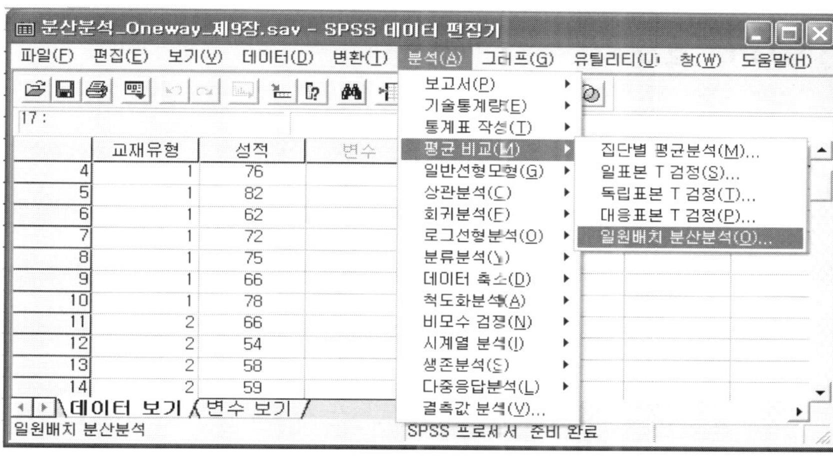

'일원배치 분산분석(O)'을 선택하면 [그림 9-4]의 대화상자가 열린다. 왼쪽에 제시되어 있는 변수 중에서 '성적' 변수는 오른쪽의 종속변수 창으로 이동(▶)하고, '교재 유형' 변수는 오른쪽의 요인 창으로 이동(▶)한다. 이때 요인은 독립변수를 의미한다. 즉 요인별로 성적의 차이가 있는지를 분

[그림 9-4] 일원배치 분산분석의 대화상자

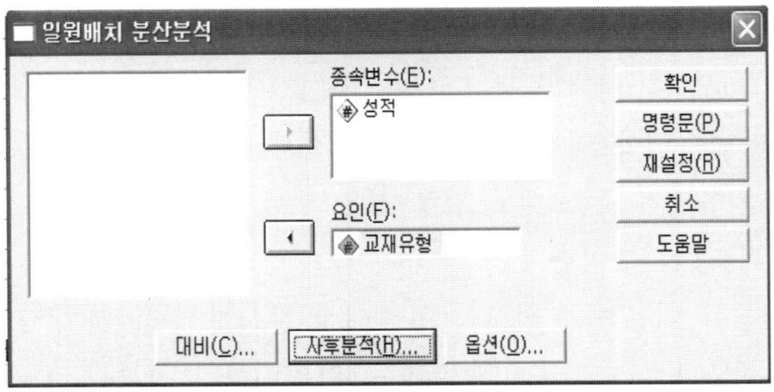

석하고자 하는 것이다. 또한 대화상자의 아래쪽에 있는 대비(C), 사후분석(H), 옵션(O)의 단추를 필요에 따라 선택한다.

2. 사후분석 및 옵션

1) 사후분석

[그림 9-4] 대화상자의 아래에 있는 사후분석(H) 단추를 클릭하면 [그림 9-5] 사후분석 대화상자가 활성화된다. 사후분석은 기본 개념에서 설명한 바와 같이 분산분석을 통해 세 집단(세 가지 학습 교재) 간 차이가 존재한다면 과연 어느 집단 간에 어떠한 차이가 있는지를 규명하는 방법이다.

[그림 9-5]의 대화상자를 보면 집단 간 사후분석을 하는 기법들이 다양하게 제시되어 있다. 즉 LSD(L), Bonferroni(B), Sidak(I), Scheffe(C),..........., Gabriel(G) 등의 방법이 있다. 이들의 항목을 모두 선택해 분석 결과를 측정하면 모두 유사한 결과가 도출됨을 알 수 있다. 그러나 이 중에서도 가장 고전적이며 엄격한 결과치를 보여 주는 값 중에 하나가 셰페(Scheffe: C) 검정 방법이므로 이 교재에서는 이 방법만을 다루기로 한다.

참고로 [그림 9-5]의 대화상자 아래쪽에 보면 유의 수준이 0.05로 디폴트(초기값 지정)되어 있는 것도 발견할 수 있다. 물론 연구자에 따라 유의 수

[그림 9-5] 일원배치 분산분석: 사후분석 대화상자

준을 0.01, 0.1 등으로 설정할 수도 있다.

2) 옵 션

[그림 9-4] 오른쪽 아래에 있는 '옵션(O)'을 클릭하면 [그림 9-6]과 같은 대화상자가 열린다. [그림 9-6]의 '일원배치 분산분석: 옵션' 대화상자에서 보면 기술통계량, 분산의 동질성, 그리고 결측값에 대한 옵션을 제시하고 있다.

[그림 9-6]과 같이 기술통계(D), 분산의 동질성(H), 분석별 결측값 제외

[그림 9-6] 일원배치 분산분석: 옵션 대화상자

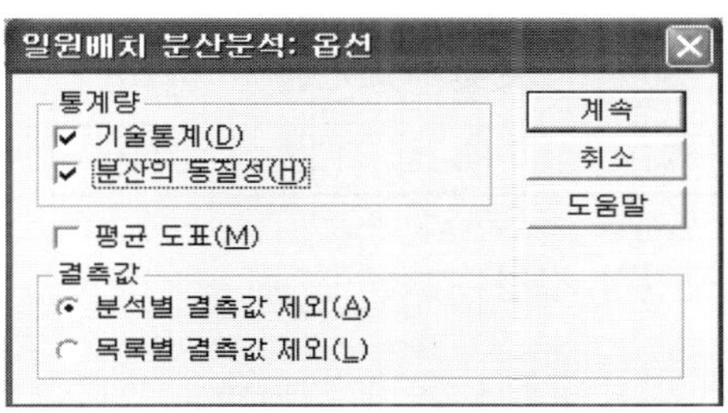

(A) 등을 차례로 클릭하면, 분석 결과(<표 9-3>~<표 9-7>)들이 차례로 도출된다.

3. 분석 결과의 해석

1) 기술통계

<표 9-3>은 교재를 달리하여 공부한 집단별로 표본의 특성치를 보여 주고 있다. 즉, A 교재(단어 중심의 교재)를 가지고 공부한 집단의 표본 크기(n)는 10, 평균은 72.40점, 표준편차는 6.47점으로 나타났으며, B 교재(문법 중심의 교재)를 토대로 공부한 집단의 표본 크기(n)는 10, 평균은 69.60점, 표준편차는 10.1점이고, C 교재(회화 중심의 교재)를 가지고 공부한 집단의 표본 크기(n)는 10, 평균은 82.40점, 표준편차는 6.33점으로 나타났다. 공부를 한 학생들의 전체 평균은 74.80점이며, 표준편차는 9.4점이다. 이와 같은 기술통계 자료를 토대로 분석한다면 세 집단 간에 차이가 있는지 혹은 차이가 없는지에 대해 확신할 수 없게 된다. 따라서 뒤에서 분석하게 될 분산분석과 사후검정에 대한 논의가 필요해진다.

〈표 9-3〉 기술통계(교재 유형별 영어 회화 성적)

성적

	n	평균	표준편차	표준오차	평균에 대한 95% 신뢰 구간		최소값	최대값
					하한값	상한값		
A교재	10	72.40	6.47	2.05	67.77	77.03	62	82
B교재	10	69.60	10.10	3.19	62.37	76.83	54	82
C교재	10	82.40	6.33	2.00	77.87	86.93	69	92
합계	30	74.80	9.40	1.72	71.29	78.31	54	92

2) 분산의 동질성 검정

<표 9-4>는 위에서 분석한 세 집단의 모집단이 등분산을 갖고 있는지를

검정하기 위한 것이다. 분석 결과 레벤(Levene) 통계량이 3.499이고 유의 확률(p-value)이 0.045이므로 유의 수준 0.05 이하에서 각 집단들의 분산은 상이하다고 할 수 있다.[2)]

〈표 9-4〉 분산의 동질성에 대한 검정

성적

Levene 통계량	자유도 1	자유도 2	유의 확률
3.499	2	27	.045

3) 분산분석

가설검정의 첫 단계인 가설을 기각 혹은 채택을 확인할 수 있는 부분이 분산분석의 검정이라고 할 수 있다. <표 9-5>에 따르면 집단 간 제곱합은 905.6, 자유도는 2, 집단 간 평균 제곱은 452.8이며, 집단 내 제곱합은 1655.2, 자유도는 27, 집단 내 평균 제곱은 61.304로 나타났다.

검정통계치인 F값은 7.386이며 유의 확률이 0.003으로 나타나 유의 수준 0.05 이하에서 귀무가설은 기각된다고 할 수 있다. 즉 영어 교재를 달리한 세 집단 간에는 적어도 한 집단 이상 간에 차이가 있다고 설명할 수 있다.

그러나 세 집단 중에서 어떤 집단 간에 차이가 있는지는 분산분석 검정을 통해 밝힐 수 없으며, 이를 확인하기 위해서는 다음의 '사후검정' 결과를 확인해야 한다.

〈표 9-5〉 분산분석(영어 회화 성적)

성적

	제곱합	자유도	평균 제곱	F	유의 확률
집단 간	905.600	2	452.800	7.386	.003
집단 내	1655.200	27	61.304		
합계	2560.800	29			

2) 분산분석의 가정 중에서 각 모집단의 분산은 동일해야 한다는 등분산성(homogeneity)의 원리가 있다. 그러나 이러한 가정을 충족시키지 않더라도 분산분석 검정은 크게 문제가 되지 않는다는 것이 일반적인 견해이다.

4) 다중 비교(사후검정)

세 집단 간에 차이가 있다면 구체적으로 어떤 집단 간에 차이가 있는지를 확인하는 과정이 사후검정이다. 특히 사후검정 방법은 다양하나 가장 고전적이며 일반적인 방법이 '셰페(Scheffe: C)'검정이다.

사후검정을 해석하는 방법은 '*'표시가 있을 경우 유의 수준 0.05에서 집단 간 차이가 있다고 할 수 있다. <표 9-6>의 경우 A 교재의 경우 C 교재와 차이가 있고, B 교재는 C 교재와, 그리고 C 교재는 A 교재와 B 교재 모두 차이가 있는 것으로 나타났다. 이러한 결과를 토대로 할 경우 A와 B 교재는 각각 C 교재와 차이가 있는 것으로 나타났으며, 결국 A 교재와 B 교재는 유사하다고 할 수 있다. 이러한 내용을 검정할 수 있는 것이 <표 9-7>의 동일 집단군 검정이다. 분석 결과에 의하면 A 교재와 B 교재는 유의 수준 0.05에서 통계적으로 차이가 없다고 할 수 있다. 즉 단어 중심의 교재와 문법 중심의 교재는 평균 점수에서 차이는 있으나 통계적으로 볼 때 차이가 없다는 것으로 해석할 수 있다.

〈표 9-6〉 다중 비교(사후검정)

종속변수: 성적
Scheffe

(I) 교재 유형	(J) 교재 유형	평균차 (I-J)	표준오차	유의 확률	95% 신뢰 구간	
					하한값	상한값
A 교재	B 교재	2.80	3.50	.729	-6.27	11.87
	C 교재	-10.00*	3.50	.028	-19.07	-.93
B 교재	A 교재	-2.80	3.50	.729	-11.87	6.27
	C 교재	-12.80*	3.50	.004	-21.87	-3.73
C 교재	A 교재	10.00*	3.50	.028	.93	19.07
	B 교재	12.80*	3.50	.004	3.73	21.87

* .05 수준에서 평균차가 크다.

〈표 9-7〉 영어 회화 성적(동일 집단군)

Scheffe[a]

교재 유형	*n*	유의 수준=.05에 대한 부집단	
		1	2
B 교재	10	69.60	
A 교재	10	72.40	
C 교재	10		82.40
유의 확률		.729	1.000

동일 집단군에 있는 집단에 대한 평균이 표시된다.
a. 조화 평균 표본 크기=10.000을(를) 사용

단원 요약

1. 두 집단 간 차이에 대한 현상을 비교하는 방법이 두 평균 간 차이의 검정이라면 분석 대상이 세 집단 이상이 존재할 경우, 즉 모집단의 수가 세 개 이상이 되면 분산분석(ANOVA: ANalysis Of VAriance)을 활용해야 한다. 분산분석은 평균값을 기초로 하여 여러 집단을 비교하고, 이들 집단 간에 차이점이 있는지를 검정하는 기법이다.
2. 분산분석의 기본 원리는 집단 간의 차이가 집단 내의 차이보다 크게 나타날 때 집단 간에 차이가 있다고 설명하는 것이다.
3. 분산분석에서 비교하고자 하는 대상을 독립변수라고 하고, 비교의 기준이 되는 변수를 종속변수라고 한다. 이 때 독립변수는 명목척도 혹은 서열척도가 되어야 하고, 종속변수는 비교의 기준이 되어야 하므로 수치화가 용이할 뿐만 아니라 데이터의 내용도 다양해야 하므로 등간척도나 비율척도가 되어야 한다.
4. 분산분석은 가설검정 5단계를 통해 모집단의 모수를 추정할 수 있으며, 분산분석의 과정은 다음과 같다.

<분산분석의 과정>

제1단계	제2단계	제3단계	제4단계	제5단계
가설 설정	표집분포 결정 (*F*분포)	임계치 도출	검정통계치 계산 (*F*값)	가설의 검정 (분산분석의 결과 해석)

5. F분포의 경우 대체로 오른쪽 꼬리분포를 이루고 있으며, 두 개의 자유도, 즉 $df_1(j-1)$과 $df_2(n-j)$에 의해 분포의 모양이 결정된다. (이 때 n은 표본의 수, j는 집단의 수를 의미한다.)

6. 분산분석에서 사후분석은 세 집단 간 차이가 존재할 경우 과연 어느 집단 간에 어느 정도의 차이가 존재하는지를 분석하고자 할 때 사용하는 방법이며, 일반적으로 셰페(Scheffe) 검정을 실시한다.

연습 문제

1. 분산분석의 정의 및 종류를 설명하고, 단일분산분석 중 일원분산분석과 이원분산분석의 예를 3개씩 설명하시오.
2. A, B, C 회사에서 생산되는 타이어 수명(단위: 천 km)에 차이가 존재하는지를 분석하고자 한다. 각 회사별로 10개의 타이어를 샘플링해 수명을 기록한 결과가 다음에 주어져 있다.

구 분	타이어 회사		
	회사 A	회사 B	회사 C
주행 거리	18.3	15.9	20.1
	17.8	15.7	19.5
	19.1	18.3	19.4
	16.2	18.4	18.5
	16.7	15.3	18.8
	16.8	15.8	18.6
	17.1	15.1	17.4
	18.1	14.6	17.4
	16.5	15.4	17.6
	17.1	14.9	16.9
평 균	17.4	15.9	18.4

2-1. 타이어 회사에 따라 타이어 수명에 차이가 있는지를 분석하기 위한 가설을 설정하시오.

2-2. SPSS를 활용해 가설을 검정하시오.

3. 행정학과 학생들의 영어 학습 증진을 위한 방안을 설정하기 위해 학생들을 대상으로 어떠한 외국어 수업(①문법, ②말하기, ③듣기, ④독해)이 필요한지에 대해 설문조사를 실시했다. 설문조사 실시의 기본 가정은 학년과 성별에 따라 차등적으로 교육을 해야 한다는 것이었다. 각 학년마다 14명씩(남성 7명, 여성 7명) 샘플링하여 데이터를 수집한 결과는 다음과 같다.

학년	성별	선호	학년	성별	선호
1	남자	2	1	여자	1
1	남자	2	1	여자	1
1	남자	3	1	여자	2
1	남자	2	1	여자	1
1	남자	1	1	여자	2
2	남자	4	2	여자	3
2	남자	4	2	여자	3
2	남자	2	2	여자	2
2	남자	4	2	여자	3
2	남자	4	2	여자	4
3	남자	1	3	여자	4
3	남자	1	3	여자	4
3	남자	3	3	여자	3
3	남자	1	3	여자	3
3	남자	1	3	여자	4
4	남자	3	4	여자	3
4	남자	3	4	여자	3
4	남자	4	4	여자	1
4	남자	3	4	여자	3
4	남자	1	4	여자	3

3-1. 학년과 성별에 따라 선호의 차이가 유의하게 존재하는지 가설을 설정하시오.

3-2. SPSS를 이용해 가설을 검정하시오.

제10장

교차분석

교차분석이란 두 변수 간의 관련성 여부를 검정하는 분석 기법이다.

얼마 전 TV 광고에서 휴대폰을 판매하는 광고를 보니 한 잠수부가 바다 속에 깊이 들어가 χ 모양의 물건을 들어올리며 '카이 커뮤니케이션'이라고 언급하는 내용이 있었다. 이 때 카이(χ)는 우리가 지금부터 배우게 될 교차분석(카이스퀘어 검정)과 관련이 깊다. 교차분석은 두 변수 간의 관련성을 분석하는 것이고, 카이 커뮤니케이션이란 관련 있는 사람들 간의 의사소통이라고 해석한다면 카이스퀘어 검정이란 두 변수 간의 관련성 검정이라고 쉽게 이해할 수 있다.

또 다른 예로 한국 사회에서 투표자의 정당 선택과 특정 지역 간에 관련이 있는지의 여부는 지속적인 관심이 되어 왔다. 이와같이 정당, 출신지역 등과 같이 변수들을 수량화할 수 없고 단지 몇가지 범주로 분류하여 빈도 수만을 계산할수 있는 경우에 두 변수 간의 관련성 여부를 검정하는 것이 χ^2분석이다.

제10장에서는 가설검정의 5단계에 따라 가설설정, 표집 분포, 임계치, χ^2검정통계치, 그리고 분석 결과의 해석 순으로 설명하고자 한다.

제1절 기본 개념 및 사용 목적

1. 사용 목적

교차분석은 명목척도를 이용해 두 변수 간의 상호 관련성(혹은 독립성)을 분석하고자 할 때 사용하는 방법이다. 구체적으로 설명하면 범주형 변수, 즉 명목 및 서열척도의 변수들 간의 관계를 분석하기 위해 사용하는 방법으로 한 변수의 범주를 다른 변수의 범주에 따라 빈도를 교차 분류하는 교차표를 작성하고 두 변수 간의 관련성 여부를 분석하는 데 목적이 있다.

S대학의 행정계량분석 수업을 수강하는 남·여 학생 각각 50명을 대상으로 학점을 조사했더니 다음과 같은 표를 얻었다고 하자. 이 때 여학생은 A학점이 많고 C학점은 남학생이 많아 성별에 따라 학점에 차등이 있는 것처럼 보인다. 그러나 성별과 학점 간에 관련성이 있는지 검정하려면 χ^2검정을 실시해야 한다.

〈표 10-1〉 성별과 학점

학점 / 성별	취득 학점		
	A학점	B학점	C학점
남학생	15	10	25
여학생	30	15	5

2. 기본 개념

교차분석은 <표 10-1>과 같이 두 변수가 각각 2개와 3개의 범주를 갖는다면 교차표는 (2×3)개의 셀(cell)을 이룬다. <표 10-1>을 토대로 성별과 취득 학점 간에 관련성이 있는지의 여부를 분석하고자 할 경우, 성별은 남녀 두 가지 범주를 갖고 있으며, 학점은 A, B, C 학점 등 세 가지로 범주화

할 수 있다.

두 변수 간의 연합사상(joint outcome)을 제시해 주는 교차표(crosstabulation) 또는 연합유관표(joint contingency table)를 토대로 우리는 두 변수 간에 관계가 있는지의 여부를 결정할 수 있다.

두 변수 간의 관계를 제시하는 교차표는 실제 측정된 빈도와 이론적으로 추정된 빈도가 있는데 이들 간의 비교를 통해 두 변수가 관계가 있는지의 여부를 판단하는 것이 교차분석이며, 이들 관련성의 여부를 판단하는 방법 중 가장 많이 이용하는 것이 카이스퀘어 검정(chi-square test)이라고 하며, 기호로는 χ^2와 같이 표기한다.

제 2 절 교차분석의 기본 원리

두 변수 간의 관련성을 검정하는 교차분석의 기본 원리는 먼저 두 변수의 각 범주가 갖는 도수분포(관측치)와 두 변수의 분포가 결합되어 나타나는 결합분포(기대치)를 계산하고 이들 간의 차이를 계산해 두 변수가 상호 관련성이 있는지 혹은 독립적인지를 검정하는 방법이다. 즉 관측치와 기대치 간의 차이 여부를 검정하는 방법이 χ^2검정이며, χ^2값이 크면 관측치와 기대치 간의 차이가 크다는 것을 의미하며 χ^2값이 작으면 작을수록 관측치와 기대치 간의 차이가 작다는 것을 의미한다. 즉 χ^2값이 크면 두 변수 간의 상호 관련성이 높다고 할 수 있다. 이와 같은 원리에 따라 χ^2검정통계량 계산 공식이 도출된다. 검정통계량은 가설검정 과정에서 다시 설명하기로 한다.

χ^2검정의 전제 조건은 다음과 같다.

첫째, χ^2검정은 제6장에서 설명한 바와 같이 표본의 크기가 충분히 커야 한다. 왜냐하면 교차표의 각 셀(cell)의 기대 도수가 5 이상이 되어야 하기 때문이다. 즉 4×5(4 by 5) 교차표의 경우 셀이 모두 20개가 나오는데, 각 셀의 기도 도수가 '5'보다 작은 칸의 비율이 20%보다 작으면 분석을 할 수 없기 때문에 이러한 조건을 충족시키기 위해서는 표본의 크기가 충분해야 한다는 것이다.

둘째, χ^2검정은 두 변수 간의 관련성을 분석할 수도 있지만 집단 간 차이의 분석을 할 경우에도 활용할 수 있다. 참고로 제8장과 제9장에서 설명한 두 평균 간의 검정이나 분산분석도 집단 간 차이를 검정하는 방법이지만 종속변수가 명목척도 혹은 서열척도로 측정된 변수라면 이와 같은 분석을 실행할 수 없다. 그러나 종속변수가 명목척도 혹은 서열척도일 경우에도 분석 가능한 방법이 χ^2검정이다. 예를 들면 종교와 정당 간의 관계, 성별과 학업 성적 간의 관계, 직급과 업무만족도 간의 관계 등을 분석할 수 있다.

제 3 절 교차분석의 과정

교차분석의 과정은 제6장에서 설명한 바와 같이 가설검정 5단계를 통해 모집단의 모수를 추정할 수 있다. 교차분석의 과정을 단계별로 살펴보면 [그림 10-1]과 같다.

[그림 10-1] 교차분석 과정

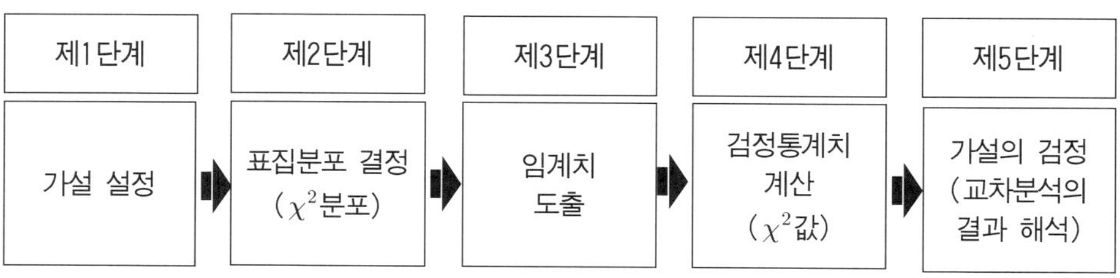

1. 가설 설정

가설검정의 첫 단계는 영가설과 대립가설을 설정하는 것이다. 카이스퀘어 검정은 변수 간의 상호 관련성 혹은 독립성을 검정하는 것이다. 앞의 <표 10-1>에서 제시한 내용은 '성별과 학점과의 관련성을 검정'하고자 하는 것이므로 이를 토대로 영가설과 대립가설을 제시하면 다음과 같다.

영가설: "성별과 학점은 상호 관련성이 없다."
대립가설: "성별과 학점은 상호 관련성이 있다."

이들 가설을 기호로 표시하면 다음과 같다.

$$H_0 : \chi^2 = 0$$
$$H_1 : \chi^2 \neq 0$$

위의 가설에서 알 수 있듯이 χ^2는 상호 관련성을 의미한다고 할 수 있다. 따라서 귀무가설에서 χ^2가 '0'이라는 의미는 관련성이 '0'이라는 의미와 같다고 할 수 있다.

2. 표집분포

가설검정의 두 번째 단계는 표집분포를 결정하는 것이다. 교차분석의 경우 두 변수 간의 상호 관련성 혹은 독립성을 검정하는 것이므로 제6장의 표집분포에서 설명한 바와 같이 χ^2분포를 따르게 된다.

3. 임계치

가설검정의 세 번째는 임계치를 결정하는 단계이다. 즉 영가설의 채택 여부를 결정할 때 검정통계량(χ^2값)과 비교 기준이 되는 값을 의미한다.

제6장에서 설명했듯이 임계치는 유의 수준과 자유도에 따라 결정되는 값이다.

첫째, 유의 수준은 연구자가 임의대로 결정할 수 있지만, 일반적으로 사회과학에서는 0.05를 사용한다고 설명했다.

둘째, χ^2검정에서 자유도의 공식은 다음과 같다.

자유도 공식의 경우 표집분포에 따라 달라지기는 하지만 일반적으로 $n-1$의 구조를 갖는다고 설명했다. 이것을 χ^2에 적용하면 다음과 같다.

χ^2분포의 특성상 교차표의 형식을 취하고 있으므로 자유도를 결정하려면 행과 열에서 각각 '1'을 빼서 곱한 값이 되는 것이다.

$$df = (\mathrm{r} - 1) \times (\mathrm{c} - 1) = (\text{열의 수} - 1) \times (\text{칸의 수} - 1)$$

r: row(열)의 수

c: column(칸)의 수

<표 10-1>을 토대로 자유도를 계산하면 다음과 같다.

$$df = (2 - 1) \times (3 - 1) = 2$$

유의 수준(α) = 0.05에서 df = 2인 값을 <부록 6>에 있는 χ^2분포표에서 찾아보면 임계치(C.V) = 5.99임을 알 수 있다.

4. 검정통계량

가설검정의 네 번째 단계는 검정통계치를 구하는 것이다. χ^2분석은 기본 원리에서 설명한 바와 같이 교차표의 각 셀에 나타난 관측치와 기대치 간의 차이 여부에 따라 두 변수 간의 상호 관련성을 분석하는 방법이다.

따라서 검정통계량 계산 공식은 다음과 같다.

$$\chi^2 = \sum_i \sum_j \frac{(f_{ij} - \widehat{f_{ij}})^2}{\widehat{f_{ij}}}$$

f_{ij}: 관측 빈도

$\hat{f_{ij}}$: 기대 빈도

검정통계치인 χ^2값이 크면 관측치와 기대치 간의 차이가 크며 두 변수 간의 상호 관련성이 높다고 할 수 있다.

위의 공식을 토대로 검정통계치를 도출하면 다음과 같다.

먼저 검정통계치를 계산하기 위해서는 관측치와 기대치의 값을 알아야 하는데, <표 10-1>에서 제시한 값은 관측치밖에 없으므로 이를 토대로 기대치를 계산해 내야 한다. 기대치의 계산 방식은 <표 10-2>에서 제시한 바와 같이 행의 합계와 열의 합계를 곱한 후 총 빈도 수로 나누어 주면 된다.

예를 들어 첫 번째 셀의 기대치 값은 행의 합계인 50과 열의 합계인 45를 곱한 후 총 빈도 수인 100으로 나눈 값임을 알 수 있다. 이와 같은 방식으로 나머지 셀의 기대치를 도출하면 <표 10-2>의 값이 도출된다.

〈표 10-2〉 관측치와 기대치 (성별과 학점)

<a> 관측치

학점 \ 성별	취득 학점			합계
	A학점	B학점	C학점	
남학생	15	10	25	50
여학생	30	15	5	50
합계	45	25	30	100

<b> 기대치

학점 \ 성별	취득 학점			
	A학점	B학점	C학점	
남학생	$\frac{(50\times45)}{100}$ =22.5	$\frac{(50\times25)}{100}$ =12.5	$\frac{(50\times30)}{100}$ =15	50
여학생	$\frac{(50\times45)}{100}$ =22.5	$\frac{(50\times25)}{100}$ =12.5	$\frac{(50\times30)}{100}$ =15	50
	45	25	30	100

<표 10-2>의 관측치와 기대치를 통해 χ^2값을 도출하면 다음과 같다.

$$\chi^2 = \sum_i \sum_j \frac{(f_{ij}-\hat{f_{ij}})^2}{\hat{f_{ij}}} = \frac{(15-22.5)^2}{22.5} + \frac{(10-12.5)^2}{12.5} + \frac{(25-15)^2}{15} + \frac{(30-22.5)^2}{22.5} + \frac{(15-12.5)^2}{12.5} + \frac{(5-15)^2}{15}$$

$$= 2.5 + 0.5 + 6.67 + 2.5 + 0.5 + 6.67 = 19.34$$

따라서 검정통계치 χ^2값 = 19.34이다.

5. 분석 결과의 해석

가설검정의 마지막 단계인 분석 결과의 해석 단계는 임계치와 검정통계치 χ^2값을 비교해 검정통계치가 임계치보다 클 경우에는 영가설을 기각하고 반대로 검정통계치가 임계치보다 작을 경우에는 영가설을 잠정적으로 채택해야 한다고 설명했다.

위의 분석 결과를 토대로 할 경우 임계치는 유의 수준 0.05에서 5.99이며 검정통계치 χ^2값은 19.34이므로 영가설은 기각되고 대립가설이 잠정적으로 채택된다고 할 수 있다. 즉 성별과 학점 간에 상호 관련성이 없다는 영가설을 기각하고 성별과 학점 간에는 상호 관련성이 있다는 결론을 내릴 수 있다.

위의 가설검정 단계를 토대로 χ^2검정을 할 경우 많은 시간이 소요됨을 알 수 있다. 따라서 SPSS의 실습을 통해 χ^2검정 과정을 살펴보고자 한다.

제 4 절 SPSS를 이용한 교차분석의 실습

1. SPSS 이용 절차

χ^2분석에 대한 SPSS의 실습은 <표 10-1>에서 제시한 내용 '성별과 행정계량분석 학점' 간에 상호 관련성이 있는지의 여부를 분석하고자 한다. 데이터는 데이터 파일에서 '카이제곱_제10장.sav' 파일을 불러오면 다음의 [그림 10-2]와 같다.

[그림 10-2]는 성별, 즉 남학생과 여학생이 각각 취득한 학점에 대한 자료이다. 여기에서 남학생은 '1', 여학생은 '2'를 부여했다.

[그림 10-2] 행정계량분석 학점 데이터

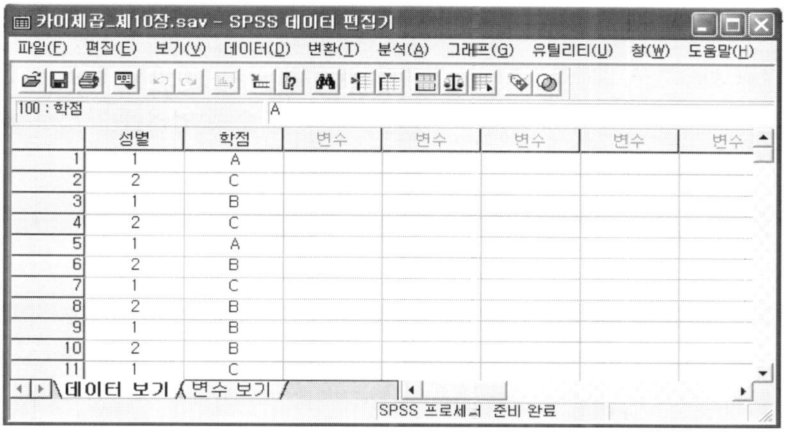

SPSS를 이용해 교차분석을 실시하기 위해서는 주 메뉴에서 분석(A) → 기술통계량(E) → 교차분석(C)을 차례로 선택한다.

[그림 10-3] 교차분석의 실행 절차

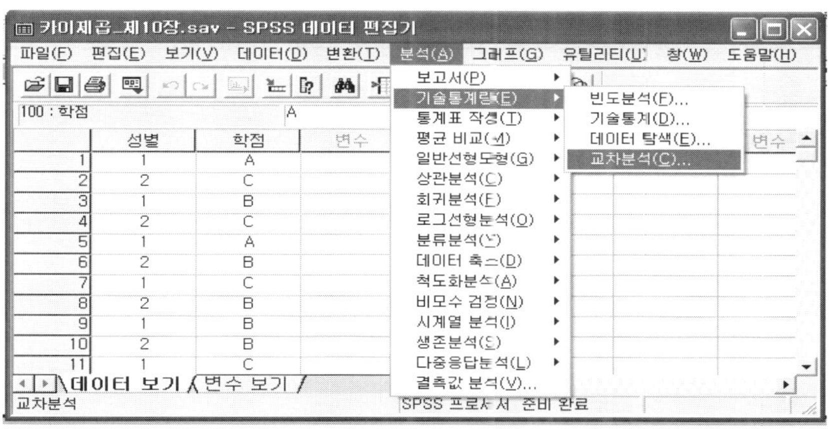

'교차분석(C)'을 선택하면 [그림 10-4]의 대화상자가 열린다. 대화상자의 왼쪽에 있는 변수(성별, 학점)를 선택해 우측 상자의 행(O)과 열(C)에 변수들을 이동(▶)한다. 여기에서는 성별을 '행(독립변수)'으로 이전했고 학점을 '열(종속변수)'로 이동한 후 확인을 누르면 된다. 참고로 레이어의 경우 어떤 변수를 통제한 상태에서 두 변수 간의 상호 관련성을 분석할 때 통제변수를 선택하는 곳이다.

[그림 10-4] 교차분석 대화상자

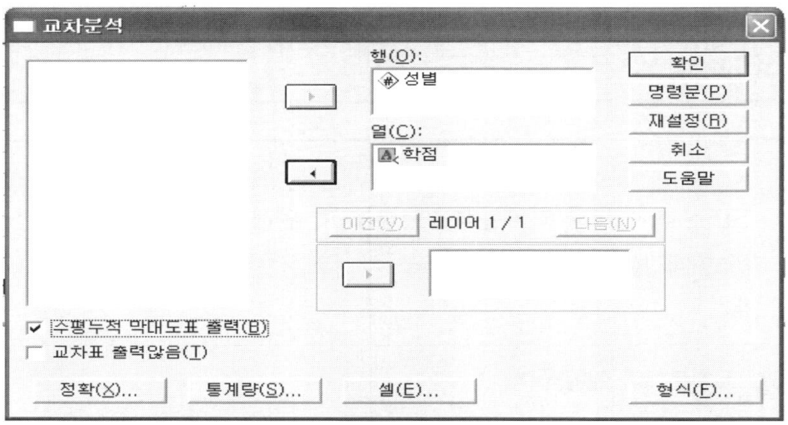

2. 교차분석의 옵션

교차분석의 옵션은 정확(X), 통계량(S), 셀(E) 등이 있다. 정확(X)은 피셔(Fisher)의 정확한 검정을 위해 필요한 옵션이며, 통계량(S)은 카이 제곱 통계량을 분석할 수 있고, 셀(E)은 교차표의 양식, 즉 관측치와 기대치의 행, 열, 전체 퍼센트를 확인하는 데 사용할 수 있다.

1) 정확(X)

[그림 10-4]의 아래쪽에 있는 '정확(X)'은 정확한 검정(Exact Test)의 준

말이다. '정확'을 선택하면 [그림 10-5]의 대화상자가 열린다.

일반적으로 교차분석의 경우 표본의 수가 적으면 셀의 관측치가 '5' 미만인 경우가 발생되어 교차분석을 실시하기 어려운 경우가 발생한다. 이러한 문제를 해결하기 위해서는 '점근적 검정(A)'이 아닌 '몬테 카를로(Monte Carlo: M) 검정'이나 '정확한 검정'의 방법을 사용해야 한다.

'정확한 검정' 및 '몬테 카를로(M) 검정'은 데이터 수가 30개 미만인 경우에 사용하나 정확한 검정의 경우 시간이 많이 소요된다는 점을 알아야 한다. 따라서 점근적 검정의 조건을 만족시키지 못할 경우 '몬테 카를로(M) 검정'을 하게 되는데, 이 때 표본의 수는 10,000개로 디폴트되어 있다.

[그림 10-5] 정확한 검정의 대화상자

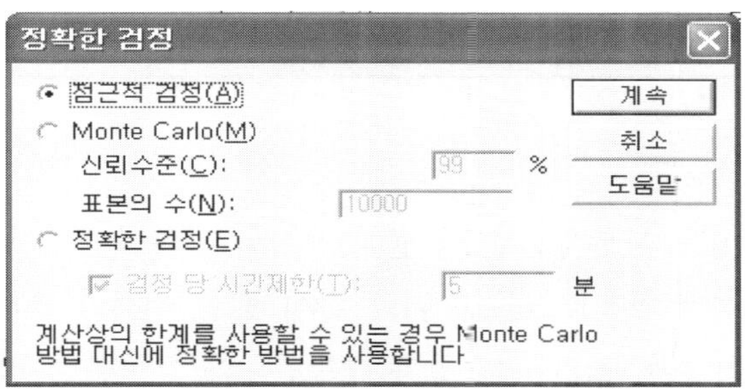

2) 통계량(S)

통계량은 교차분석의 통계량(crosstabs statistics)을 의미한다. 교차분석 대화상자([그림 10-4])의 아래에 있는 통계량(S)을 선택하면 [그림 10-6]과 같은 '교차분석: 통계량 대화상자'가 활성화된다. 상호 관련성 혹은 독립성 검정을 하기 위해서는 '카이 제곱(H)'을 선택하면 카이 제곱 통계량이 산출된다. 카이 제곱 검정통계량은 두 변수 간의 상호 관련성을 분석할 수는 있지만 상호 관련성이 있을 경우 그 강도가 어느 정도인지를 분석하기 위해서는 연관성 척도를 구해야 한다. 일반적으로 두 변수 모두가 명목척도일 경우에는 람다(Lamda), 두 변수 모두가 서열척도 이상일 경우에는 감

마(Gamma), 그리고 두 변수 중에서 한 변수는 명목척도이고 다른 한 변수가 등간척도 혹은 비율척도일 경우에는 에타(Eta)를 사용한다.

[그림 10-6] 교차분석: 통계량 대화상자

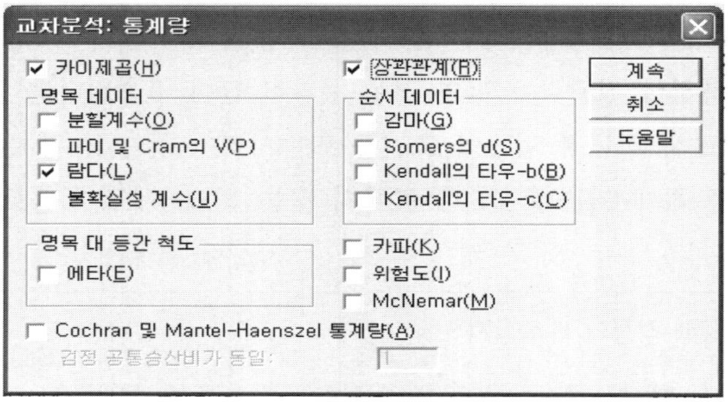

3) 셀(E)

교차분석은 기본적으로 각 셀에 제시된 관측치만을 제시해 준다. 그러나 셀(E)을 선택하면 [그림 10-7]과 같이 셀의 빈도(관측빈도, 기대빈도), 각 셀의 퍼센트(행, 열, 전체), 잔차(관측빈도와 기대빈도의 차이) 등을 제시해 준다.

[그림 10-7] 교차분석 셀 출력 대화상자

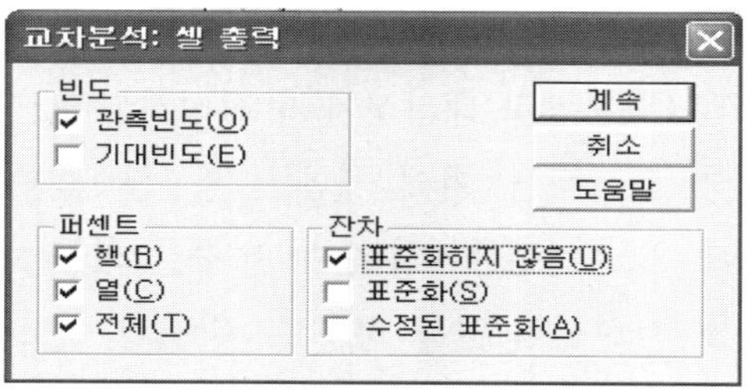

특히 관측빈도와 기대빈도 사이에 차이가 많이 나는지의 여부를 분석하기 위해서는 잔차의 '표준화하지 않음'을 선택해야 한다.

4) 수평누적 막대도표

[그림 10-4]의 대화상자에서 '수평누적 막대도표 출력'을 선택하면 이차원 도수분포표를 시각적으로 제시하는 도표가 나타난다. 막대도표의 경우 행 변수는 가로축에 나타나며, 열 변수는 세로축에 표시된다.

3. 분석 결과의 해석

<표 10-3>의 교차표는 <표 10-2>의 관측치(a)와 기대치(b)의 표를 합쳐놓은 것과 같다는 것을 알 수 있다. 관측치의 경우 '빈도'라는 항목으로 표시되어 있으며, 기대치의 경우 '잔차'(기대치에서 관측치를 뺀 값)로 표시되어 있다. 즉 전체 표본 수와 각 행과 열의 값을 토대로 할 경우 예측되는 기대치를 표시한 값이다. 기본 원리 부분에서 설명한 바와 같이 교차분석

〈표 10-3〉 성별과 학점의 교차표

			학점			전체
			90점 이상 (A학점)	80~89점 (B학점)	70~79점 (C학점)	
성별	남자	빈도	15	10	25	50
		성별의 %	30.0%	20.0%	50.0%	100.0%
		전체 %	15.0%	10.0%	25.0%	50.0%
		잔차	-7.5	-2.5	10.0	
	여자	빈도	30	15	5	50
		성별의 %	60.0%	30.0%	10.0%	100.0%
		전체 %	30.0%	15.0%	5.0%	50.0%
		잔차	7.5	2.5	-10.0	
전체		빈도	45	25	30	100
		성별의 %	45.0%	25.0%	30.0%	100.0%
		전체 %	45.0%	25.0%	30.0%	100.0%

은 관측치와 기대치 간의 차이를 통해 상호 관련성을 분석한다고 할 수 있다.

교차표를 통해 해석하면 남학생 중에서 A학점은 15명(30%), B학점은 10명(20%), C학점은 25명(50%)이며, 여학생은 A학점이 30명(60%), B학점은 15명(30%), C학점은 5명(10%)으로 나타났다.

교차표를 토대로 성별과 학점 간의 상호 관련성을 분석하기는 어렵다. 따라서 <표 10-4>의 카이 제곱 검정 결과를 확인해야 한다. χ^2값(Pearson 카이 제곱 값)은 19.333으로 나타났으며, 유의 확률(p값) = 0.000으로 나타났다. 즉 "성별과 학점 간에는 상호 관련성이 없다"라는 영가설이 기각되고 대립가설이 채택되어 "성별에 따라 학점에 차이가 있다"라고 해석할 수 있다. 이를 뒷받침해 주는 통계치는 <표 10-3>의 교차표에서 제시되어 있는 빈도와 잔차를 확인하면 된다. 즉 남자는 C학점이 많고, 여자는 A학점이 많다.

〈표 10-4〉 카이 제곱 검정

	값	자유도	점근 유의 확률 (양쪽 검정)
Pearson 카이 제곱	19.333a	2	.000
우도비	20.659	2	.000
유효 케이스 수	100		

a. 0셀(.0%)은(는) 5보다 작은 기대 빈도를 가지는 셀입니다. 최소 기대빈도는 12.50이다.

〈표 10-5〉 방향성 척도

			값	점근 표준오차[a]	근사 T값[b]	근사 유의 확률
명목척도 대 명목척도	람다	대칭적	.286	.099	2.621	.009
		성별 종속	.400	.130	2.462	.014
		학점 종속	.182	.104	1.601	.109
	Goodman과 Kruskal 타우	성별 종속	.193	.072		.000[c]
		학점 종속	.101	.042		.000[c]

a. 영가설을 가정하지 않음.
b. 영가설을 가정하는 점근 표준오차 사용
c. 카이 제곱 근사법을 기준으로

성별과 학점은 모두 독립변수와 종속변수가 명목척도이므로 연관성의 정도는 람다(Lamda)값으로 표시할 수 있다. 학점을 모르는 상태에 비해서 학점을 아는 상태에서 성별을 예측할 대 나타나는 예측오류 감소율(람다)은 0.400이며, 람다값의 근사 유의 확률(p값)은 0.014로 유의 수준 0.05보다 작기 때문에 성별과 학점 간에는 상호 연관성이 통계적으로 유의하게 나타난다고 할 수 있다.

위의 분석 결과를 확인하는 방법 중의 하나로 수평누적 막대도표가 있다. 남학생과 여학생 간의 학점 분포를 비교할 수 있도록 제시해 주는 것으로 [그림 10-8]의 경우 여학생에 비해 남학생은 C학점이 많고, 여학생은 A학점이 많은 것을 알 수 있다.

[그림 10-8] 수평누적 막대도표(교차분석 결과)

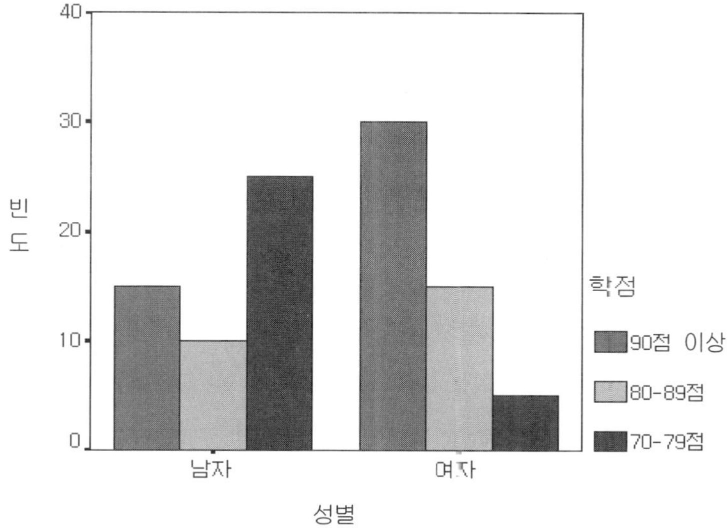

단원 요약

1. 교차분석은 명목척도를 이용해 두 변수 간의 상호 관련성(혹은 독립성)을 분석하고자 할 때 사용하는 방법이다. 구체적으로 설명하면 범주형 변수, 즉 명목 및 서열척도의 변수들 간의 관계를 분석하기 위해 사용하는 방법으로 한 변수의 범주를 다른 변수의 범주에 따라 빈도를 교차 분류하는 교차표를 작성하고 두 변수 간의 관련성 여부를 분석하는 데 목적이 있다.
2. 두 변수 간의 관계를 제시하는 교차표는 실제 측정된 빈도와 이론적으로 추정된 빈도가 있는데 이들 간의 비교를 통해 두 변수가 관계가 있는지의 여부를 판단하는 것이 교차분석이며, 이들 관련성의 여부를 판단하는 방법 중 가장 많이 이용하는 것이 카이스퀘어 검정(chi-square test)이라고 하며 기호로는 χ^2와 같이 표기한다.
3. 두 변수 간의 관련성을 검정하는 교차분석의 기본 원리는 먼저 두 변수의 각 범주가 갖는 도수분포(관측치)와 두 변수의 분포가 결합되어 나타나는 결합분포(기대치)를 계산하고, 이들 간의 차이를 계산해 두 변수가 상호 관련성이 있는지 혹은 독립적인지를 검정하는 방법이다.
4. χ^2검정은 교차표의 각 셀(cell)의 기대 도수가 5 이상이 되어야 하기 때문에 표본의 크기가 충분히 커야 한다. 예를 들어 4 × 5(4 by 5) 교차표의 경우 셀이 모두 20개가 나오는데 각 셀의 기대 도수가 '5'보다 작은 칸의 비율이 20%보다 작으면 분석을 할 수 없기 때문에 이러한 조건을 충족시키기 위해서는 표본의 크기가 충분해야 한다는 것이다.
5. 교차분석의 과정은 가설검정 5단계를 통해 모집단의 모수를 추정할 수 있으며, 단계별로 살펴보면 다음과 같다.

<교차분석 과정>

제1단계	제2단계	제3단계	제4단계	제5단계
가설 설정	표집분포 결정 (χ^2분포)	임계치 도출	검정통계치 계산 (χ^2값)	가설의 검정 (교차분석의 결과 해석)

6. χ^2검정에서 자유도의 공식은 $df = (r - 1) \times (c - 1)$이다. (r: 행의 수, c: 열의 수)

연습 문제

1. 교차분석은 변수들이 어떠한 척도일 때 실시해야 하는가?
2. 다음은 주한 미군이 우리 나라에 계속 주둔해야 한다고 생각하는지에 대해 설문을 실시한 데이터이다.

   설문 응답은 5점 리커트 척도로 구성했으며 ① 적극 찬성, ② 찬성, ③ 그저 그렇다, ④ 반대, ⑤ 매우 반대이다. 성별은 ① 남성, ② 여성으로 구성했고, 연령은 ① 19세 이하, ② 20~29세, ③ 30~39세, ④ 40~49세, ⑤ 50~59세, ⑥ 60세 이상으로 구성했다. 그리고 학력은 ① 중졸 이하, ② 고졸, ③ 대학 재학, ④ 대학 졸업 이상으로 구성했다.

   2-1. 성별, 학력, 연령에 따라 주한 미군 주둔에 대한 인식에 차이가 있는지를 분석하고자 할 때의 가설을 설정하시오.

   2-2. SPSS를 이용해 가설을 검정하시오.

응답	연령	성별	학력	응답	연령	성별	학력
2	3	1	4	4	5	2	2
2	4	1	2	3	4	2	1
5	5	1	2	3	4	2	2
2	4	2	2	2	2	1	4

1	4	2	2	3	4	1	4
3	4	2	2	2	3	1	2
2	2	1	3	2	4	2	2
3	2	2	3	2	3	1	2
3	2	1	3	3	4	1	2
4	2	2	3	4	3	1	2
3	3	1	2	2	3	1	2
1	5	2	2	1	2	1	3
1	2	1	3	1	2	1	3
2	3	2	4	4	4	1	2
1	3	2	4	2	2	2	2
3	2	2	3	4	3	1	4
1	5	1	2	4	3	2	4
4	3	1	4	1	5	2	2
2	2	2	3	4	3	2	4
3	2	2	3	2	4	1	2
3	5	2	1	1	6	1	1
2	5	2	2	2	3	2	2
2	2	2	3	3	3	2	2
2	4	2	2	4	2	2	2
1	2	2	3	2	4	2	2
2	2	2	4	4	3	1	4
3	6	2	1	3	3	2	2
2	4	2	2	4	4	2	2
3	3	2	4	4	5	2	1
4	2	2	4	2	3	1	4
5	3	1	2	2	4	2	2
2	4	2	2	2	3	1	2
3	5	2	2	2	3	1	4
3	2	2	2	4	3	1	2
1	4	2	2	2	3	1	4
3	2	2	2	5	3	1	4
4	2	2	2	1	5	2	2
3	4	2	4	2	4	2	2
5	2	1	3	2	6	1	1
2	6	1	2	1	4	1	2
1	3	1	4	3	3	1	4
5	3	2	4	2	4	2	2
5	5	2	1	2	4	2	2
4	2	1	4	4	4	2	4
4	4	1	2	4	3	2	2
1	5	1	2	4	2	2	4

5	4	2	2	4	2	2	2
3	2	2	4	4	4	2	4

3. 다음은 주한 미군의 주둔이 지역사회데 미치는 영향에 대해서 어떻게 인식하고 있는지에 대해 설문한 결과이다.

   설문은 5점 리커트 척도로 구성했으며 ① 매우 유익하다, ② 유익하다, ③ 그저 그렇다, ④ 해롭다, ⑤ 매우 해롭다이다. 성별은 ① 남성, ② 여성으로 구성했고, 연령은 ① 19세 이하, ② 20~29세, ③ 30~39세, ④ 40~49세, ⑤ 50~59세, ⑥ 60세 이상으로 구성했다. 그리고 학력은 ① 중졸 이하, ② 고졸, ③ 대학 재학, ④ 대학 졸업 이상으로 구성했다.

   3-1. 성별, 학력, 연령에 따라 주한 미군 주둔에 대한 인식에 차이가 있는지를 분석하고자 할 때의 가설을 설정하시오.

   3-2. SPSS를 이용해 가설을 검정하시오.

응답	연령	성별	학력	응답	연령	성별	학력
4	3	1	4	3	5	2	2
2	4	1	2	2	4	2	1
4	5	1	2	2	4	2	2
3	4	2	2	2	2	1	4
1	4	2	2	4	4	1	4
4	4	2	2	4	3	1	2
4	2	1	3	3	4	2	2
3	2	2	3	4	3	1	2
3	2	1	3	2	4	1	2
3	2	2	3	2	3	1	z2
4	3	1	2	2	3	1	2
1	5	2	2	2	2	1	3
2	2	1	3	2	2	1	3
2	3	2	4	3	4	1	2
2	3	2	4	2	2	2	2
3	2	2	3	3	3	1	4
1	5	1	2	4	3	2	4
5	3	1	4	2	5	2	2
3	2	2	3	3	3	2	4
2	3	2	4	4	4	2	2
3	5	2	1	2	4	2	2
4	2	1	4	2	4	2	4

2	4	1	2	3	3	2	2
3	5	1	2	3	2	2	4
4	4	2	2	4	2	2	2
2	2	2	4	4	4	2	4
3	6	2	1	4	3	2	2
2	4	2	2	3	4	2	2
2	3	2	4	2	5	2	1
3	2	2	4	4	3	1	4
5	3	1	2	2	4	2	2
5	4	2	2	2	3	1	2
2	5	2	2	2	3	1	4
2	2	2	2	4	3	1	2
4	4	2	2	4	3	1	4
2	2	2	2	5	3	1	4
3	2	2	2	2	5	2	2
3	4	2	4	4	4	2	2
3	2	1	3	5	6	1	1
2	6	1	2	5	4	1	2
4	3	1	4	2	3	1	4
3	2	2	3	2	4	1	2
2	5	2	1	4	6	1	1
2	5	2	2	2	3	2	2
4	2	2	3	2	3	2	2
3	4	2	2	2	2	2	2
4	2	2	3	3	4	2	2
5	2	2	4	2	3	1	4

제 11 장

상관분석

상관분석은 두 변수 간의 상호 관련성을 분석하기 위해 사용하는 방법이다. 변수들 간의 관련성 분석은 제10장의 교차분석에서도 설명한 바 있다. χ^2검정의 경우 명목적 변수 혹은 서열적 변수들 간의 상호 관련성을 측정하는 방법이지만 상관관계분석의 경우 두 변수 간의 상호 관련성을 측정하는 데 변수의 척도가 등간변수 혹은 비율변수일 경우에는 상관분석을 해야 한다.

상관분석은 상관관계분석이라고도 하며 일상 생활에서도 쉽게 접할 수 있는 예가 많다. 예를 들어 자동차 대수가 많아지면 교통사고 건수가 많아질 것인가?, 광고를 많이 하면 판매량이 늘어날 것인가?, 공부 시간이 많아지면 학점이 높아질 것인가?, 교통경찰관의 수가 많아지면 교통사고 건수가 줄어들 것인가? 등과 같이 두 변수 간에 어떤 관계가 있는지를 알아보고자 할 때 상관분석을 통해 검정할 수 있다.

제11장에서는 상관분석을 가설검정의 5단계에 따라 가설 설정, 표집분포, 임계치, χ^2검정통계치, 그리고 분석 결과의 해석 순으로 설명하고자 한다.

제 1 절 기본 개념 및 사용 목적

상관관계분석은 변수들 간의 관련성의 여부와 정도를 분석하기 위해 사용한다. 즉 하나의 변수가 다른 변수와 어느 정도 관련성을 갖고 변화하는가를 분석하고자 할 때 사용한다. 예를 들어 교육 수준과 소득 간의 관련성이 있는지의 여부와 관련성이 있다면 어느 정도의 관련성이 있는지를 분석할 때 사용한다.

제 2 절 상관분석의 기본 원리

상관분석은 상관계수(correlation coefficient)를 통해 두 변수 간의 상호 관련성의 방향과 정도를 측정할 수 있다. 예를 들어 "교육 수준과 소득 수준 간에는 어떤 관련성이 있을까"라는 연구 문제를 갖고 있다고 하자. 교육 수준이 높으면 소득 수준이 높은지 혹은 관련이 있다면 어느 정도 관련이 있는지를 알아보고 싶다고 하자. 이러한 경우에는 상관계수를 구해 보면 된다.

교육 수준과 소득 수준 간의 상호 관련성 정도를 분석하기 위한 기본 원리는 특정 변수의 분산(교육 수준의 변화)과 다른 변수(소득의 변화)가 함께 변화하는 공분산(covariance)이 어느 정도 되느냐에 따라 좌우된다고 하겠다. 공분산에 대해서는 상관분석의 계산 공식에서 자세하게 설명하기로 한다.

상관계수는 [그림 11-1]과 같이 공통으로 변화하는 부분이 많을수록 상관 관계의 정도는 높아질 것이며, 반대로 공통으로 변화하는 부분이 작을수록 상관 관계의 정도는 낮아진다는 원리이다. 만약 공통 부분이 완전히 일치되면 상관 관계는 1이 되며, 공통 부분이 하나도 없으면 상관 관계는 0

이 된다. 상관 관계의 정도를 나타내 주는 지표는 상관계수(γ)이고, 상관계수의 제곱을 결정계수(γ^2)라고 하며 이는 상관 관계의 설명력을 의미한다. 예를 들어 교육 수준과 소득 간의 상관 관계가 0.6이면, 결정계수는 0.36 (0.6 × 0.6 = 0.36)로서, 교육 수준이 소득의 변화(공분산)를 설명하는 정도가 36%가 된다는 의미이다. 두 변수 간의 관계를 도식화하면 [그림 11-1]과 같다.

[그림 11-1] 교육 수준과 소득 간의 관계

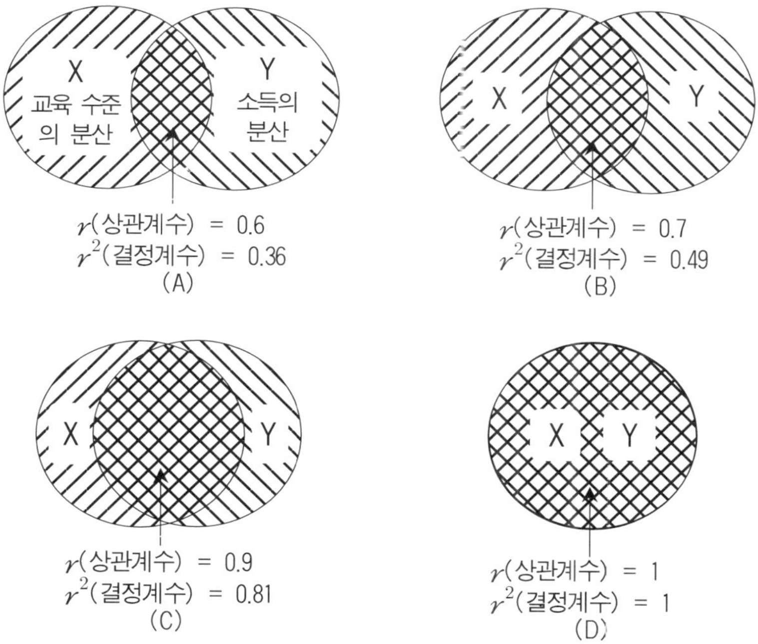

[그림 11-1]에서 A의 경우 상관계수가 0.6인 경우를 도식화한 것이고, 만약 상관계수가 0.9라고 한다면 C의 경우에 해당한다고 하겠다. 또한 교육 수준과 소득 간의 관계가 완전히 일치한다면, 즉 교육 수준이 높아질수록 소득 수준이 완전히 비례해 높아진다면 상관계수는 '1'이 되며, 이를 도

식화한 것이 그림 D이다.

위의 [그림 11-1]은 두 변수 간의 관련성을 추상적으로 표현한 것이다. 그러나 현실적으로 두 변수 간의 관련성을 산점도(scatter plot)로 그려 보면 [그림 11-2]와 같이 표현된다. [그림 11-2]의 형태를 보면서 변수 간에 상호 관련성이 있는지?, 상관 관계의 여부를 분석할 수 있으며, 변수 간에 상호 관련성이 있다면 어느 정도 있는지를 개략적으로 파악할 수 있다.

[그림 11-2] 두 변수 간의 상관계수에 따른 산점도

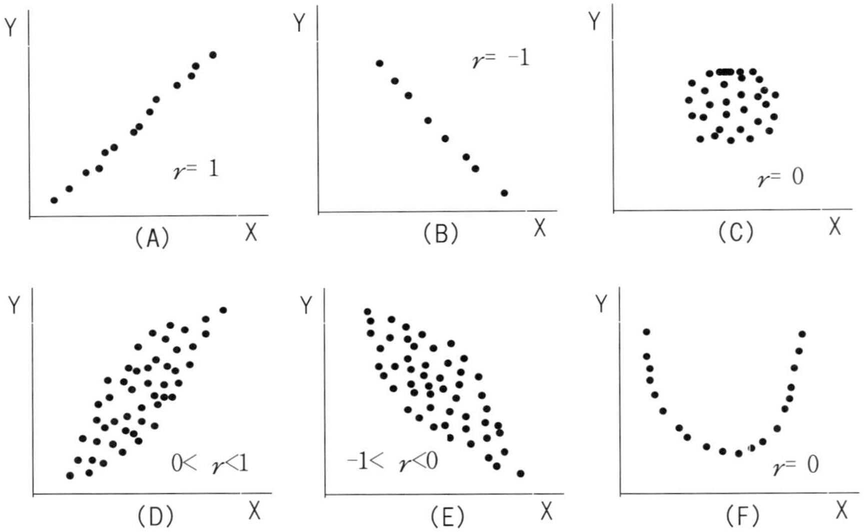

[그림 11-2]와 같이 두 변수 간의 산점도를 그려 보면 (A)부터 (F)까지 다양한 경우를 확인할 수 있다. 이 때 산점도가 (C) 혹은 (F)일 경우에는 두 변수 간의 관계가 선형이 아닌 함수 관계이므로 상관계수의 의미가 없어진다. 따라서 이들에 대해서는 상관계수를 구할 필요가 없다. (A)의 경우에는 두 변수 간의 상호 관련성이 +1인 경우이며, (B)의 경우에는 두 변수 간의 상호 관련성이 -1인 경우이고, (D)는 상관계수가 '0'과 '1' 사이인 경우인데 '1'에 가까운 경우이며, (E)는 상관계수가 '-1'과 '0' 사이의 값이지

만 '-1'에 가까운 값이라는 것을 알 수 있다.

제 3 절 상관계수의 공식

두 변수 간의 상관 관계를 설명하기 위해 산점도를 설명했다. 산점도는 [그림 11-2]에서와 같이 두 변수 간의 관계를 개략적으로 보여 주지만 두 변수 간의 관계가 어느 정도인가를 정확히 알아야 할 필요가 있다. 따라서 두 변수 간의 관계를 나타내는 통계량으로 상관계수를 이해해야 한다. 그러나 상관계수를 유도하기 위해서는 공분산에 대한 이해가 선행되어야 한다. 따라서 이 교재에서는 공분산의 공식과 속성을 살펴본 후 상관계수를 설명하고자 한다.

1. 공분산의 개념과 공식

1) 공분산의 기본 개념

공분산(covariance)은 두 변수 간의 관계의 방향을 분석하는 데 목적이 있다. 예를 들어, "교육 수준이 높으면 소득 수준이 높아질 것인가?"라는 생각을 할 수 있다. 이 때 교육 수준과 소득 수준 간의 관계, 즉 두 변수 간의 관계를 밝혀 주는 기초적인 통계량이 바로 공분산이다. 만일 교육 수준이 높아질 때 소득 수준도 동시에 높아지거나(Ⅰ사분면) 교육 수준이 낮을수록 소득 수준도 낮아진다면(Ⅲ사분면) 공분산은 양수(+)가 될 것이다. 반면 교육 수준은 높아지나 소득 수준이 낮아지거나(Ⅳ사분면), 교육 수준은 낮아지나 소득 수준이 높아진다면(Ⅱ사분면) 공분산은 음수(−)가 된다. 공분산은 두 변수 간의 상호 관련성에 대한 방향을 파악하는 데 유리한 통계량이다. 즉 공분산은 수치 자체가 중요한 것이 아니라 변수 간의 관계의 방향을 나타내는 공분산의 부호가 중요한 것이다.

[그림 11-3] 두 변수 간 관계의 방향(공분산)

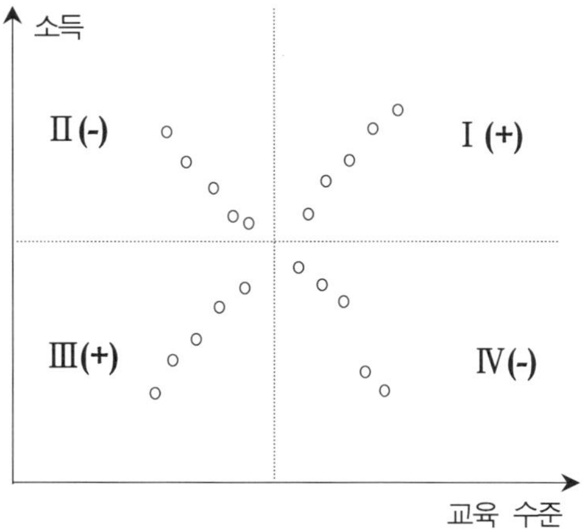

2) 공분산의 공식 및 속성

공분산은 X, Y 두 변수가 존재할 경우 두 변수의 편차 점수(deviation scores)를 곱한 후 사례 수로 나눈 것이다. 즉 두 변수의 평균에 대한 편차를 서로 곱한 후 합을 사례 수로 나눈 것을 의미한다. 공분산은 기호로 Cov (X, Y) 혹은 S_{XY}로 나타내며, 공식은 다음과 같다.

$$Cov(X, Y) = S_{XY} = \frac{\sum(X-\overline{X})(Y-\overline{Y})}{n-1}$$

공분산의 기본 개념 및 공식을 토대로 공분산의 속성을 요약하면 다음과 같다.

첫째, 공분산 값(수치) 그 자체는 의미가 없으며 공분산의 부호만을 파악해야 한다. 예를 들어 교육 수준과 소득 간의 공분산값이 300으로 나타났다고 하자, 이 때 300이라는 수치는 교육 수준 변수의 '교육 연수'라는 단위와 소득변수의 단위인 '원'이라는 단위의 곱(×)으로 표현된 값이라고 할 수 있다. 따라서 공분산의 수치를 해석하려면 '300년 × 원'이라는 단위를 갖게 된다. 따라서 단위의 모호성으로 인해 우리에게 의미 있는 정보를 제공하지 못한다. 공분산은 수치를 해석하는 것이 아니라 부호만을 중점적으로 해석해야 한다.

둘째, 공분산은 반드시 두 변수 간의 인과 관계(causal relationship)[1]를 의미하는 것은 아니다. 즉 공분산은 두 변수 간의 관계가 허위적 관계(spuriousness)임을 밝혀 내지는 못한다. 예를 들어, "어른들은 비가 오면 관절이 쑤신다고 하신다." 이것은 비와 관절염 간의 관계를 서술하고 있는 것이다. 따라서 비와 관절염 간의 공분산을 계산했을 때 500이라는 공분산 값을 얻었다고 하자. 이러한 경우 비가 많이 오면 올수록 관절염이 재발한다는 잘못된 해석을 내릴 수 있다는 것이다. 왜냐하면 관절염과 비는 모두 습도의 영향을 받는 것이기 때문에 습도의 양을 분석하면 두 변수 간의 관계는 달라질 수 있기 때문이다. 따라서 공분산의 값을 토대로 반드시 인과 관계를 갖는다고 오류를 범해서는 안 된다.

2. 상관계수의 공식 및 속성

공분산은 두 변수 간 관계의 방향만을 파악할 수 있다. 여기서 두 변수 간의 방향이란 공분산의 값에서 부호만 의미가 있다는 것이며 두 변수 간의 상호 관련성의 정도를 파악하지는 못한다는 의미이다. 이러한 문제점을 극복하기 위해 변수의 측정 단위와 관계 없이 두 변수 간 관계의 방향 및

---

1) 인과 관계는 한 변수의 속성이 변하면 다른 변수의 속성이 변화하는 것을 의미한다. 그러나 인과 관계는 공변성과는 다른 몇 가지 원칙이 지켜져야 인과 관계가 있다고 말할 수 있다. 두 변수 간의 인과 관계가 있다고 객관화하기 위해서는 시차(time-lag), 공변성, 제3의 변수 부재(nonspuriousness), 논리성이 충족되어야 한다. 시차의 존재는 원인변수가 결과변수보다 적어도 한 단위 시간 먼저 발생해야 하는 것을 의미하고, 공변성은 한 변수의 값이 변화하면 다른 변수의 값도 변화해야 한다는 것을 의미한다. 그리고 제3의 변수 부재는 원인변수가 결과변수에 영향을 미치는 과정에서 허위, 교란 변수 등이 존재해서는 안 된다는 것을 의미한다. 마지막으로 논리성이란 전술한 세 가지 조건이 모두 충족되었다 할지라도 관계를 설명하는 데 논리적으로 정당화할 수 있어야 한다는 것을 의미한다.

정도를 파악할 수 있는 방법이 상관계수인 것이다. 상관계수는 두 변수의 Z값(표준화된 점수)의 공분산을 의미한다.

상관계수의 기호는 다음과 같이 $r_{x \cdot y} = r_{zx \cdot zy} = S_{zx \cdot zy}$ 등으로 표현할 수 있다.

상관계수(correlation coefficient)의 공식은 다음과 같다.

$$\frac{r_{x \cdot y} = \sum[(X-\overline{X})/S_x][(Y-\overline{Y})/S_y]}{n-1} = \frac{S_{XY}}{S_X S_Y}$$

$r_{x \cdot y}$: X, Y 변수 간 상관계수

$\overline{X}$: X 변수의 평균

$\overline{Y}$: Y 변수의 평균

S_x : X 변수의 표준편차

S_y : Y 변수의 표준편차

상관계수의 공식과 공분산의 공식을 비교할 경우 각 변수의 편차를 표준편차로 나누어 준 값임을 알 수 있다. 즉 공분산의 공식에서 각 변수의 편차를 표준편차로 나누어 준 것이 상관계수 공식임을 알 수 있다. 이렇게 함으로써 상관계수의 값은 공분산의 값과는 달리 해석이 가능해지는 것이다. 상관계수는 한 변수가 '1'의 표준편차만큼 증가했을 경우 이에 상응하는 또 다른 변수의 '평균적인 표준편차'의 변화를 보여 주는 수치이다. 예를 들어 교육 수준과 소득이란 두 변인의 상관계수가 +0.50이라고 할 때 그 수치는 평균값보다 1 표준편차 높은 교육 수준을 가진 사람이 소득면에서 평균값보다 1/2 표준편차만큼 더 높을 것이라는 것을 의미한다.

상관계수의 공식을 통해 파악할 수 있는 속성은 다음과 같다.

첫째, 상관계수는 -1부터 1까지의 범위($-1 < r_{x \cdot y} < +1$)를 갖는다. 두 변수 간의 상호 관련성이 약할 때 상관계수의 값은 '0'에 가까워진다. 둘째, 상관계수는 변수의 단위(scale)의 변화에 영향을 받지 않는다. 즉 두 변수(X, Y) 간에 단위가 달라도 표준편차로 나누어져 표준화되므로 상관계수

값에는 변화가 없다. 셋째, 공분산과는 달리 상관계수는 두 변수 간의 선형적 관계(linear relationship)의 정도(degree)와 방향(direction)을 평가할 수 있다. 즉 상관계수는 공분산과는 달리 부호뿐만 아니라 수치의 크기에서 의미 있는 해석을 할 수 있다. 넷째, 상관 관계가 반드시 변수들 간의 인과관계(causality)를 의미하지는 않는다. 즉 변수들 간의 관계의 허위성(spuriousness)을 밝혀 내지 못한다.

제 4 절 상관분석의 과정

상관분석의 과정은 제6장에서 설명한 바와 같이 가설검정 5단계를 통해 검정할 수 있다. 상관분석의 과정을 단계별로 살펴보면 다음과 같다.

[그림 11-4] 상관분석의 과정

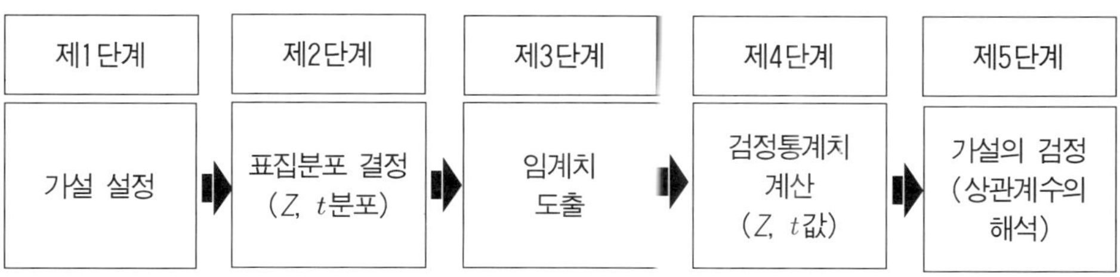

상관분석의 과정은 [그림 11-4]와 같이 가설검정 5단계를 통해 설명할 수 있으나 SPSS의 실습을 통해 도출되는 통계량은 기술통계량과 상관계수만이 제시되므로 이 장에서는 수작업을 통한 가설검정 단계는 간략히 이론적인 설명만 제시하고 SPSS를 통한 실습을 통해 상관계수를 설명하도록 한다.

1. 가설 설정

가설검정의 첫 단계는 영가설과 대립가설을 설정하는 것이다. 상관분석은 변수 간의 상호 관련성을 분석하는 것이므로 영가설의 경우 "…,는 상호 관련성이 없다"로 설정하고 대립가설의 경우에는 "…,의 경우 상호 관련성이 있다"라고 설정해야 한다. 예를 들어 인구 수와 공무원 수 간의 상관 관계를 구하고자 할 때 영가설과 대립가설을 다음과 같이 설정할 수 있다.

영가설: "인구 수와 공무원 수는 상호 관련성이 없다."
대립가설: "인구 수와 공무원 수는 상호 관련성이 있다."

이들 가설을 기호로 표시하면 다음과 같다.

$$H_0 : \rho_{y,x} = 0$$
$$H_1 : \rho_{y,x} \neq 0$$
ρ : 모집단 상관계수
r : 표본 상관계수

2. 표집분포

가설검정의 두 번째 단계는 표집분포를 결정하는 것이다. 상관분석의 경우 표본의 크기에 따라 표집분포가 결정된다. 즉 표본의 크기가 큰 경우에는 Z검정을 실시하고 표본의 크기가 작은 경우에는 t검정을 실시해야 한다.

3. 임계치

유의 수준과 자유도를 이용해 임계치를 결정한다. Z검정을 할 때에는 부록의 Z분포를 이용하고 t검정을 이용할 때에는 부록의 t분포를 이용해 임계치를 도출한다. t분포와 Z분포에서 임계치 도출 방법은 제7장의 단일평균 검정을 복습하기 바란다.

4. 검정통계량

표집분포가 표본의 수에 따라 Z분포와 t분포의 두 가지로 구분될 수 있으므로 검정통계량의 공식도 두 가지로 제시하면 다음과 같다.

첫째, 대표본(大標本)의 경우 Z검정통계량의 공식은 다음과 같다.

$$Z = \frac{r-0}{\sigma_r} = \frac{r-0}{\frac{1}{\sqrt{n-1}}} = r\sqrt{n-1}$$

둘째, 소표본(小標本)의 경우 t검정통계량의 공식은 다음과 같다 (자유도는 n-2).

$$t = \frac{r-\rho}{S_r} = \frac{r-\rho}{\sqrt{\frac{1-r^2}{n-2}}} = \frac{r\sqrt{n-2}}{\sqrt{1-r^2}}$$

5. 분석 결과의 해석

임계치와 검정통계치를 비교해 만약, 검정통계치가 임계치보다 크면 영가설을 기각할 수 있다. 반면 검정통계치가 임계치보다 작으면 영가설을 잠정적으로 채택할 수 있다. 즉 영가설이 기각되면 "두 변수 간의 상호 관련성이 있다"고 해석할 수 있으며, 상관계수의 크기에 따라 두 변수 간의 방향(부호)과 강도를 설명할 수 있다. 반면 영가설이 채택되면 "두 변수 간의 상호 관련성이 없다"라고 해석할 수 있으며, 이 때 상관계수의 크기 및 부호는 통계적으로 의미가 없어진다.

제 5 절 SPSS를 이용한 상관분석의 실습

두 변수 사이의 상관 관계를 알아보기 위해서는 상관분석을 실시하기 이전에 산점도(scatter plot)를 그려 보아야 한다고 설명했다. 산점도는 [그림 11-2]에서 설명한 바와 같이 여러 형태의 상관 관계를 미리 예측할 수 있게 해 준다. 이 절에서는 산점도를 그려본 후 상관분석의 절차에 대해 설명하고자 한다.

1. SPSS를 이용한 상관분석

1) 산점도 그리기

산점도 및 상관계수 분석에 사용할 데이터는 제7장에서 제시했던 '일반시 주요 통계.sav'(<표 7-1> 참고)를 활용하여 인구 수와 공무원 수 간의 산점도 및 상관계수를 분석하고자 한다.

따라서 '일반시 주요 통계.sav' 파일을 불러오면 [그림 11-5]가 활성화된다.

먼저, SPSS에서 산점도를 그리기 위해서는 주 메뉴에서 그래프(G) → 산점도(S)를 차례로 클릭한다.

'산점도(S)'를 선택하면 [그림 11-6]과 같은 대화상자가 활성화된다. 이때 다양한 산점도의 유형, 즉 단순산점도, 행렬산점도, 겹쳐그리기, 3차원 산점도 등이 제시된다. 일반적으로 단순산점도를 사용하므로 이 교재에서도 이를 활용해 설명하고자 한다.

'단순 산점도'를 클릭하고 '정의'를 선택하면 [그림 11-7]의 대화상자가 활성화된다. 두 변수 간의 산점도를 파악해야 하므로 왼쪽 상자의 '인구 수'를 오른쪽 상자의 X축(X)으로 이동시키고(▶) '공무원 수'를 오른쪽 상자의

[그림 11-5] 일반시 주요 통계 데이터(인구 수와 공무원 수)

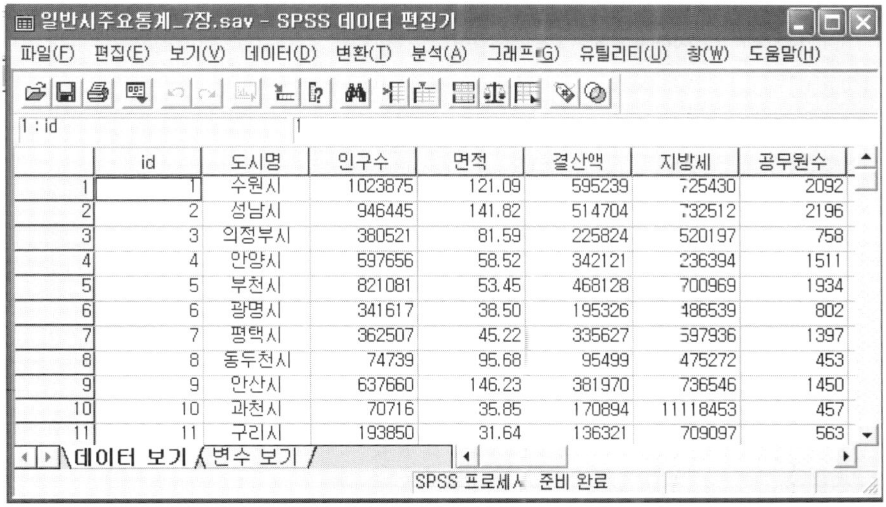

	id	도시명	인구수	면적	결산액	지방세	공무원수
1	1	수원시	1023875	121.09	595239	725430	2092
2	2	성남시	946445	141.82	514704	732512	2196
3	3	의정부시	380521	81.59	225824	520197	758
4	4	안양시	597656	58.52	342121	236394	1511
5	5	부천시	821081	53.45	468128	700969	1934
6	6	광명시	341617	38.50	195326	486539	802
7	7	평택시	362507	45.22	335627	597936	1397
8	8	동두천시	74739	95.68	95499	475272	453
9	9	안산시	637660	146.23	381970	736546	1450
10	10	과천시	70716	35.85	170894	11118453	457
11	11	구리시	193850	31.64	136321	709097	563

[그림 11-6] 산점도 대화상자

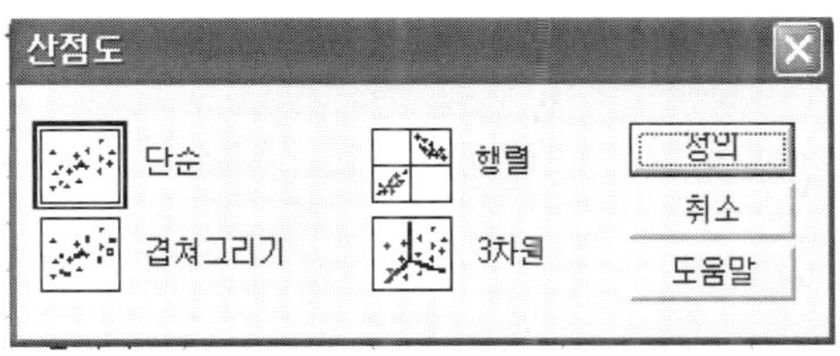

Y축(Y)로 이동(▶)시킨 후 '확인'을 클릭한다.

[그림 11-8]에서와 같이 '인구 수'와 '공무원 수'의 산점도는 두 변수가 양적(+) 선형 관계(positive linear relationship)를 보이고 있다는 점을 알 수 있다. 이는 인구 수가 증가하면 이에 따라 공무원 수도 증가한다는 것을 의미한다. 산점도의 결과 인구 수와 공무원 수 간의 관계가 상호 관련성이 있는 것으로 확인되었다. 그렇다면 두 변수 간의 상관 관계의 정도는 어느

[그림 11-7] '단순 산점도' 대화상자

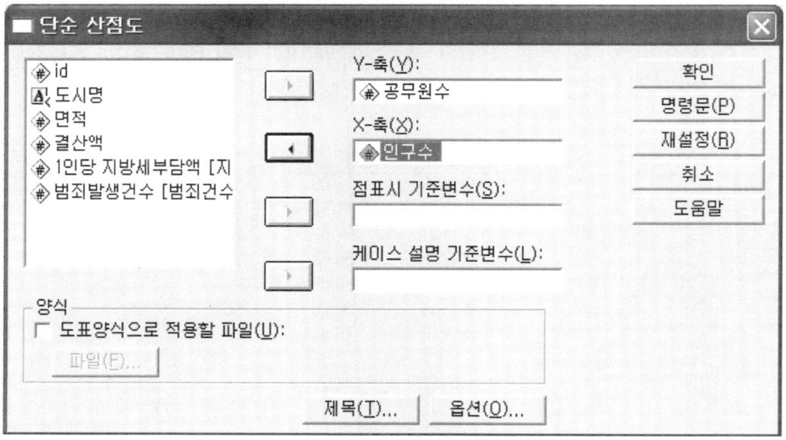

[그림 11-8] 인구 수와 공무원 수의 산점도

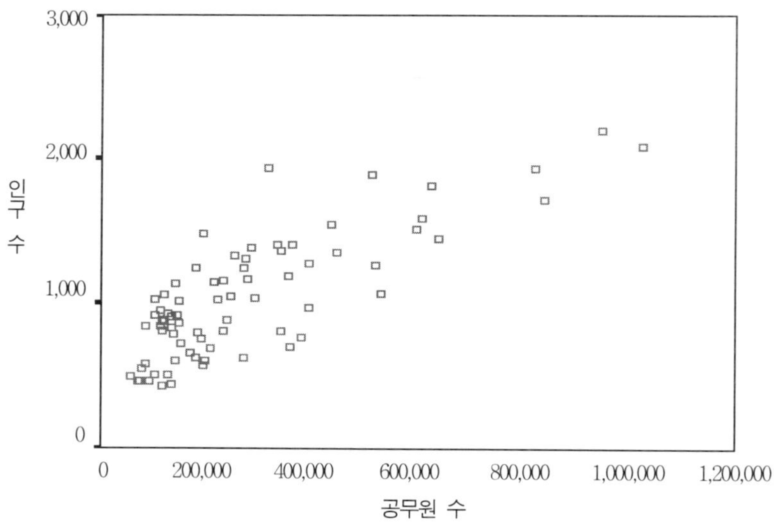

정도인지를 확인해야 한다. 따라서 다음 절에서는 상관계수를 도출하기 위한 과정을 살펴보기로 하자.

2. SPSS를 이용한 상관분석절차

SPSS를 이용해 상관분석을 실시하기 위해서는 주메뉴에서 분석(A) → 상관분석(C) → 이변량 상관계수(B)를 차례로 선택한다.

[그림 11-9] 이변량 상관계수의 실행 절차

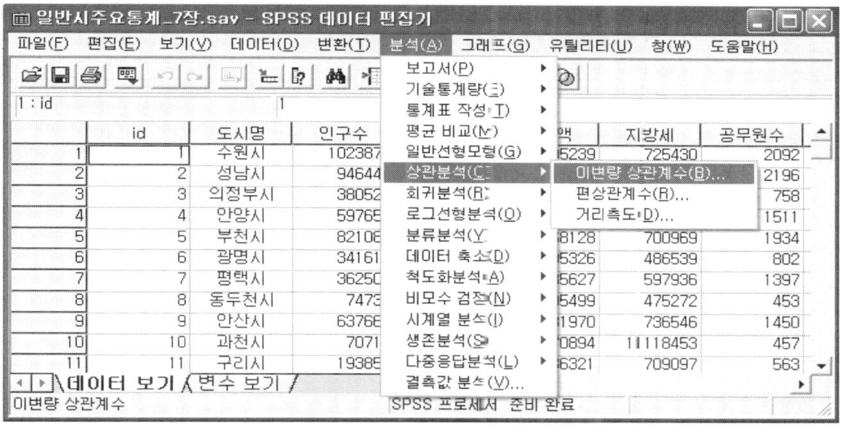

'이변량 상관계수(B)'를 선택하면 다음과 같은 대화상자가 활성화된다. 왼쪽 박스에 있는 변수들 중에서 '인구 수'와 '공무원 수'를 선택해 오른쪽 박스로 이동(▶)시킨 후 '확인'을 누르면 출력 결과가 도출된다. 또한 '상관계수'와 '유의성 검정'에서는 연구자가 원하는 사항을 선택하면 되나 일반적으로 상관관계분석에서는 피어슨(Pearson: N) 상관계수를 주로 사용하며, 유의성 검정에서는 양쪽 검정을 주로 사용한다.

[그림 11-10] 이변량 상관계수의 대화상자

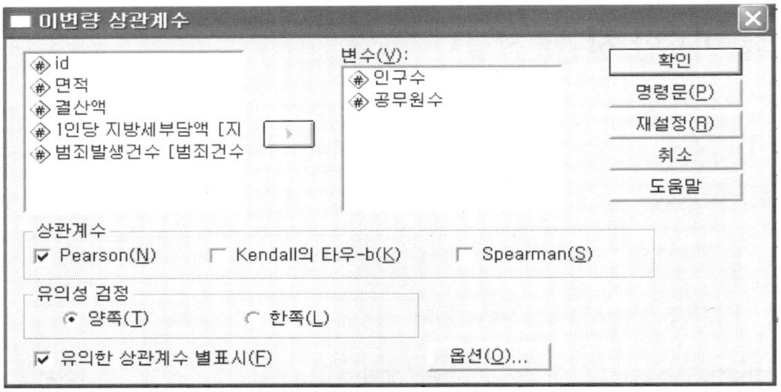

[그림 11-10]의 오른쪽 아래에 있는 '옵션(O)'을 선택하면 '통계량'과 '결측값'에 대한 통계치를 확인할 수 있다. 통계량은 '평균과 표준편차', '교차곱 편차와 공분산'에 대한 통계치를 확인할 수 있으며, 이들 통계치는 상관계수표에 함께 제시된다.

[그림 11-11] 이변량 상관계수: 옵션 대화상자

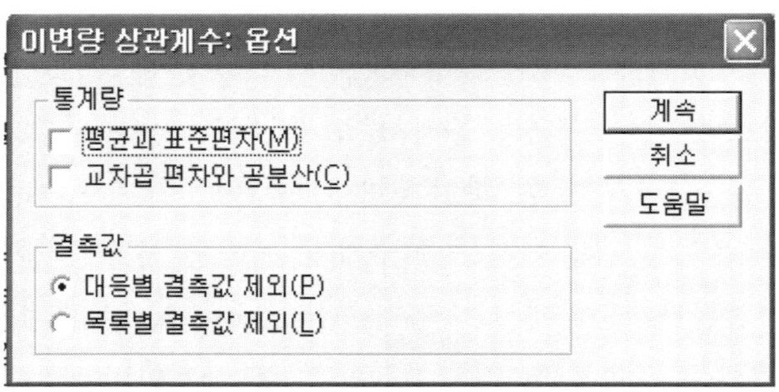

3. 분석 결과의 해석

인구 수와 공무원 수 간의 상관계수는 +0.800으로서 강한 양적(+) 선형 관계가 있다는 것을 보여 준다. 즉 인구 수가 많아지던 공무원 수도 많아진다는 것을 알 수 있다. 유의 확률(양쪽)은 0.000으로 상관계수가 통계적으로 유의함을 알 수 있다.

〈표 11-1〉 상관계수의 출력 결과

		인구 수	공무원 수
인구 수	Pearson 상관계수	1.000	.800**
	유의 확률 (양쪽)	.	.000
	n	74	74
공무원 수	Pearson 상관계수	.800**	1.000
	유의 확률 (양쪽)	.000	.
	n	74	74

** 상관계수는 0.01 수준(양쪽)에서 유의하다.

상관계수(r)는 -1부터 $+1$까지의 값을 갖는다고 설명했는데 일반적으로 두 변수 간의 선형 관계에 대한 설명은 다음과 같다.

〈표 11-2〉 상관계수의 선형 관계의 해석

상관계수의 값	상관계수의 해석	상관계수의 값	상관계수의 해석
$-1 < r < -0.7$	강한 음의 선형 관계	$+0.7 < r < 1$	강한 양의 선형 관계
$-0.3 < r < -0.7$	뚜렷한 음의 선형 관계	$+0.3 < r < +0.7$	뚜렷한 양의 선형 관계
$-0.1 < r < -0.3$	약한 음의 선형 관계	$+0.1 < r < +0.3$	약한 양의 선형 관계

단원 요약

1. 상관관계분석은 변수들 간의 관련성 여부와 정도를 분석하기 위해 사용한다. 즉 하나의 변수가 다른 변수와 어느 정도 관련성을 갖고 변화하는가를 분석하고자 할 때 사용한다. 상관계수의 특징은 다음과 같다. 첫째, 상관계수는 -1부터 1까지의 범위($-1 < r_{x \cdot y} < +1$)를 갖는다. 둘째, 상관계수는 변수의 단위(scale) 변화에 영향받지 않는다. 셋째, 공분산과는 달리 상관계수는 두 변수 간의 선형적 관계(linear relationship)의 정도(degree)와 방향(direction)을 평가할 수 있다. 즉 상관계수는 공분산과는 달리 부호뿐만 아니라 수치의 크기에서 의미 있는 해석을 할 수 있다. 넷째, 상관 관계가 반드시 변인들 간의 인과 관계(causality)를 의미하지는 않는다. 즉 변인들 간의 관계의 허위성(spuriousness)을 밝혀 내지 못한다.
2. 상관 관계의 해석은 다음과 같다.

상관계수의 값	상관계수의 해석	상관계수의 값	상관계수의 해석
$-1 < r < -0.7$	강한 음의 선형 관계	$+0.7 < r < 1$	강한 양의 선형 관계
$-0.3 < r < -0.7$	뚜렷한 음의 선형 관계	$+0.3 < r < +0.7$	뚜렷한 양의 선형 관계
$-0.1 < r < -0.3$	약한 음의 선형 관계	$+0.1 < r < +0.3$	약한 양의 선형 관계

3. 공분산은 X, Y 두 변수가 존재할 경우, 두 변수의 편차 점수(deviation scores)를 곱한 후 사례 수로 나눈 것이다. 첫째, 공분산 값(수치), 그 자체는 의미가 없으며 공분산의 부호만을 파악해야 한다. 둘째, 공분산은 반드시 두 변수 간의 인과 관계(causal relationship)를 의미하는 것은 아니다.
4. 인과 관계는 한 변수의 속성이 변하면 다른 변수의 속성이 변화하는 것을 의미한다. 두 변수 간의 인과 관계가 있다고 객관화하기 위해서는 시

차(time-lag), 공변성, 제3의 변수 부재(nonspuriousness), 논리성이 충족되어야 한다.

연습 문제

1. 공분산의 개념을 설명하시오.
2. 상관계수의 사용 목적을 설명하시오.
3. 공분산과 상관계수의 공통점과 차이점을 서술하시오.
4. 상관계수의 속성을 설명하시오.
5. 제7장에서 제시했던 '일반 시 주요 통계.sav'를 활용해 인구 수와 1인당 지방세 부담액 간의 상관계수를 구하시오.(SPSS를 활용하시오.)
6. 제7장에서 제시했던 '일반 시 주요 통계.sav'를 활용해 인구 수와 범죄 건수 간의 상관계수를 구하시오.(SPSS를 활용하시오.)

제12장

회귀분석

공부를 많이 하면 성적이 올라가는가? 교육 수준이 높으면 임금이 많아지는가? 부모의 키가 크면 자식의 키도 클 것인가? 등은 우리가 일상 생활에서 자주 접하는 문제들로 독립변수가 변화할 때 종속변수가 얼마만큼 변화하는 것인가에 대한 질문으로 요약할 수 있다.

회귀분석에서는 하나의 변수(독립변수)가 변화할 때 다른 변수(종속변수)는 얼마만큼 변화할 것인가를 예측할 수 있게 된다. 즉 우리는 공부를 얼마나 많이 하면 좋은 성적을 올릴 수 있으며, 적정 임금을 받기 위해서는 교육 수준이 어느 정도 되어야 하고, 부모의 키에 따라 자신의 키는 어느 정도가 될 것이라는 것을 예측할 수 있게 된다.

기술통계학이 사회 현상을 단순히 기술(describe)하는 것이라면, 추리통계학의 하나인 회귀분석은 미래의 상황을 설명하고 예측할 수 있는 중요한 도구라고 할 수 있다. 이러한 특징 때문에 회귀분석은 사회 현상을 설명하고 예측하는 데 강력한 도구일 뿐만 아니라 통계 기법 중에서 가장 자주 사용하는 방법 중의 하나이다.

제12장에서는 회귀분석의 기본 논리와 목적, 모형 등을 살펴보고, 추리통계학에서 추정의 논리적 근거가 되는 가설검정 5단계에 따라 회귀분석을 설명하고자 한다.

제 1 절 회귀분석의 기본 개념 및 사용 목적

1. 기본 개념

사회 현상을 연구하는 목적은 크게 네 가지로 설명할 수 있다. 첫째, 사회 현상 그 자체를 묘사하는 기술(description), 둘째, 사회 현상이 발생된 원인과 결과를 규명하는 설명(explanation), 셋째, 설명을 통해 도출한 사회 현상의 인과 관계를 통해 다가올 미래 현상에 대한 예측(prediction), 넷째, 예측 결과에 대한 통제(control), 즉 사회 현상의 원인을 조작해 현상을 바람직한 방향으로 통제하는 경우 등이 있다.

제2부에서 기술통계학이 사회 현상에 대한 기술에 관한 내용이었다면 제3부의 회귀분석은 사회 현상에 대한 인과 관계[1])를 규명하고, 예측 및 통제를 하는 데 유용하게 활용되는 기법 중의 하나이다.

제11장에서 설명한 상관관계분석이 두 변수 간에 상호 관련성의 방향과 크기가 어느 정도 되는지를 공부했다. 즉 상관관계분석은 두 변수 간의 상관 관계는 분석할 수 있으나 두 변수 간의 인과 관계, 즉 원인과 결과를 설명하지는 못한다.

이러한 문제점을 극복한 좀더 세련된 분석 기법이 이 장에서 설명하게 될 회귀분석(regression analysis)이다. 회귀분석은 두 변수 간의 관계에서 하나의 변수로부터 다른 변수의 값을 설명하고 예측하고자 할 때 사용해야 한다.

1) 이 교재에서는 이해의 편의성을 돕기 위해 회귀분석을 통해 사회 현상의 결과가 원인에 의해 설명되는 인과 관계를 밝히는 것이라고 설명했다. 그러나 엄격히 설명하면 통계적으로 독립변수와 종속변수 간의 관계가 유의하다고 해서 반드시 인과 관계를 성립시키는 것은 아니라는 사실을 명심해야 한다. 즉, 인과관계의 판단은 궁극적으로 이론에 의해 성립되어야 한다는 것이다.

2. 사용 목적

회귀분석의 사용 목적을 이해하기 위해서는 먼저 '회귀(regression)'라는 개념을 이해해야 한다. 회귀라는 용어는 갈턴(Francis Galton, 1886)이 그의 논문에서 보편적 회귀의 법칙(law of universal regression)을 주장하면서 처음 사용하기 시작했다. 그가 제시한 예는 다음과 같다.

"신장이 큰 부모를 가진 자식들은 신장이 크고, 신장이 작은 부모를 가진 자식들은 신장이 작은 경향이 있지만, 일반적으로 자식들의 평균 신장은 전체 인구의 평균 신장으로 회귀(regress)하는 경향이 있다"라고 설명했다. 즉 부모들의 신장이 비정상적으로 크거나 작아도 자식들의 신장은 전체 인구의 평균 신장을 향해 움직이는 '회귀'적 경향이 있다는 것이다. 따라서 회귀분석은 독립변수[2]가 종속변수[3]에 미치는 영향을 분석하거나 독립변수를 이용해 종속변수를 예측하고자 할 경우에 사용하는 방법이다.

회귀분석의 사용 목적을 좀더 구체적으로 설명하면 다음과 같다.

독립변수의 주어진 값을 토대로 종속변수의 평균값을 예측하는 데 사용된다. 즉 독립변수의 값이 주어졌을 때 종속변수의 평균값을 추정하거나 예측할 때 사용하는 방법이 회귀분석이다. 예를 들어 공부 시간이 증가함에 따라 학업 성적이 증가된다고 하고 – 사람마다 차이가 있겠지만 – 공부 시간(독립변수)의 값들이 주어졌을 때 학업 성적(종속변수)의 평균값이 얼마만큼 증가되는지를 예측해 볼 수 있는 것이다.

특히, 독립변수의 수에 따라 회귀분석을 분리해 설명하는데, 독립변수가 1개이고 종속변수가 하나인 경우를 단순회귀분석(simple regression analysis)이라고 하며, 독립변수가 2개 이상이고 종속변수가 하나인 경우를 다중회귀분석(multiple regression analysis)이라고 한다. 위에서 설명한 공

---

2) 독립변수는 원인변수, 설명변수, 회귀변수 등과 같이 다양하게 사용되나 이 교재에서는 독립변수라는 개념을 사용하고자 한다.

3) 종속변수는 결과변수, 설명된 변수, 피회귀변수 등과 같이 다양하게 사용되나 이 교재에서는 종속변수라는 개념을 사용한다.

부 시간과 학업 성적 간의 관계는 독립변수의 수가 1개이므로 단순회귀분석이라고 할 수 있다. 그러나 학업 성적이 공부 시간 이외에 다른 변수, 즉 면학 분위기나 월평균 가계 소득에 의하서도 영향을 받는다고 가정한다면, 이 때 독립변수는 공부 시간, 면학 분위기, 월평균 가계소득 등 3개가 되며 종속변수는 1개가 된다. 이렇게 종속변수를 설명하는 독립변수가 2개 이상인 경우를 다중회귀분석이라고 한다.

제 2 절 회귀분석의 기본 원리

회귀분석의 기본 원리를 이해하기 위해서는 선형회귀모형, 최소자승법 등의 기본 개념을 이해해야 한다. 첫째, 선형회귀모형(linear regression model)이란 종속변수를 독립변수의 선형함수 관계로 나타내는 모형을 의미한다. 둘째, 최소자승법(ordinary least squares method)이란 회귀분석에서 모수를 추정하기 위한 대표적인 방법이다.

회귀분석도 추리통계학의 하나이므로 표본통계량을 통해 모집단의 모수를 추정해야 하는데, 회귀분석에서 사용되는 대표적인 방법이 최소자승법이라고 이해해도 좋다.

이 절에서는 단순회귀분석, 즉 두 변수 회귀모형의 예를 토대로 선형회귀모형과 최소자승법에 대해 설명하고자 한다.

1. 선형회귀모형

단순회귀분석을 실시하기 위해서는 먼저 독립변수와 종속변수 간에 모형이 설정되어야 한다. 이 장에서 회귀분석에 사용되는 모형을 회귀모형(혹은 회귀방정식 모형)이라고 하는데, 예를 들어 회귀모형을 설명하면 다음과 같다.

인구 수가 증가함에 따라 범죄 건수가 어느 정도 증가하고 있는지를 분석한다고 하자. 이 때 독립변수는 인구 수가 되고 종속변수는 범죄 건수가 된다. 독립변수와 종속변수 간의 관계를 함수로 표현하면 다음과 같은 선형회귀모형을 제시할 수 있다.

독립변수(인구 수)를 X, 종속변수(범죄 건수)를 Y라고 할 때, 단순회귀모형은 다음과 같이 표현된다.

Y(범죄 건수) = $\alpha + \beta X$(인구 수) + μ_i ------- 모집단의 회귀모형

$\mu_i \sim N(0, \sigma^2)$

μ_i : 모집단의 오차항으로 평균이 0이고 분산이 σ^2인 정규분포를 가정

위의 회귀모형은 인구 수가 증가함에 따라 범죄 건수의 평균값들이 변화될 것이라는 함수(function) 형태의 모형이다.

위의 식은 1차 방정식의 형태로 독립변수의 계수, 즉 상수(α)와 독립변수 X의 계수(β)에 따라 종속변수가 변화된다는 것을 짐작할 수 있다. 따라서 회귀모형을 통해 연구자들이 알아내야 할 값은 α와 β값이 되는 것이다. α는 회귀선이 Y축과 만나는 접점, 즉 상수(intercept)를 나타내고, β는 회귀방정식의 기울기(slope)로서 독립변수(X)가 한 단위 증가할 때 종속변수(Y)의 변동량을 나타낸다. 즉 모집단에서 독립변수와 종속변수 간의 관계를 나타내는 가상의 직선을 회귀모형이라고 할 수 있다.

인구 수와 범죄 건수 간의 관계를 회귀모형으로 분석하고자 할 경우 대한민국의 인구 수와 범죄 건수를 모두 조사하는 것은 시간과 비용의 한계가 있으므로 표본을 통해 모집단의 모수를 추정하고 예측해야 한다.

추리통계학은 표본의 통계량을 통해 모집단의 모수를 추정하는 것이므로 회귀모형의 경우에도 표본의 회귀모형이 필요하게 된다. 이것을 표본회귀모형이라고 하는데, 이를 회귀방정식으로 나타내면 다음과 같다.

$\hat{Y} = \hat{\alpha} + \hat{\beta} X + e_i$--------------표본회귀모형

[그림 12-1] 표본회귀선과 잔차

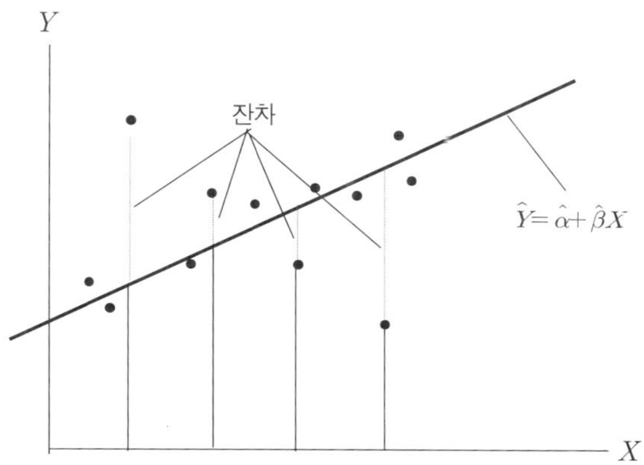

회귀모형에서는 각 독립변수의 계수를 회귀계수(regression coefficient)라 하며, 우리가 현재 모르고 있는 모수(parameter)는 라틴어 α, β 등으로 표시하고, 표본에서 구한 추정량은 영어의 소문자 a, b 혹은 $\hat{\alpha}$, $\hat{\beta}$ 등으로 표기한다. 이 교재에서는 표본회귀계수를 $\hat{\alpha}$, $\hat{\beta}$로 표기하도록 한다. 또한 종속변수 Y의 경우는 모수이며, 표본을 통해 추정하는 값이므로 표본회귀모형에서는 $\hat{Y}$로 표기한다(표본의 추정치는 모자를 씌운 모양이라고 해서 해트 Y라고 읽는다).

2. 일반최소자승법

독립변수 X와 종속변수 Y의 선형적 관계(linear relationship)를 잘 대표할 수 있는 회귀모형(회귀선: regression line)을 찾게 해 주는 추정 방법은 OLS(Ordinary Least Square), GLS(Generalized Least Square), least absolute error estimator 등 다양하게 존재하며, 이들 추정 방법은 추정 상황(estimating situation)에 따라 각각의 장·단점을 가지고 있다. 그러나 일반적으로 사회과학에서 널리 쓰이는 모수의 추정 방법은 일반최소자승법

(OLS)이다.

이 방법은 종속변수(Y)의 관찰치(observed values)와 추정치(predicted values) 간의 차이(즉, 오차)의 자승합을 최소한으로 하는 회귀계수의 값을 구한다.

위에서 제시했던 모집단의 회귀모형과 표본회귀모형의 차이점을 살펴보면 모집단의 회귀모형에서 μ_i가 e_i로 변환되고 있음을 알 수 있다. 여기서 e_i는 잔차(residual)라고 하며, 관찰값과 예측값의 차이를 의미한다. 따라서 회귀모형과 표본회귀모형을 통해 계산해 보면 잔차의 공식은 다음과 같다.

$$e_i = y_i - \widehat{y_i}$$

향후 회귀모형의 기본 가정에서 설명하겠지만 $\sum\mu_i$, 즉 오차항의 합은 '0'이 된다. 따라서 표본회귀모형이 잔차의 합 $\sum e_i = 0$가 된다. 회귀분석에서는 몇 가지 가정을 따르는데, 이러한 조건들이 맞았을 때 일반적으로 BLUE(best linear unbias estimator)라고 한다.

잔차의 합이 '0'이라고 할 때 표본회귀모형 즉 $\widehat{Y} = \widehat{\alpha} + \widehat{\beta}X + e_i$에서 연구자가 구해야 할 통계량은 회귀계수인 $\widehat{\alpha}$와 $\widehat{\beta}$의 값이 된다.

3. 회귀분석의 기본 가정

표본 회귀모형을 통해 모집단의 회귀모형을 추리하기 위한 가장 일반적인 방법이 일반최소자승법이라고 설명했다. 따라서 일반최소자승법을 적용하기 위해서는 다음과 같이 변수의 유형과 자료의 분포에 대한 기본 가정을 충족시켜야 한다.

첫째, 회귀모형이 정확히 설정되어야 한다. 즉 독립변수와 종속변수의 관계는 선형, 즉 직선 관계여야 하며 모형에 포함해야 할 중요한 변수를 포함시키지 않거나 잘못된 변수를 포함시켜도 안 된다. 또한 중요한 변수가 회귀모형에서 빠져 있을 때 종속변수를 측정하는 데 독립변수가 설명하지 못하는 부분이 생긴다. 오차는 독립변수가 종속변수를 설명하지 못하는 부분이므로 이를 만족시키기 위해서는 오차항의 분포가 정규분포라는 가정을 만족시켜야 한다.

둘째, 독립변수와 종속변수는 모두 등간척도 및 비율척도 이상이 되어야 한다. 다만 다중회귀분석에서는 독립변수가 명목척도로 측정되었다 하더라도 '가변수(dummy)를 이용한 회귀분석'을 통해 분석이 가능하다.

셋째, 독립변수들 간에는 높은 상관 관계(다공선성: multicollinearity)가 존재하지 않아야 한다. 즉 다공선성이 존재할 경우 회귀계수를 잘못 추론할 수 있다.

넷째, 주어진 독립변수들의 값에서 나타나는 오차들은 서로 관계가 없어야 한다. 즉 오차항 간에 자기상관(autocorrelation)이 존재하지 말아야 한다.

다섯째, 독립변수의 변화에 따라 나타나는 종속변수의 분산은 모두 동일해야 한다는 등분산성(homoscedasticity)을 만족시켜야 한다.

제 3 절 회귀분석의 표본통계량

회귀분석은 독립변수가 변화할 때 종속변수가 얼마만큼 변화할 것인가를 예측하는 방법이라고 설명했다. 이 때 독립변수의 변화, 즉 증가 혹은 감소에 따라 종속변수가 어떻게 증가하고 감소할 것인가를 설명하는 통계량이 회귀계수($\hat{\beta}$)이다. 또한 회귀분석의 기본 가정에서 설명한 바와 같이 연구자가 설정한 회귀모형이 적합한 것인가를 검정해야 하는데, 이를 측정하는 통계량이 결정계수(R^2)이다.

따라서 이 절에서는 회귀모형의 적합도를 검정하는 통계량인 결정계수의 공식과 속성을 먼저 살펴보고, 회귀모형이 적합하다고 할 때 의미가 있는 회귀계수의 공식과 속성에 대해 설명하고자 한다.

1. 결정계수

1) 결정계수의 공식

회귀분석의 중요한 목적 중의 하나는 독립변수의 값으로부터 종속변수의 값을 예측하는 데 있다고 설명했다. 이러한 예측의 정확성을 측정하는 통계량이 결정계수(R^2)로 회귀모형이 적합한지를 밝혀 주는 통계량이라고 할 수 있다.

결정계수(coefficient of determination)는 제11장에서 설명한 상관계수(r)를 제곱한 값이다. 즉 회귀모형의 정확성이 높은지 혹은 낮은지를 판단하기 위해서는 독립변수와 종속변수 간의 상관 관계에 따라 달라진다고 할 수 있다.

따라서 결정계수를 이해하기 위해서는 전체 편차, 설명된 편차, 설명 안 된 편차에 대한 이해가 선행되어야 한다. 편차(deviation)란 일반적으로 관측치(Y)와 평균($\overline{Y}$) 간의 차이, 즉($Y-\overline{Y}$)를 의미한다. 그러나 [그림 12-2]와 같이 편차는 설명된 편차와 설명 안 된 편차로 구분할 수 있다.

[그림 12-2] 편차의 종류

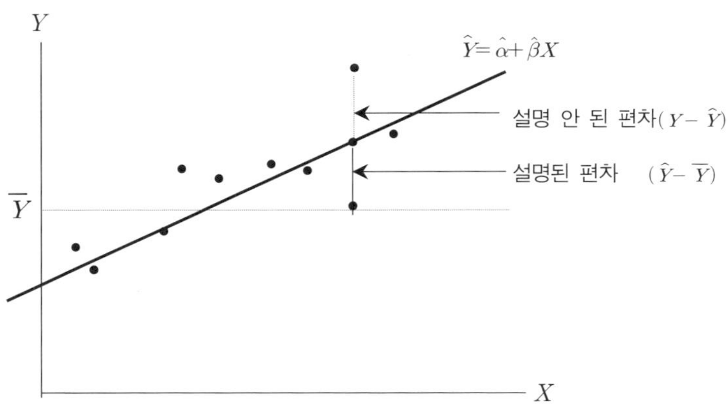

설명된 편차($\hat{Y}-\overline{Y}$)는 회귀선으로 설명할 수 있는 편차를 의미하며, 설명 안 된 편차는($Y-\hat{Y}$) 회귀선에 의해 설명되지 않고 남은 편차를 의미한다.

[그림 12-2]와 같이 총편차($Y-\overline{Y}$)는 설명된 편차와 설명 안 된 편차로 구성된다.

설명 안 된 편차($Y-\hat{Y}$)는 X로 설명할 수 없는 부분이고, 설명된 편차($\hat{Y}-\overline{Y}$)는 X로 Y가 설명되는 부분이며 회귀계수($\hat{\beta}$: 기울기)를 결정하는 부분이다.

총편차의 합, 즉 총자승합(sum of squares total: 이하 SST)은 설명된 편차의 합(혹은 설명된 자승합(sum of squares regression: 이하 SSR))과 설명 안 된 편차의 합(혹은 설명 안 된 자승합(sum of squares error: 이하 SSE))으로 구성된다.

SST(총자승합) = SSR(설명된 자승합) + SSE(설명 안 된 자승합)

결정계수는 회귀모형에 의해 설명되는 변동량(SSR)이 총자승합(SST)에서 차지하는 비율을 의미하고 이를 R^2으로 나타낸다.

$$R^2 = \frac{SSR}{SST}$$

설명 안 된 자승합(SSE)이 작을수록 설명된 자승합(SSR)이 커지므로 R^2이 크다는 의미는 회귀모형의 적합성이 높아진다는 것으로 해석할 수 있다.

2) 결정계수의 속성

결정계수는 회귀모형(회귀방정식)이 적합한지를 판단할 수 있게 해 주는 통계량으로 결정계수(R^2), 조정된 결정계수(adjusted R^2), F값 등을 주의 깊게 관찰해야 한다. 결정계수는 표본 회귀방정식이 실제 값에 얼마나 근접해 있는가를 보여 주는 통계량이므로 회귀분석에서 회귀모형의 적합도(goodness of fit)를 보여 주는 통계량이다. 이는 독립 변인들에 의해 설명된 종속 변인의 총분산의 비율을 계산함으로써 얻어질 수 있다.

결정계수는 몇 가지 독특한 속성을 갖고 있는데, 이를 간략히 설명하면 다음과 같다.

첫째, 결정계수의 범위는 '0'과 '1' 사이의 값을 가진다. 기호로 표기하면 $1 \le R^2 \le 1$의 범위를 갖는다. 일반적으로 결정계수의 값이 큰 모델은 회귀방정식(회귀선) 주위에 자료들이 밀접해 있다는 의미로서 독립변수와 종속변수 간의 관계를 잘 설명하고 있다고 분석할 수 있다. 예를 들어 $R^2=1$일 경우 회귀방정식의 회귀선상에 모든 표본 관찰치가 존재하고 있는 것이므로 회귀모형의 설명력은 100%가 될 수 있다. 반면 $R^2=0$일 경우에는 회귀모형이 적합하지 않다고 할 수 있다. 단순회귀분석에서 독립변수와 종속변수가 선형 관계가 아닐 수 있다.

둘째, 결정계수의 값이 크다고 해서 언제나 모형의 적합도가 높은 것은 아니다. 유의해야 할 사항은 회귀분석에서 처음 설정한 회귀모형에 독립변수를 추가시키면 결정계수는 지속적으로 커진다는 사실이다. 극단적으로 설명하면 종속변수와 유의하지 않은 독립변수를 많이 포함시키면 포함시킬수록 적은 독립변수를 포함시켰을 때보다 결정계수의 값이 커진다는 것을 알 수 있다. 따라서 결정계수(R^2)의 값이 크다고 해서 반드시 모형의 적합도까지 높은 것은 아니므로 주의 깊게 해석해야 한다.

이러한 결정계수의 문제점을 보완하기 위해 R^2보다는 '조정된 결정계수'를 사용하기도 한다. 독립변수가 하나씩 추가되었을 경우 결정계수(R^2)는 늘어나지만 조정된 결정계수는 줄어들 수 있다.

2. 회귀계수

1) 회귀계수의 공식(단순회귀분석)

회귀계수(regression coefficient)는 독립변수 X가 변화(증가 혹은 감소)

할 때 종속변수 Y가 어떻게 변화(증가 혹은 감소)되는가를 설명하는 통계량이다. 따라서 독립변수가 한 단위 변화할 때 종속변수의 변화량을 분석할 수 있게 된다.

$$\widehat{\beta_{y \cdot x}} = \frac{[\sum (X-\overline{X})(Y-\overline{Y})]/n-1}{[\sum (X-\overline{X})(X-\overline{X})]/n-1} = \frac{S_{x \cdot y}}{S_x^2}$$

위의 공식은 공분산과 상관계수를 설명할 때 제시했던 수식과 유사하다는 것을 알 수 있을 것이다. 즉 회귀계수 $\hat{\beta}$는 독립변수 X가 한 단위 변화할 때 종속변수 Y의 변화량을 나타낸다.

$\hat{\beta}$의 공식은 독립변수와 종속변수의 공분산$S_{x \cdot y}$을 독립변수 X의 분산S_x^2으로 나누어 준 값임을 알 수 있다. 따라서 단순회귀분석에서는 $\hat{\beta}$를 간편하게 계산하기 위해서 일반적으로 다음의 공식을 사용한다.

$$\hat{\beta} = \frac{S_{x \cdot y}}{S_x^2}$$

2) 속 성

단순회귀분석에서 회귀계수($\hat{\beta}$)는 두 변수의 공분산이 독립변수의 분산으로 나누어진 값임을 알 수 있다. 이 회귀계수는 독립변수가 한 단위 변화함에 따른 종속변수의 변화량을 나타낸다. 또한 회귀계수는 변수들 간의 인과 관계를 보여 주고, 다중회귀분석의 경우에는 변수들 간의 관계에서 허위성도 밝혀 줄 수 있다. 또한 회귀계수는 독립변수의 개수에 따라 두 변인 회귀계수(bivariate regression coefficient)와 다중회귀계수(multiple regression coefficient)로 구분된다. 또한 변수의 측정 단위가 Z점수로 표준화된 경우에 이 변수의 계수를 표준화된 회귀계수(standardized regression coefficient) 혹은 베타계수(beta coefficient)라고 명명한다.

제 4 절 유의성 검정

유의성 검정(significant test)은 우리가 표본으로부터 계산해 낸 결정계수나 회귀계수를 가지고 모집단의 모수(population parameter)를 추정하는 과정을 의미한다. 결정계수 및 회귀계수의 유의성 검정 과정은 제6장 추리통계학의 논리에서 설명한 바와 같이 가설검정 5단계에 따라 설명할 수 있으나 이 절에서는 간략히 설명하고자 한다.

1. 결정계수의 유의성 검정

결정계수의 유의성 검정은 독립변수들의 일부 혹은 전체가 종속변수에 유의한 영향을 미치는 것인가를 알아보는 과정이다.

첫째, 가설 설정 단계이다. 가설은 영가설과 대립가설로 설정된다.

$$H_0 : \rho^2_{y \cdot x} = 0$$

$$H_1 : \rho^2_{y \cdot x} > 0$$

$\rho^2_{y \cdot x}$(그리스 문자 rho): 모집단의 결정계수

영가설의 경우 결정계수는 통계적으로 의미가 없다는 것, 즉 독립변수가 종속변수의 변량을 설명하지 못한다는 것을 의미하며, 대립가설의 경우 결정계수는 통계적으로 유의하다는 의미로 적어도 하나 이상의 독립변수가 종속변수의 변량을 설명한다는 의미이다. 이 때 대립가설을 '0보다 크다'라고 설정한 이유는 결정계수의 경우 제곱된 값이므로 음(-)의 값이 없기 때문이다.

둘째, 표집분포의 결정 단계이다.

결정계수의 표집분포는 제9장 분산분석에서 설명한 바와 같이 분산값을

비교하는 것이므로 F분포를 따른다.

셋째, 임계치 결정 단계이다.

임계치는 유의 수준과 자유도에 따라 결정된다고 설명했다. 유의 수준은 연구자에 따라 자유롭게 결정될 수 있는 부분이며 일반적으로 0.05를 사용한다고 했다. 문제는 자유도(df)를 결정하는 부분인데 F분포의 경우 두 개의 자유도에 따라 분포이 모양이 결정된다고 설명했다.

결정계수의 유의성을 검정하는 자유도는 k(분모의 자유도)와 $n-k-1$(분자의 자유도)의 공식에 의해 결정된다. 이 때 k는 회귀모형에서 독립변수의 수를 의미하며, n은 사례 수를 의미한다.

예를 들어 유의 수준 0.05에서 10개의 사례를 가지고 단순회귀분석을 실시했다고 할 경우 임계치는 다음과 같다. 임계치(C.V)$=F(k,\ n-k-1)=F(1,\ 8)=5.32$이다.

넷째, 검정통계량을 유도하는 단계이다. 회귀분석에서 결정계수의 분포는 F분포를 따르므로 검정통계량 또한 F값이 유도되어야 한다. 결정계수의 검정통계량 계산 공식은 다음과 같다.

$$F = \frac{MSR}{MSE} = \frac{MSregression}{MSerror}$$

$$\text{MSR} = \text{회귀평균자승}$$

$$\text{MSE} = \text{오차평균자승}$$

즉, 결정계수의 검정통계량인 F값은 회귀평균자승(MSR)이 오차평균자승(MSE)보다 클 경우 F값은 1보다 커진다고 할 수 있으며 설명된 회귀식에 의해 설명된 부분이 오차항에 의해 설명된 분산보다 크다는 것을 의미하므로 회귀모형의 적합성을 분석하는 결정계수는 F값이 크면 클수록 회귀모형의 적합성은 높아진다고 할 수 있다.

이 때 MSR과 MSE의 계산 공식은 다음과 같다.

$$\text{MSR} = \frac{SSR}{k} = \frac{\text{회귀선에 의해 설명된 자승합}(SSR)}{\text{분모의 자유도}(k)}$$

$$\text{MSE} = \frac{SSE}{n-k-1} = \frac{\text{회귀선에 의해 설명되지 않은 자승의 합}(SSE)}{\text{분자의 자유도}(n-k-1)}$$

MSR(회귀평균자승)과 MSE(오차평균자승)의 속성을 이용해 회귀평균자승의 오차평균자승에 대한 비율(즉 F 비율)을 계산하며 그 비율의 기준치가 되는 '1'로부터 얼마나 유의적으로 떨어져 있는가를 알아보는 것이 결정계수의 검정통계량 값이다.

만일 F값이 1보다 크면 회귀평균자승 값이 오차평균자승 값보다 크다는 것과 독립변수들의 영향력이 유의하다는 것을 의미하므로 회귀모형은 적절하다고 할 수 있다.

다섯째, 분석 결과의 해석 단계이다. 즉 임계치와 검정통계치 F값을 비교해 검정통계치가 임계치보다 크면 영가설을 기각하고, 반대로 검정통계치가 임계치보다 작을 경우에는 영가설을 기각할 사유가 없다는 것으로 이해할 수 있다. 따라서 회귀모형의 적합성이 인정되려면 검정통계치가 임계치보다 커야 한다는 것이다.

2. 회귀계수의 유의성 검정

회귀모형에 대한 검정에서 통계적으로 유의하다는 판단이 내려지면 추정된 회귀식은 종속변수 Y값을 추정하는 데 사용될 수 있다. 그러나 유의해야 할 사항은 회귀모형이 유의하다고 해서 모든 독립변수가 종속변수에 영향을 준다는 의미는 아니라는 것이다. 즉 독립변수가 여러 개 있을 경우 하나만 유의해도 회귀모형은 적합하다는 결과가 나올 수 있기 때문이다.

따라서 회귀계수의 유의성 검정은 개별적인 독립변수들이 종속변수에 의미 있는 영향을 미치는지를 알아보기 위한 과정이라고 할 수 있다.

가설검정 5단계에 따라 회귀계수의 유의성 검정 과정을 살펴보면 다음과 같다.

첫째, 가설 설정 단계에서는 영가설과 대립가설을 설정한다.

$$H_0 : \beta = 0$$
$$H_1 : \beta \neq 0$$

영가설은 "독립변수 X가 종속변수 Y에 영향을 주지 않는다"는 의미이며, 대립가설은 "독립변수 X가 종속변수 Y에 영향을 준다"라는 의미이다. 따라서 표본의 회귀계수 값($\hat{\beta}$)이 '0'이 아니며, '0'보다 유의하게 크다면 독립변수가 종속변수에 영향을 미친다는 것을 예측할 수 있다. 반대로 표본의 회귀계수 값이 '0'이거나 '0'으로부터 유의하게 크지 못하다면 영가설을 잠정적으로 인정하게 된다. 결국 회귀계수의 유의성 검정이란 모집단의 회귀계수 값이 '0'일 확률이 어느 정도 되는가를 알아보는 과정이다.

둘째, 표집분포의 결정 단계이다. 회귀계수의 표집분포는 단일 평균검정에서와 같이 하나의 집단에 대한 검정 과정이므로 t분포를 따르게 된다. 따라서 뒤에서 설명하게 될 검정통계량도 t값을 갖게 된다.

셋째, 임계치의 유도 단계이다. 임계치는 유의 수준과 자유도에 의해 결정되며 유의 수준은 일반적으로 0.05를 사용한다고 했다. 따라서 회귀계수의 자유도 계산 공식은 다음과 같다.

회귀계수의 자유도(df) 공식 $= n-k-1$

n: 사례 수

k: 독립변수의 수

예를 들어, 유의 수준 0.05에서 사례 수가 10개인 단순회귀분석(독립변수 1개, 종속변수 1개)을 할 경우 임계치(C.V) = 1.860이 된다.

넷째, 검정통계량을 구하는 단계이다. 회귀계수의 유의성 검정은 t값을 가지며 이를 유도하는 공식은 다음과 같다.

$$t = \frac{\hat{\beta} - \beta}{S_{\hat{\beta}}}$$

$S_{\hat{\beta}}$: 회귀계수의 표준오차

위의 t값 유도 공식에서 $S_{\hat{\beta}}$(회귀계수의 표준오차)값만 알아내면 되는데, 이는 추정치의 표준오차 S_e와 독립변수 X의 표준편차인 S_X만 알면 된다. 회귀계수의 표준오차 공식은 다음과 같다.

$$S_{\hat{\beta}} = S_e \sqrt{\frac{1}{\sum (X_i - \overline{X})^2}}$$

다섯째, 회귀계수의 검정통계치 t값과 임계치를 비교해 t값이 임계치보다 크면 영가설 $H_0 : \beta = 0$을 기각하게 된다. 반면 t값이 임계치보다 작으면 영가설을 기각할 사유가 없어지므로 잠정적으로 채택하게 된다.

제 5 절 SPSS를 이용한 단순회귀분석의 실습

1. SPSS 이용 절차

단순회귀분석에 대한 SPSS의 실습은 주민 수(X)와 범죄 건수(Y)의 예를 활용해 설명하고자 한다. 범죄 건수(Y)에 주민 수(X)가 어느 정도의 영향을 주는가를 분석하기 위한 데이터는 제7장의 <표 7-1>에서 제시한 '우리 나라 일반 시의 주요 통계 자료'를 사용한다. 먼저 데이터 파일에서 '일반시 주요 통계_7장.sav' 파일을 불러 온다.

회귀분석을 실시한 결과를 통해 연구자가 얻을 수 있는 정보는 주민 수가 한 단위 증가할 때마다 범죄 건수는 어느 정도 증가하는지를 알 수 있으며,

[그림 12-3] 일반 시 주요 통계 데이터(인구 수와 범죄 건수)

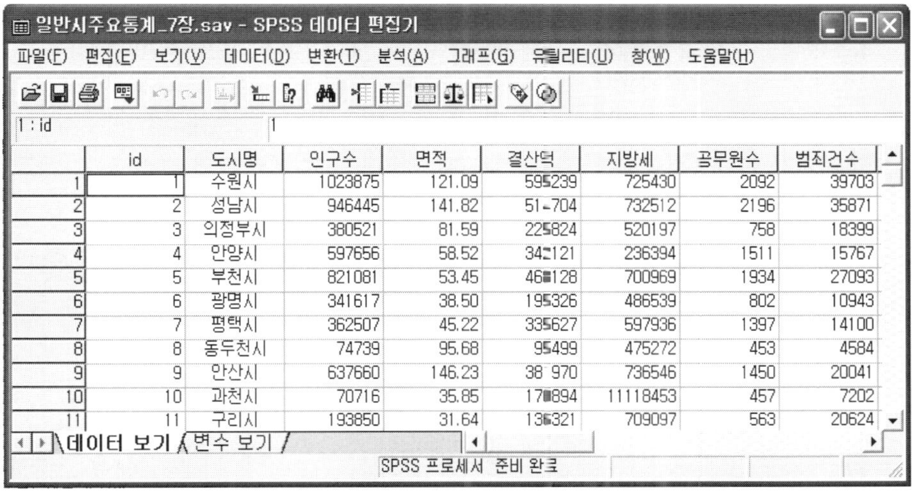

향후 인구 수가 현재보다 많이 증가했을 때 범죄 건수는 얼마만큼 증가할 것인가에 대한 예측정보도 얻을 수 있다.

SPSS를 이용해 단순회귀분석을 실시하기 위해서는 주 메뉴에서 분석

[그림 12-4] 단순회귀분석의 실행 절차

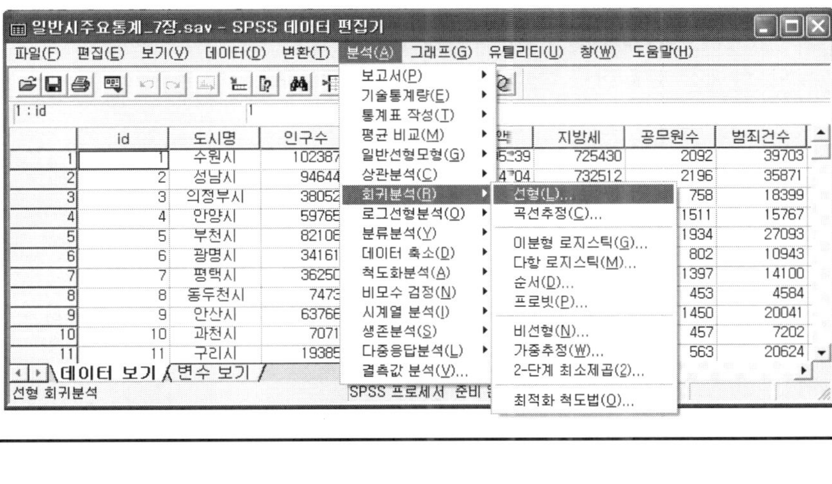

(A) → 회귀분석(R) → 선형(L)을 차례로 선택한다.

'선형(L)'을 선택하면 [그림 12-5]의 대화상자가 열린다. 왼쪽의 변수상자에서 '범죄 건수'를 오른쪽의 종속변수(D)로 옮기고(▶) '인구 수' 변수를 오른쪽의 독립변수(I) 쪽으로 이동(▶)시킨다.

[그림 12-5] 선형회귀분석의 대화상자

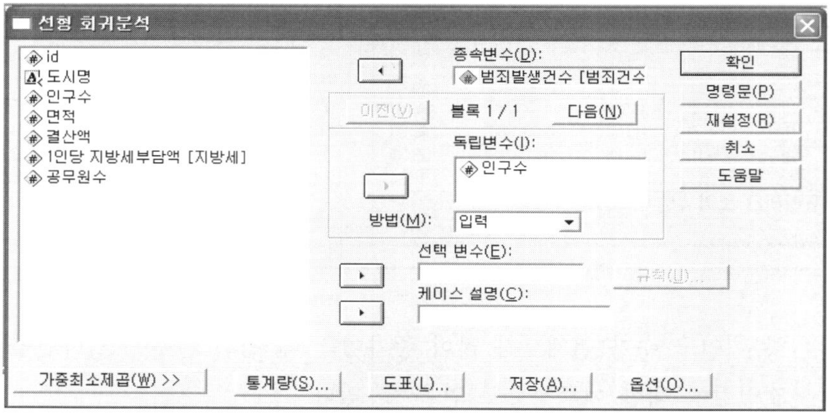

2. 표본통계량

회귀분석을 실시할 경우 회귀모형의 적합성 및 회귀계수의 유의성에 대한 정보가 중요하다고 설명했다. 이러한 정보는 [그림 12-5]의 아래쪽에 있는 '통계량(S)'을 클릭해 선택할 수 있다.

'통계량(S)'을 누르면 [그림 12-6]와 같은 '선형회귀분석: 통계량' 대화상자가 열린다.

[그림 12-6] 선형회귀분석 : 통계량 대화상자에는 회귀계수의 통계량, 잔차의 통계량, 그리고 모형적합(M), R제곱 변화량(S), 기술통계(D), 부분상관 및 편상관계수(P), 공선성 진단(L) 등의 메뉴가 있다.

이 절에서는 회귀계수의 유의성과 회귀모형의 적합성을 분석하기로 했

[그림 12-6] 선형회귀분석: 통계량 대화상자

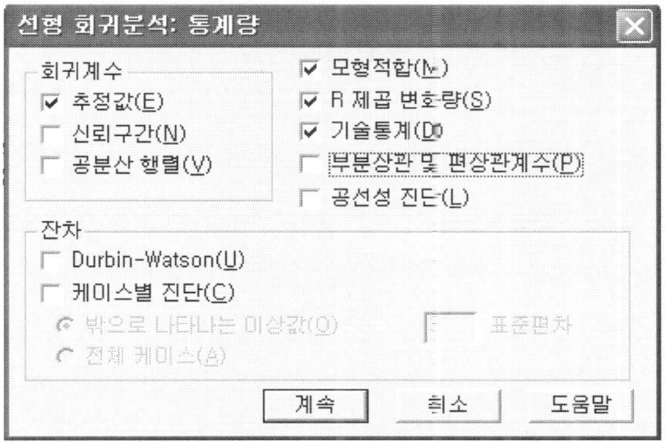

으므로 회귀계수 추정값(E), 모형적합(M), R제곱 변화량(S), 기술통계(D)만 선택하고 '계속'을 누른다. 참고로 다른 내용은 논의의 일관성을 위해 뒤의 절에서 추가적으로 설명하고자 한다. 위의 대화상자에서 선택한 통계량들에 대해 간략히 설명하면 다음과 같다.

첫째, 회귀계수의 추정값(E): 범죄 건수(Y)를 설명하는 주민 수(X)의 영향력과 관련된 통계량, 즉 회귀계수의 추정치를 구할 때 사용한다.

둘째, 모형적합(M): 연구자가 설정한 회귀모형이 적합한지의 여부를 분석하기 위한 통계량, 즉 다중 R(multiple R), 결정계수(R^2), 수정된R^2(Adjusted R^2), 표준오차 등의 정보를 제공해 주며, 분산분석표를 통해 자유도, 제곱합, 평균 제곱, F값 등을 분석해 준다.

셋째, R제곱 변화량(S): R^2 통계량의 변화량을 의미하는 것으로 회귀모형에서 독립변수를 추가하거나 삭제할 때의 변화량을 보여 준다. 특정 독립변수를 추가했을 때 R^2의 변화량이 크다는 것은 종속변수를 설명하는 좋은 변수라는 의미가 된다.

넷째, 기술통계(D): 독립변수와 종속변수의 평균, 표준편차, 사례 수 등을 보여 준다.

3. 단순회귀분석의 출력 결과 및 해석

1) 기술통계량

단순회귀분석의 기술통계량을 보면 독립변수와 종속변수 모두 사례 수는 각각 74개이며, 인구 수(X)의 평균값은 276,131.99명, 표준편차는 211,160.02건이고, 범죄 발생 건수(Y)의 평균값은 10460.19건수, 표준편차는 7796.27건임을 알 수 있다.

〈표 12-1〉 기술통계량

	평 균	표준편차	n
범죄 발생 건수	10460.19	7796.27	74
인구 수	276131.99	211160.02	74

2) 상관계수

인구 수와 범죄 발생 건수와의 상관관계분석은 <표 12-2>와 같다. 분석 결과를 보면 유의 수준 0.05에서 피어슨(Pearson) 상관계수는 +0.912로서 매우 높은 양(+)의 상관 관계가 있음을 알 수 있다. 유의 확률은 0.000으로 인구 수와 범죄 발생 건수 간의 상관 관계에 대해 통계적 유의성이 있음을 밝혀 주고 있다.

〈표 12-2〉 상관계수: 인구 수와 범죄 발생 건수

		범죄 발생 건수	인구 수
Pearson 상관	범죄 발생 건수	1.000	.912
	인구 수	.912	1.000
유의 확률(한쪽)	범죄 발생 건수	.	.000
	인구 수	.000	.
N	범죄 발생 건수	74	74
	인구 수	74	74

3) 독립변수의 진입 방법

[그림 12-5]의 선형회귀분석 대화상자에서 종속변수와 독립변수를 선택한 후 '확인'을 누르면 독립변수의 변수 선택 방법은 '입력 방법'으로 디폴트(초기 지정값)되어 있다. 단순회귀분석에서는 독립변수가 1개이므로 변수 선택 방법에 대해 고려할 사항이 없지만 다중회귀분석의 경우에는 독립변수들 중에서 종속변수에 영향력이 큰 변수들만을 가지고 회귀모형을 만드는 방법으로 입력 방법(Enter)[4] 이외에 단계 선택(Stepwise)[5], 제거(Remove),[6] 후진(Backward)[7], 전진(Forward)[8] 방법 등이 있다.

이 예시에서는 단순회귀분석을 사용하고 있으므로 입력 방법을 활용해 분석하고 있음을 보여 준다.

〈표 12-3〉 독립변수의 진입 · 제거된 변수[b]

모형	진입된 변수	제거된 변수	방법
1	인구 수[a]		입력

a. 요청된 모든 변수가 입력됨.
b. 종속변수: 범죄 발생 건수

4) 회귀모형의 적합성 분석: 결정계수 및 분산분석(F값)

회귀모형의 적합성을 분석하는 통계량인 R제곱(R^2)의 값은 0.831로 범죄 발생 건수(Y)의 변량 중에서 인구 수(X)가 83.1%를 설명한다는 것을 의미한다. 수정된 R 제곱의 값은 0.829이며 표준오차의 값은 3226.07임을 알 수 있다.

4) 입력 방법은 회귀모형에 모든 독립변수를 포함시키는 방법이다.
5) 단계 선택 방법은 독립변수들 중에서 종속변수에 영향을 크게 미치는 순서대로 변수를 선택해 회귀모형을 설정하는 방법이다.
6) 제거 방법은 지정한 변수들을 모두 제거하는 방법인데 이 방법을 사용하려면 반드시 제거할 변수들을 지정해야 한다.
7) 후진 제거 방법은 먼저 모든 변수를 진입시킨 후 제거 기준에 따라 한번에 하나씩 변수를 제거하는 방법이다.
8) 전방 진입법이라고도 하며, 진입 기준에 따라 한번에 하나씩 독립변수들을 진입시키는 방법이다.

또한 자유도 1(분모의 자유도)은 단순회귀분석이므로 '1'의 값이 도출되었으며 자유도 2(분자의 자유도)는 $n-k-1$의 식에 대입할 경우 '72'의 값을 얻게 되는 것이다.

〈표 12-4〉 모형 요약: 단순회귀분석의 결정계수

모형	R	R제곱	수정된 R제곱	추정값의 표준오차	통계량 변화량				
					R제곱 변화량	F변화량	자유도1	자유도2	유의확률 F변화량
	.912[a]	.831	.829	3226.07	.831	354.333	1	72	.000

a. 예측값:(상수), 인구 수.

일반적으로 다중공선성이 존재하지 않을 때 R^2의 값이 크면 회귀모형의 적합성은 높다고 설명했는데 이 부분은 분산분석에서 통계적으로 검정되어야 한다. <표 12-5>는 회귀모형이 통계적으로 유의한지를 검정하는 분산분석표이다.

검정통계량 F값은 354.333이며 유의 확률(p값 혹은 Signif F)은 0.000으로 유의 수준($\alpha=0.05$)보다 작으므로 회귀모형은 통계적으로 유의하다고 할 수 있다. 회귀분석의 기본 원리에서 검정통계량 F값의 공식은 다음과 같다고 설명했다. <표 12-5>의 값을 적용하면 다음과 같다.

$$F = \frac{MSR}{MSE} = \frac{MSregression}{MSerror} = \frac{3,688,000,000}{10,407,528} = 354.333$$

MSR = 회귀평균자승

MSE = 오차평균자승

또한 MSR과 MSE의 공식에 <표 12-5>의 값을 적용하면 다음과 같다.

$$\text{MSR} = \frac{SSR}{k} = \frac{3,688,000,000}{1} = 3,688,000,000.0\ (=3.688E+09)$$

$$\text{MSE} = \frac{SSE}{n-k-1} = \frac{749,341,981}{72} = 10,407,528$$

〈표 12-5〉 분산분석: 회귀모형의 유의성 검정

분산분스[b]

모형		제곱합	자유도	평균 제곱	F	유의 확률
1	선형회귀분석	3.688E+09	1	3.688E+09	354.333	.000[a]
	잔차	749341981	72	10407528		
	합계	4.437E+09	73			

a. 예측값: 상수, 인구 수.
b. 종속변수: 범죄 발생 건수.

5) 단순회귀분석의 회귀계수의 유의성 검정

앞에서 결정계수 및 분산분석을 통해 회귀모형의 적합성을 분석했다. 회귀모형이 잘 설정되었다는 것을 통계적으로 검정했다. 여기서는 회귀계수(기울기)의 값이 유의한지, 유의하다면 종속변수에 어느 정도의 영향을 미치는지를 분석해야 한다.

<표 12-6>에서는 회귀계수(비표준화 계수), 베타계수(표준화계수),[9] 회귀계수에 대한 t검정통계량과 유의 확률이 제시되어 있다. 회귀계수의 B값(비표준화계수)과 그 유의성을 판단해 주는 유의 확률(p값 혹은 Signif T)은 독립변수마다 주어진다. 이 예시에서는 독립변수가 하나이므로 하나만 제시되어 있다.

<표 12-6>에서 회귀계수의 유의 확률이 0.000으로 유의 수준($\alpha=0.05$)보다 작으므로 종속변수에 대한 독립변수는 유의하게 영향을 미친다고 할 수 있다. 이 때 독립변수가 유의하다고 판단되면 회귀계수의 부호(B값)를 토대로 종속변수와의 관계가 양(+)의 관계(positive)인지 혹은 음(−)의 관

9) 표준화된 회귀계수는 독립변수 X와 종속변수 Y의 값을 Z값으로 환산할 경우의 기울기를 의미한다. 표준화된 회귀계수는 다중회귀분석에서 여러 독립변수들을 상대적으로 비교할 경우에 주로 활용된다.

계(negative)인지를 분석해야 한다.

독립변수 X(인구 수)의 회귀계수 값은 0.03366(=3.366E-02)이며 회귀계수의 검정통계량인 t값은 18.824이고 유의 확률(p값 혹은 Signif T)은 0.000으로 유의 수준($\alpha=0.05$)보다 작으므로 이 회귀계수는 통계적으로 유의하다고 할 수 있다.

회귀계수를 토대로 추정 회귀식을 표현하면 다음과 같다.

$$\begin{aligned}\hat{Y} &= \hat{\alpha} + \hat{\beta}X \\ &= 1165.754 + 0.03366X\end{aligned}$$

위의 식을 인구 수(X)와 범죄 건수(Y)에 대한 회귀식으로 표현하면 다음과 같다.

$$\text{범죄 건수} = 1165.754 + 0.03366(\text{인구 수})$$

위 식의 의미는 인구 수(X)가 한 단위(1명) 증가할 때마다 범죄 건수(Y)는 0.03366건이 증가한다는 것을 나타낸다. 예를 들어 인구 수가 내년에 1,000명인 늘어난다고 가정한다면 범죄 건수는 33.66건이 증가될 것임을 예측할 수 있다.

〈표 12-6〉 회귀계수의 유의성 검정

계수[a]

모형		비표준화계수		표준화계수	t	유의 확률
		B	표준오차	베타		
1	(상수)	1165.754	620.035		1.880	.064
	인구 수	3.366E-02	.0002	.912	18.824	.000

a. 종속변수: 범죄 발생 건수.

제 6 절 SPSS를 이용한 다중회귀분석의 실습

1. SPSS 이용 절차

단순회귀분석에 대한 SPSS의 실습은 주민 수(X)와 범죄 건수(Y)의 예를 활용해 설명했다. 이 절에서는 우리 나라 74개 일반 시의 데이터를 토대로 종속변수인 결산액(Y)에 독립변수들인 인구 수(X_1), 면적(X_2), 1인당 지방세(X_3), 공무원 수(X_4) 등이 어느 정도의 영향을 미치는지를 분석하고자 한다. SPSS의 실습을 위한 데이터 파일은 '일반 시 주요 통계_7장.sav' 파일을 활용한다.

다중회귀분석을 실시할 경우 분석 결과를 통해 연구자가 얻을 수 있는 정보는 각 독립변수가 한 단위 증가할 때마다 결산액이 어느 정도 증가하는지를 알 수 있으며, 향후 독립변수들의 값들이 현재보다 증가할 때 결산

[그림 12-7] 일반 시 주요 통계 데이터(다중회귀분석)

	id	도시명	인구수	면적	결산액	지방세	공무원수	범죄건수
1	1	수원시	1023875	121.09	595[illegible]39	725430	2092	39703
2	2	성남시	946445	141.82	514[illegible]04	732512	2196	35871
3	3	의정부시	380521	81.59	225[illegible]24	520197	758	18399
4	4	안양시	597656	58.52	342[illegible]21	236394	1511	15767
5	5	부천시	821081	53.45	468[illegible]28	700969	1934	27093
6	6	광명시	341617	38.50	195[illegible]26	486539	802	10943
7	7	평택시	362507	45.22	335[illegible]27	597936	1397	14100
8	8	동두천시	74739	95.68	95[illegible]99	475272	453	4584
9	9	안산시	637660	146.23	381[illegible]70	736546	1450	20041
10	10	과천시	70716	35.85	170[illegible]94	11118453	457	7202
11	11	구리시	193850	31.64	136[illegible]21	709097	563	20624

액의 규모가 어느 정도 증감할 것인가에 대한 예측 정보를 얻을 수 있다.

SPSS를 이용해 다중회귀분석을 실시하기 위해서는 주 메뉴에서 분석(A) → 회귀분석(R) → 선형(L)을 차례로 선택한다.

[그림 12-8] 단순회귀분석의 실행 절차

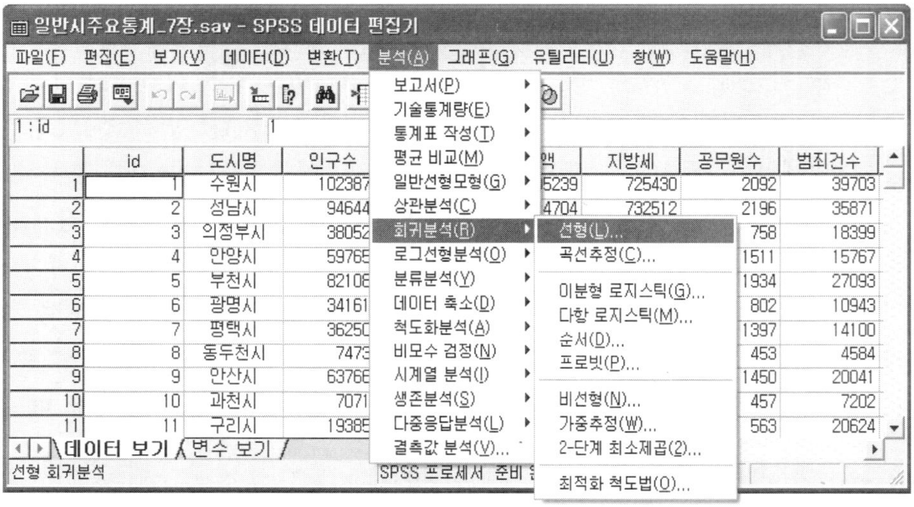

'선형(L)'을 선택하면 [그림 12-9]의 대화상자가 열린다. 왼쪽의 변수상자에서 '결산액'을 오른쪽의 종속변수(D)로 옮기고(▶) '인구 수', '면적', '지방세', '공무원 수' 등 네 가지 변수를 오른쪽의 독립변수(I) 쪽으로 이동(▶)시킨다. 종속변수와 독립변수들 간의 관계를 다중회귀모형(회귀식)을 설정하면 다음과 같다.

$$\hat{Y} = \hat{\alpha} + \hat{\beta}_1 X_1 + \hat{\beta}_2 X_2 + \hat{\beta}_3 X_3 + \hat{\beta}_4 X_4$$

$\hat{Y}$: 일반 시의 결산액

X_1 : 인구 수

X_2 : 일반 시의 면적

X_3 : 1인당 지방세 부담액

X_4 : 공무원 수

[그림 12-9] 선형회귀분석의 대화상자

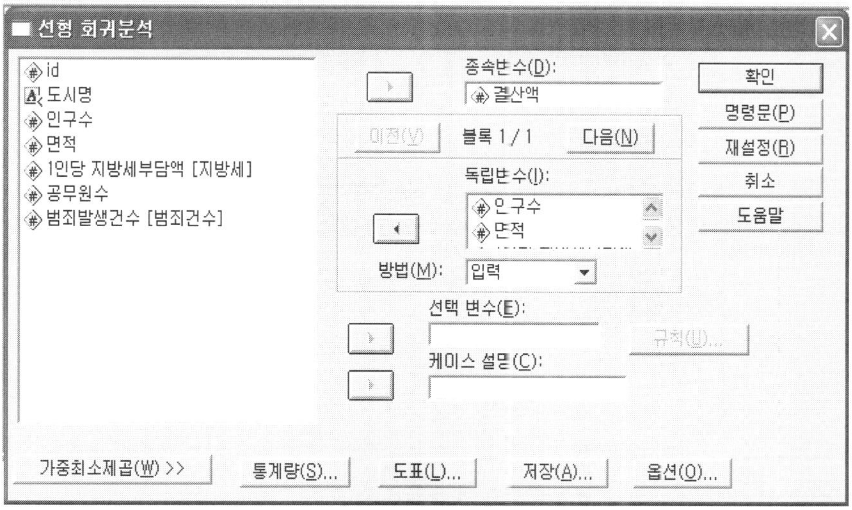

2. 표본통계량

앞서 회귀분석을 실시할 경우 회귀모형의 적합성 및 회귀계수의 유의성에 대한 정보가 중요하다고 설명했다. 이러한 정보는 [그림 12-9]의 아래쪽에 있는 '통계량(S)'을 클릭하여 선택할 수 있다. '통계량(S)'을 누르면 다음과 같은 [그림 12-10]의 '선형회귀분석: 통계량' 대화상자가 열린다.

[그림 12-10] '선형회귀분석: 통계량' 대화상자에는 회귀계수의 통계량, 잔차의 통계량, 그리고 모형 적합(M), R제곱 변화량(S), 기술통계(D), 부분상관 및 편상관계수(P), 공선성 진단(L) 등의 메뉴가 있다.

이 절에서는 회귀계수의 유의성과 회귀모형의 적합성을 분석하기로 했으므로 회귀계수 추정값(E), 모형 적합(M), R제곱 변화량(S), 기술통계(D)만 선택하고 '계속'을 누른다. 참고로 다른 내용은 논의의 일관성을 위해 뒤의 절에서 추가적으로 설명하고자 한다.

[그림 12-10] 선형회귀분석: 통계량 대화상자

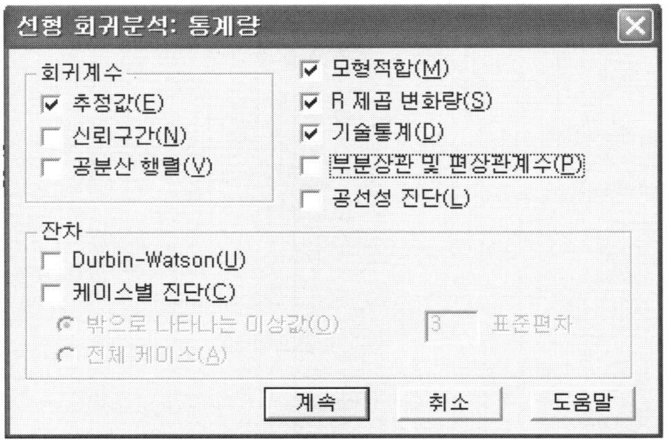

위의 대화상자에서 선택한 통계량에 대한 설명은 단순회귀분석의 실습 내용을 참고하기 바란다.

3. 다중회귀분석의 출력 결과 및 해석

1) 기술통계량

다중회귀분석의 기술통계량을 보면 독립변수와 종속변수 모두 사례 수는 각각 74개이며, 결산액(Y)의 평균값은 299,580.96백만 원, 인구 수(X_1)의 평균값은 276,131.99명, 면적(X_2)의 평균값은 492.25km^2, 1인당 지방세 부담액(X_3)의 평균값은 669,134.41원, 그리고 공무원 수(X_4)의 평균값은 1,031.42명임을 알 수 있다.

〈표 12-7〉 기술통계량(다중회귀분석)

	평균	표준편차	n
결산액	299580.96	152730.30	74
인구 수	276131.99	211160.02	74
면적	492.2597	369.8126	74
1인당 지방세 부담액	669134.41	1249209.06	74
공무원 수	1031.42	426.68	74

2) 상관계수

종속변수인 결산액(Y)과 독립변수들인 인구 수, 면적, 1인당 지방세 부담액, 공무원 수 간의 상관관계분석은 <표 12-8>과 같다. 유의 수준 0.05에서 상관관계분석 결과를 보면 다음과 같다.

첫째, 결산액과 인구 수 간의 피어슨(Pearson) 상관계수는 +0.586으로 높은 양(+)의 상관 관계가 있으며, 둘째, 결산액과 면적 간의 상관계수는 +0.127이지만 유의 확률이 0.140으로 유의 수준($\alpha=0.05$)보다 커서 통계적으로 의미가 없다. 셋째, 결산액과 1인당 지방세 부담액 간의 상관계수는 −0.073이지만 유의 확률이 0.269로서 유의 수준($\alpha=0.05$)보다 크므로 통계적으로 유의하지 않다. 넷째, 결산액과 공무원 수 간의 상관계수는 +0.672로 높은 양(+)의 상관 관계를 갖고 있으며, 유의 확률은 0.000으로 통계적으로 의미가 있다고 할 수 있다.

〈표 12-8〉 상관계수

		결산액	인구 수	면적	1인당 지방세 부담액	공무원 수
Pearson 상관	결산액	1.000	.586	.127	−.073	.672
	인구 수	.586	1.000	−.279	−.056	.800
	면적	.127	−.279	1.000	−.195	.103
	1인당 지방세 부담액	−.073	−.056	−.195	−.161	−.161
	공무원 수	.672	.800	.103	.269	−1.000

유의 확률(한쪽)	결산액	.	.000	.140	.317	.000
	인구 수	.000	.	.008	.048	.000
	면적	.140	.008	.	.	.192
	1인당 지방세 부담액	.269	.317	.048	.085	.085
	공무원 수	.000	.000	.192		.
n	결산액	74	74	74	74	74
	인구 수	74	74	74	74	74
	면적	74	74	74	74	74
	1인당 지방세 부담액	74	74	74	74	74
	공무원 수	74	74	74	74	74

3) 독립변수의 진입 방법

독립변수의 변수 선택 방법은 '입력(Enter) 방법'으로 디폴트(초기 지정값)되어 있다고 단순회귀분석에서 설명했다. 이 예시에도 입력 방법 방식에 따라 분석했으며, 기타 자세한 입력 방법은 단순회귀분석의 내용을 참고하기 바란다.

〈표 12-9〉 독립변수의 진입 · 제거된 변수[b]

모형	진입된 변수	제거된 변수	방법
1	공무원 수, 면적, 1인당 지방세 부담액, 인구 수[a]	.	입력

a. 요청된 모든 변수가 입력됨.
b. 종속변수: 결산액.

4) 회귀모형의 적합성 분석: 결정계수 및 분산분석(F값)

<표 12-10>에서와 같이 회귀모형의 적합성을 분석하는 통계량인 R제곱(R^2)의 값은 0.478로 나타나서 결산액(Y)의 변량 중에서 독립변수 4개가 투입된 종속변수(Y: 결산액)의 전체 설명력은 47.8%라고 할 수 있다.

제1 자유도($df=k$)는 다중회귀분석에서 독립변수의 개수를 의미하므로 '4'가 되며, 제2 자유도는($df=n-k-1$)의 식에 대입할 경우 '69'의 값을 얻게 되는 것이다.

〈표 12-10〉 모형요약: 다증회귀분석의 결정계수

모형 요약

모형	*R*	*R*제곱	수정된 *R*제곱	추정값의 표준오차	통계량 변화량				
					*R*제곱 변화량	F변화량	자유도1	자유도2	유의확률 F변화량
1	.691[a]	.478	.448	113495.27	.478	15.799	4	69	.000

a. 예측값:(상수), 공무원 수, 면적, 1인당 지방세 부담액, 인구 수

일반적으로 다중공선성이 존재하지 않을 때 R^2의 값이 크면 회귀모형의 적합성은 높다고 설명했는데 이 부분은 분산분석에서 통계적으로 검정되어야 한다. <표 12-11>은 회귀모형이 통계적으로 유의한지를 검정하는 분산분석표이다.

검정통계량 F값은 354.333이며 유의 확률(p값 혹은 Signif F)은 0.000으로 유의 수준($\alpha=0.05$)보다 작으므로 회귀모형은 통계적으로 유의하다고 할 수 있다. 회귀분석의 기본 원리에서 검정통계량 F값의 공식은 다음과 같다고 설명했다. <표 12-11>의 값을 적용하면 다음과 같다.

$$F=\frac{MSR}{MSE}=\frac{MSregression}{MSerror}=\frac{203,500,000,000}{12,880,000,000}=15.799$$

$$\text{MSR} = \text{회귀평균자승}$$

$$\text{MSE} = \text{오차평균자승}$$

또한 MSR과 MSE의 공식은 다음과 같다고 설명했다. <표 12-11>의 값을 적용하면 다음과 같다.

$$\text{MSR} = \frac{SSR}{df(k)} = \frac{814,000,000,000}{4} = 203,500,000,000(=2.035\text{E}+11)$$

$$\text{MSE} = \frac{SSE}{df(n-k-1)} = \frac{888,800,000,000}{69} = 12,880,000,000$$
$$(=1.288\text{E}+10)$$

〈표 12-11〉 분산분석: 회귀모형의 유의성 검정

분산분석[b]

모 형	제곱합	자유도	평균 제곱	F	유의 확률
선형회귀분석	8.140E+11	4	2.035E+11	15.799	.000[a]
잔차	8.888E+11	69	1.288E+10		
합계	1.703E+12	73			

a. 예측값:(상수), 공무원 수, 면적, 1인당 지방세 부담액, 인구 수.
b. 종속변수: 결산액

5) 회귀계수의 유의성 검정(다중회귀분석)

앞에서 결정계수 및 분산분석을 통해 회귀모형의 적합성을 분석했다. 회귀모형이 잘 설정되었다는 것이 통계적으로 검정되었는데, 여기에서는 독립변수들의 회귀계수(기울기) 값이 유의한지를 분석하고, 통계적으로 유의하다면 종속변수에 어느 정도의 영향을 미치는지를 분석해야 한다.

<표 12-12>에서는 회귀계수(비표준화 계수), 베타계수(표준화계수), 회귀계수에 대한 t검정통계량과 유의 확률이 제시되어 있다. 회귀계수의 B값(비표준화계수)과 그 유의성을 판단해 주는 유의 확률(p값 혹은 Signif T)은 각 독립변수들마다 주어진다.

먼저 결산액(Y)에 영향을 미칠 것으로 예상된 네 가지 독립변수들의 계수가 통계적으로 유의한지를 검정해야 한다.

<표 12-12>에서 제시된 바와 같이 '인구 수(X_1)'의 계수는 0.222이고 유의 확률은 0.099로서 유의 수준($\alpha=0.05$)보다 크므로 통계적으로 유의하지 않다. '면적(X_2)'의 계수는 73.655이며, 회귀계수의 유의 확률은 0.113으로 유의 수준($\alpha=0.05$)보다 크므로 통계적으로 유의하지 않다. '1인당 지방세

부담액(X_3)'의 계수는 5.670E-03이며 유의 확률은 0.606으로 유의 수준(α=0.05)보다 크므로 통계적으로 유의하지 않다. '공무원 수(X_4)의 계수는 149.287이며 유의 확률은 0.021로서 유의 수준(α=0.05)보다 작으므로 종속변수에 대한 독립변수는 유의하게 영향을 미친다고 할 수 있다.

〈표 12-12〉 회귀계수의 유의성 검정

계수[a]

모형		비표준화 계수		표준화계수	t	유의 확률
		B	표준오차	베타(β)		
1	(상수)	44684.280	41155.577		1.086	.281
	인구 수	.220	.132	.305	1.671	.099
	면적	73.655	45.830	.178	1.607	.113
	1인당 지방세 부담액	5.670E-03	.011	.046	.517	.606
	공무원 수	149.287	63.233	.417	2.361	.021

a. 종속변수: 결산액.

참고로 비표준화계수의 표준오차는 회귀계수가 하나의 확률적 분포로서 추정된 값이므로 오차가 있을 수 있으며, 회귀계수는 이 분포상의 평균값으로 도출되는 것이다. 또한 표준화계수 베타(β)는 회귀계수를 표준화한 값으로서 회귀계수의 중요도를 나타내 주는 값이다. 독립변수들 간에 단위가 다를 경우 회귀계수만으로 종속변수에 대한 영향력을 판단하기는 어렵기 때문에 단위를 표준화해 회귀계수를 도출한 값으로서 독립변수들의 상대적 영향력을 나타내 주는 값이다. 위의 예시에서는 공무원 수의 베타 계수가 가장 크므로 종속변수(Y)에 대한 설명력이 가장 높은 변수임을 알 수 있다. 위의 예시에서 '공무원 수'를 제외한 나머지 변수들이 유의하지 않으므로 결산액(Y)과 공무원 수(X) 간의 단순회귀분석을 실시한 것과 설명력에서는 큰 차이가 없다는 것을 알 수 있다.

회귀계수를 토대로 추정 회귀식을 표현하면 다음과 같다.

$$\hat{Y} = \hat{\alpha} + \hat{\beta}_1 X_1 + \hat{\beta}_2 X_2 + \hat{\beta}_3 X_3 + \hat{\beta}_4 X_4$$

$$\hat{Y} = 44,684.28 + 0.22 X_1 + 73.655 X_2 + 0.005607 X_3 + 149.287 X_4$$

이해를 높이기 위해 위의 식을 변수명을 중심으로 회귀식으로 표현하면 다음과 같다.

결산액 = 44,684 + 0.22(인구 수) + 73.65(면적) + 0.0056(지방세) + 149.28(공무원 수)

위 식에서 공무원 수만 의미가 있으므로 이를 통해 해석하면, 공무원 수가 한 단위(1명) 증가할 때마다 결산액(Y)은 149.28백만 원이 증가한다는 것을 예측할 수 있다.

제 7 절 단계 선택 방법에 의한 다중회귀분석

1. 단계 선택 방법

단계 선택 방법(stepwise method)은 단순회귀분석의 실습에서 설명한 바와 같이 종속변수(Y)에 대한 설명력이 높은 변수별로 독립변수를 투입시키는 방식이다. 분석 결과에서 공무원 수(X_4)의 설명력이 가장 높았기 때문에 단계 선택 방법에 의한 다중회귀분석을 실시하면 독립변수들 중에서 공무원 수가 가장 먼저 투입되고 나머지 변수들이 하나씩 투입될 것임을 예측할 수 있다.

여기서는 단계 선택 방법에 의한 다중회귀분석을 실시해 위의 진입 방식과 결과를 비교해 어떠한 차이가 있는지를 살펴보고자 한다.

단계 선택 방법을 통한 분석을 하기 위해서는 [그림 12-11]과 같이 선형

[그림 12-11] 선형회귀분석(독립변수 투입 방법: 단계 선택)

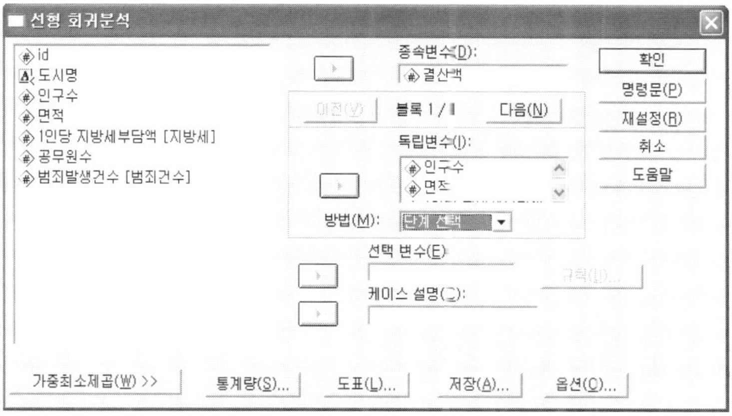

회귀분석 대화상자에서 방법(M)의 열어 있는 (▼)를 눌러 '단계 선택'을 누르면 된다.

[그림 12-11]의 아래쪽에 있는 통계량을 선택하면 [그림 12-12]의 통계량 대화상자가 활성화된다. 단순회귀분석에서도 설명했지만 통계량은 회귀계수, 잔차, 모형 적합, 결정계수(R 제곱변화량), 공선성 진단 등의 값을 분

[그림 12-12] 선형회귀분석: 통계량

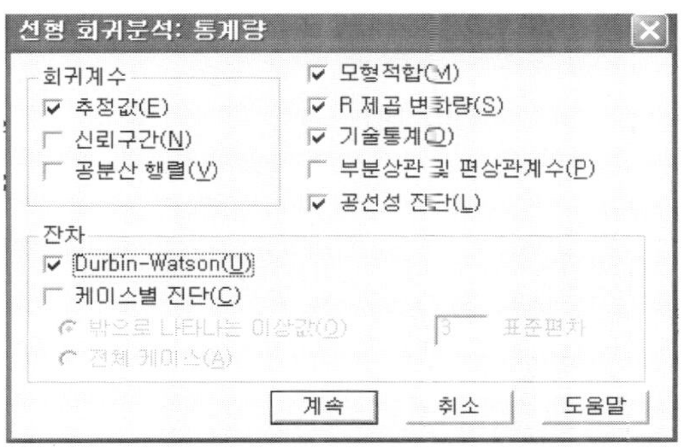

석할 수 있다. 앞서 분석한 단순회귀분석과 다중회귀분석에서는 설명의 일관성을 위해 잔차 및 공선성 진단을 하지 않았으나, 여기에서는 설명을 추가하고자 한다.

잔차와 공선성에 대한 간단한 설명은 다음과 같다.

잔차(residuals)에서 더빈-왓슨(Durbin-Watson)은 변수들 간에 자기상관이 존재하는지를 검정할 수 있는 통계량을 의미한다. 공선성 진단은 변수들 간의 다중공선성(collinerarity)을 분석할 수 있는 통계량으로 분산 팽창요인(VIF) 공차 한계, 고유근의 값, 상태지수, 분산 비율 등을 제시해 준다.

2. 출력 결과 및 해석(단계 선택 방법)

기술통계량과 변수 간 상관계수는 <표 12-7> 및 <표 12-8>과 동일하며, <표 12-13>과 같이 독립변수의 진입 방법에서 차이가 있다. <표 12-13>의 방법에서와 같이 단계 집입 방법의 기준은 독립변수의 유의성을 분석해 F값이 유의 수준(α=0.05)보다 작으면 진입을 시키고 유의 수준(α=0.05)보다 크면 제거하고 있다.

입력 방식에 의한 다중회귀분석에서는 4개의 독립변수가 모두 투입되었으나 공무원 수 변수만 유의하고 나머지 변수는 종속변수를 설명하는 데 유의하지 않은 것으로 나타났다. 그러나 단계 선택 방법에 의한 다중회귀분석을 실시하면 <표 12-13>과 같이 통계적 유의성이 없는 변수를 자동으로 선별해 회귀모형을 산출한다.

〈표 12-13〉 독립변수의 진입 · 제거된 변수(단계 선택 방법)

진입/제거된 변수[a]

모형	진입된 변수	제거된 변수	방 법
1	공무원 수	.	단계 선택(기준: 입력할 F의 확률 <=.050, 제거할 F의 확률>=.100

a. 종속변수: 결산액

회귀모형의 적합성을 설명하는 결정계수(R 제곱)를 보면 <표 12-14>와 같이 '공무원수' 변수 하나만으로도 종속변수를 0.451(45.1%) 설명한다. (위의 입력 방식에 의한 결정계수는 47.8%였음). *F*값은 59.215이며, 자유도는 1과 72이고 유의 확률은 0.000으로 회귀모형은 적합하다고 할 수 있다.

따라서 회귀모형은 단순회귀분석과 같이 설정할 수 있다.

결산액 = 51564.16 + 240.462(공무원 수)

〈표 12-14〉 단계 입력 방법에 의한 다중회귀분석의 결과

모형 요약[b]

모형	R	R제곱	수정된 R제곱	추정값의 표준오차	통계량 변화량					Durbin-Watson
					R제곱 변화량	F 변화량	자유도 1	자유도 2	유의 확률 F변화량	
1	.672[a]	.451	.444	113918.63	.451	59.215	1	72	.000	1.712

a. 예측값: (상수), 공무원 수.
b. 종속변수: 결산액.

분산분석[b]

모형		제곱합	자유도	평균 제곱	F	유의 확률
1	선형회귀분석	7.685E+11	1	7.685E+11	59.215	.000[a]
	잔차	9.344E+11	72	1.298E+10		
	합격	1.703E+12	73			

a. 예측값:(상수), 공무원 수.
b. 종속변수: 결산액.

계수[a]

모 형		비표준화 계수		표준화계수	t	유의 확률	공산성 통계량	
		B	표준오차	베타			공차 한계	VIF
1	(상수)	51564.169	34844.882	.672	1.480	.143		
	공무원 수	240.462	31.249		7.695	.000	1.000	1.000

a. 종속변수: 결산액.

제외된 변수[b]

모 형		진입-베타	t	유의 확률	편상관	공선성 통계량		
						공차 한계	VIF	최소공차 한계
1	인구 수	.135[a]	.925	.358	.109	.360	2.780	.360
	면적	.059[a]	.665	.508	.079	.989	1.011	.689
	1인당 지방세 부담액	.036[a]	.409	.684	.049	.974	1.027	.974

a. 모형 내의 예측값:(상수), 공무원 수.
b. 종속변수: 결산액.

3. 다중공선성의 진단

다중공선성이란 회귀모형에서 독립변수들 간에 완전한 상관 관계 혹은 높은 상관 관계가 존재하는 것을 의미한다. 다중공선성은 회귀계수의 계산이 불가능해지거나 회귀계수의 유의성 검정통계량인 t값이 작아져서 중요한 변수임에도 불구하고 통계적으로 유의하지 않은 상태로 변환되는 것을 의미한다.

일반적으로 다중공선성을 진단하는 방법은 결정계수(R 제곱)와 F값은 유의하나 t값과 유의 확률(Signif T)이 유의하지 않을 경우에는 다중공선성을 의심해야 한다. 또한 다중공선성을 진단하는 통계량은 VIF(Variance Inflation Factor)값이 10 이상일 때 공선성이 높다고 할 수 있다.[10)]

다중공선성이 존재할 경우 일반적인 치유 방법은 사례 수를 증가시키거나 다중공선성이 존재하는 두 변수 중에서 한 변수만을 사용해야 한다.

다중공선성 진단 방법 중에서 고유값(eigenvalue)과 상태 지수(conditional index), 그리고 고유값에 대한 분산 비율(variance proportion)을 통해 진단할 수도 있다. 독립변수들 간에 공선성이 존재하면 특정 고유값이 다른 고유값들보다 큰 값을 가지게 되며 이로 인해 상태 지수가 현저하게

10) 분산 팽창 요인 VIF는 공차 한계의 역수로 계산이 된다. 즉 공차 한계가 0.1보다 작거나 VIF가 10보다 크면 공선성이 존재한다고 할 수 있다.

커지면 공선성을 의심해야 한다. 이 예시에서는 독립변수들 간에 상관 관계는 다소 높은 변수들이 존재하지만 공선성을 의심할 정도는 아니다.

〈표 12-15〉 공선성 진단[a]

모형	차원	고유값	상태 지수	분산 비율 (상수)	분산 비율 공무원 수
1	1	1.925	1,000	.04	.04
	2	7.503E-02	5,065	.96	.96

a. 종속변수: 결산액.

4. 잔차분석

잔차분석은 회귀분석의 기본 가정들을 충족시키는지의 여부를 확인하기 위한 것이다. 회귀분석의 기본 가정들 중에서 이 절에서는 등분산성과 정규분포성에 대한 가정들을 살펴보고자 한다.

첫째, 등분산성: 등분산성을 확인하기 위해서는 [그림 12-11]의 아래쪽에 있는 '도표'를 클릭하면 [그림 12-13]와 같은 도표 대화상자가 활성화된다. [그림 12-13]의 대화상자에서 왼쪽에 있는 잔차변수들 중에서 '*ZRESID'를 오른쪽으로 이동(▶)해 'Y'에 입력하고, '*ZPRED'를 'X'로 이동(▶)시킨

[그림 12-13] 선형회귀분석: 도표

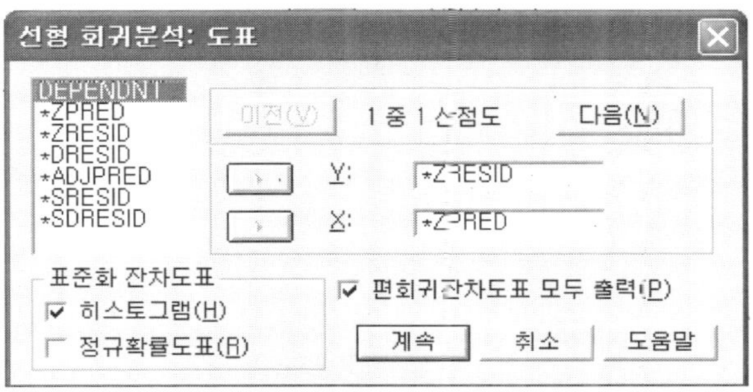

후 확인을 누르면 다음과 같은 [그림 12-14]의 잔차의 산점도가 산출된다.

[그림 12-14]과 같이 종속변수인 '결산액'에 대한 회귀표준화 잔차(ZRESID)와 회귀표준화 예측값(ZPRED)이 표시되어 있다. 이 산점도를 통해 등분산성에 대한 가정을 만족시키는지의 여부를 검토해 볼 수 있다.

첫째, 만일 두 변수 간에 직선 관계가 존재한다면 산점도상의 잔차와 예측값 간에 관련성이 나타나지 않아야 한다. 만일 산점도가 일정한 형태를 갖고 있다면 두 변수 간의 관계는 직선 관계가 아니라는 것임을 알 수 있다.

둘째, 등분산성의 가정을 충족시키기 위해서는 회귀표준화 예측값(ZPRED)의 변화에 따라 산점도상의 점들이 일정한 분포를 갖고 있어야 한다. 그러나 현실적으로 산점도를 통해 등분산성을 검정하기는 쉽지 않다. 아래의 [그림 12-14]을 보면 종속변수의 크기와 오차의 분산을 나타내 주는 산점도에서 예측치가 커져도 오차의 분산이 커지거나 작아지지 않는 분포를 이루고 있는 것을 알 수 있다. 즉 '0'을 중심으로 고루 퍼져 있다고 할

[그림 12-14] 잔차의 산점도(종속변수: 결산액)

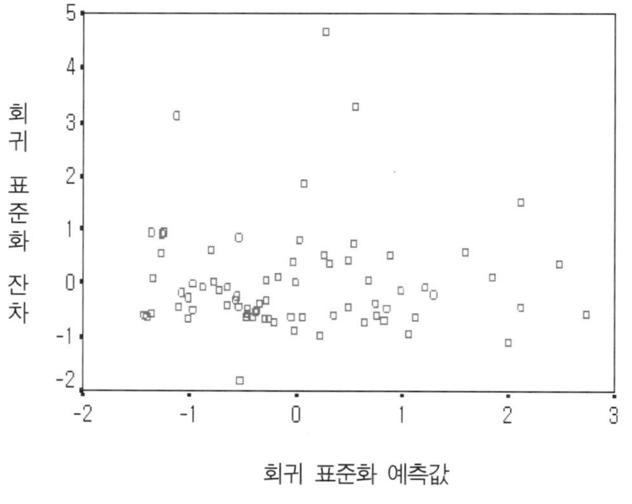

〈표 12-16〉 잔차 통계량[a]

	최소값	최대값	평균	표준편차	N
예측값	153519.95	579618.13	299580.96	102600.51	74
잔차	-205703.88	530877.44	9.44E-12	113135.67	74
표준화 예측값	-1.424	2.729	.000	1.000	74
표준화 잔차	-1.806	4.660	.000	.993	74

a. 종속변수 : 결산액.

수 있어 잔차의 분산은 등분산성을 유지하고 있다고 판단할 수 있다.

잔차분석에서 잔차항을 표준화한 잔차는 평균이 '0'이며 표준편차가 '1'이어야 하는데 <표 12-16>을 보면 표준편차가 0.993으로 '1'보다 약간 작게 나타나고 있음을 알 수 있다. 이는 [그림 12-15]에서 보는 바와 같이 분포의 중심 부분에 약간 몰려 있는 분포라고 할 수 있다.

[그림 12-15] 히스토그램(종속변수: 결산액)

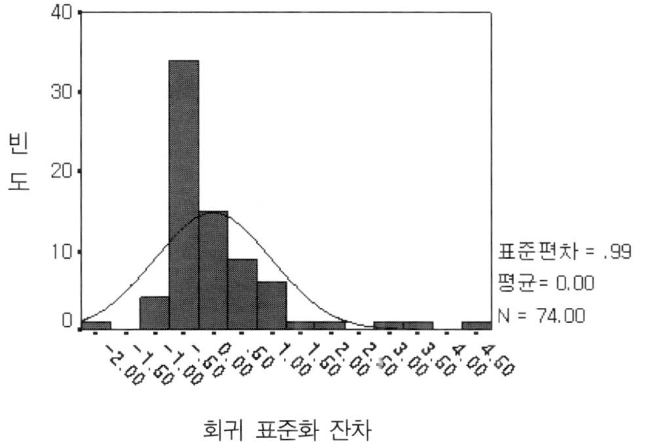

단원 요약

1. 회귀분석은 독립변수가 종속변수에 미치는 영향을 분석하거나 독립변수를 이용해 종속변수를 예측하고자 할 경우에 사용하는 방법이다.
2. 독립변수의 수에 따라 회귀분석을 분리해 설명하는데, 독립변수가 1개이고 종속변수가 하나인 경우를 단순회귀분석(simple regression analysis)이라고 하며, 독립변수가 2개 이상이고 종속변수가 하나인 경우를 다중회귀분석(multiple regression analysis)이라고 한다.
3. 선형회귀모형(linear regression model)이란 종속변수를 독립변수의 선형함수 관계로 나타내는 모형을 의미한다.
4. OLS(Ordinary Least Square: 최소자승법)는 독립변수 X와 종속변수 Y의 선형적 관계(linear relationship)를 잘 대표할 수 있는 회귀모형(회귀선: regression line)을 찾게 해 주는 추정 방법을 말한다.
5. 회귀분석의 기본 가정은 다음과 같다. 첫째, 회귀모형이 정확히 설정되어야 한다. 둘째, 독립변수와 종속변수는 모두 등간척도 및 비율척도 이상이 되어야 한다. 셋째, 독립변수들 간에는 높은 상관 관계(다공선성: multicollinearity)가 존재하지 않아야 한다. 넷째, 주어진 독립변수들의 값에서 나타나는 오차들은 서로 관계가 없어야 한다. 다섯째, 독립변수의 변화에 따라 나타나는 종속변수의 분산은 모두 동일해야 한다는 등분산성(homoscedasticity)을 만족시켜야 한다.
6. 독립변수의 변화, 즉 증가 혹은 감소에 따라 종속변수가 어떻게 증가하고 감소할 것인가를 설명하는 통계량은 회귀계수($\hat{\beta}$)이고, 회귀모형이 적합한 것인가를 검정할 수 있는 통계량은 결정계수(R^2)이다.
7. 결정계수의 특성은 다음과 같다. 첫째, 결정계수의 범위는 '0'과 '1' 사이의 값을 가진다. 둘째, 결정계수의 값이 크다고 해서 언제나 모형의 적합도가 높은 것은 아니다. 이러한 결정계수의 문제점을 보완하기 위해 R^2보다는 '조정된 결정계수(adjusted R^2)'를 사용하기도 한다.

연습 문제

1. 회귀분석의 사용 목적을 설명하시오
2. 회귀분석의 기본 가정에 대해 설명하시오.
3. 결정계수의 속성에 대해 설명하시오
4. 회귀계수의 속성에 대해 설명하시오
5. 결정계수의 유의성 검정에서 F값의 공식을 설명하시오.
6. 사회 현상에서 발견되는 단순회귀분석의 예시를 3개만 제시하시오.
7. 사회 현상에서 발견되는 다중회귀분석의 예시를 통해 회귀모형을 설정해 보시오.
8. '일반 시 주요 통계_7장.sav' 데이터를 활용해 인구 수와 공무원 수 간의 관계를 SPSS를 이용해 단순회귀분석을 실시하고 분석 결과를 제시하시오.
9. '일반 시 주요 통계_7장.sav' 데이터를 활용해 종속변수를 범죄 건수(Y)로 하고 독립변수를 인구 수(X), 면적 변수로 해서 SPSS를 이용한 다중회귀분석을 실시하고 분석 결과를 제시하시오.

〈1〉 그리스 문자 읽는 법 / 263

〈2〉 표준정규분포표 / 264

〈3〉 t분포표 / 265

〈4〉 F분포표(α=0.01) / 266

〈5〉 F분포표(α=0.05) / 267

〈6〉 χ^2분포표 / 268

<1> 그리스 문자 읽는 법

그리스 문자			
대문자	소문자	발 음	발음 기호
A	α	알 파	[alpha]
B	β	베 타	[beta]
Γ	γ	감 마	[gamma]
Δ	δ	델 타	[delta]
E	ϵ	엡실론	[epsilon]
Z	ζ	제 타	[zeta]
H	η	에 타	[eta]
Θ	θ	세 타	[theta]
I	ι	이오타	[iota]
K	κ	카 파	[kappa]
Λ	λ	람 다	[lambda]
M	μ	뮤	[mu]
N	ν	누	[nu]
Ξ	ξ	자 이	[xi]
O	o	오미크론	[omicron]
Π	π	파 이	[pi]
P	ρ	로	[rho]
Σ	σ	시그마	[sigma]
T	τ	타 우	[tau]
Y	υ	웁실론	[upsilon]
Φ	ϕ	파 이	[phi]
X	χ	카 이	[chi]
Ψ	ψ	사 이	[psi]
Ω	ω	오메가	[omega]

<2> 표준정규분포표

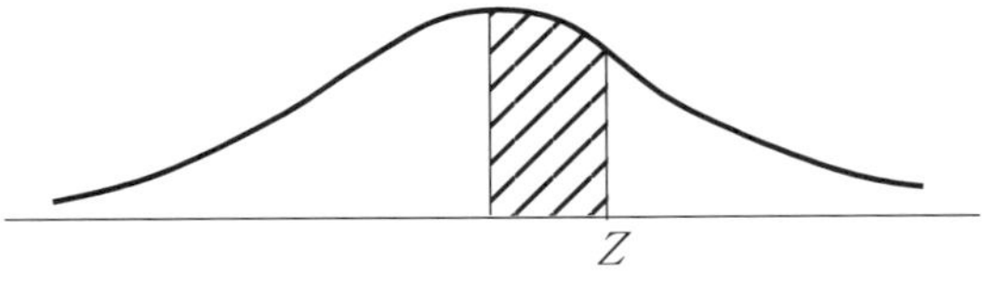

Z	.00	.01	.02	.03	.04	.05	.06	.07	.08	.09
0.0	.0000	.0040	.0080	.0120	.0160	.0199	.0239	.0279	.0319	.0359
0.1	.0398	.0438	.0478	.0517	.0557	.0596	.0636	.0675	.0714	.0753
0.2	.0793	.0832	.0871	.0910	.0948	.0987	.1026	.1064	.1103	.1141
0.3	.1179	.1217	.1255	.1293	.1331	.1368	.1406	.1443	.1480	.1517
0.4	.1554	.1591	.1628	.1664	.1700	.1736	.1772	.1808	.1844	.1879
0.5	.1915	.1950	.1985	.2019	.2054	.2088	.2123	.2157	.2190	.2224
0.6	.2257	.2291	.2324	.2357	.2389	.2422	.2454	.2486	.2518	.2549
0.7	.2580	.2612	.2642	.2673	.2704	.2734	.2764	.2794	.2823	.2852
0.8	.2881	.2910	.2939	.2967	.2995	.3023	.3051	.3078	.3106	.3133
0.9	.3159	.3186	.3212	.3238	.3264	.3289	.3315	.3340	.3365	.3389
1.0	.3413	.3438	.3461	.3485	.3508	.3531	.3554	.3577	.3599	.3621
1.1	.3643	.3665	.3686	.3708	.3729	.3749	.3770	.3790	.3810	.3830
1.2	.3849	.3869	.3888	.3907	.3925	.3944	.3962	.3980	.3997	.4015
1.3	.4032	.4049	.4066	.4082	.4099	.4115	.4131	.4147	.4162	.4177
1.4	.4192	.4207	.4222	.4236	.4251	.4265	.4279	.4292	.4306	.4319
1.5	.4332	.4345	.4357	.4370	.4382	.4394	.4406	.4418	.4429	.4441
1.6	.4452	.4463	.4474	.4484	.4495	.4505	.4515	.4525	.4535	.4545
1.7	.4554	.4564	.4573	.4582	.4591	.4599	.4608	.4616	.4625	.4633
1.8	.4641	.4649	.4656	.4664	.4671	.4678	.4686	.4693	.4699	.4706
1.9	.4713	.4719	.4726	.4732	.4738	.4744	.4750	.4756	.4761	.4764
2.0	.4772	.4778	.4783	.4788	.4793	.4798	.4803	.4808	.4812	.4817
2.1	.4821	.4826	.4830	.4834	.4838	.4842	.4846	.4850	.4854	.4857
2.2	.4861	.4864	.4868	.4871	.4875	.4878	.4881	.4884	.4887	.4890
2.3	.4893	.4896	.4898	.4901	.4904	.4906	.4909	.4911	.4913	.4916
2.4	.4918	.4920	.4922	.4925	.4927	.4929	.4931	.4932	.4934	.4936
2.5	.4938	.4940	.4941	.4943	.4945	.4946	.4948	.4949	.4951	.4952
2.6	.4953	.4955	.4956	.4957	.4959	.4960	.4961	.4962	.4963	.4964
2.7	.4965	.4966	.4967	.4968	.4969	.4970	.4971	.4972	.4973	.4974
2.8	.4974	.4975	.4976	.4977	.4977	.4978	.4979	.4979	.4980	.4981
2.9	.4981	.4982	.4982	.4983	.4984	.4984	.4985	.4985	.4986	.4986
3.0	.4986	.4987	.4987	.4988	.4988	.4989	.4989	.4989	.4990	.4990
3.1	.4990	.4991	.4991	.4991	.4992	.4992	.4992	.4992	.4993	.4993
3.2	.4993	.4993	.4994	.4994	.4994	.4994	.4994	.4995	.4995	.4995
3.3	.4995	.4995	.4995	.4996	.4996	.4996	.4996	.4996	.4996	.4997
3.4	.4997	.4997	.4997	.4997	.4997	.4997	.4997	.4997	.4998	.4998
3.5	.4998	.4998	.4998	.4998	.4998	.4998	.4998	.4998	.4998	.4998
3.6	.4998	.4998	.4999	.4999	.4999	.4999	.4999	.4999	.4999	.4999
3.7	.4999	.4999	.4999	.4999	.4999	.4999	.4999	.4999	.4999	.4999
3.8	.4999	.4999	.4999	.4999	.4999	.4999	.4999	.5000	.5000	.5000
3.9	.5000	.5000	.5000	.5000	.5000	.5000	.5000	.5000	.5000	.5000

<3> t분포표

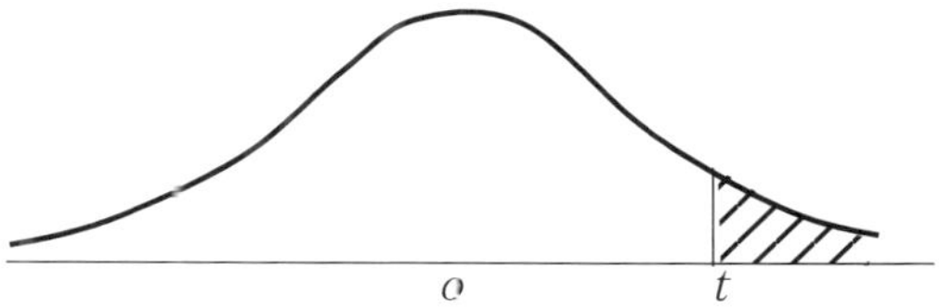

df	유의수준							
	.1	.05	.025	.01	.005	.0025	.001	.0005
1	3.078	6.314	12.706	31.821	63.657	127.32	318.31	636.62
2	1.886	2.920	4.303	6.965	9.925	14.089	22.327	31.598
3	1.638	2.353	3.182	4.541	5.841	7.453	10.214	12.924
4	1.533	2.132	2.776	3.747	4.604	5.598	7.173	8.610
5	1.476	2.015	2.571	3.365	4.032	4.773	5.893	6.869
6	1.440	1.943	2.447	3.143	3.707	4.317	5.208	5.959
7	1.415	1.895	2.365	2.998	3.499	4.029	4.785	5.408
8	1.397	1.860	2.306	2.896	3.355	3.833	4.501	5.041
9	1.383	1.833	2.262	2.821	3.250	3.690	4.297	4.781
10	1.371	1.812	2.228	2.764	3.169	3.581	4.144	4.587
11	1.363	1.796	2.201	2.718	3.106	3.497	4.025	4.437
12	1.356	1.782	2.179	2.681	3.055	3.428	3.930	4.318
13	1.350	1.771	2.160	2.650	3.012	3.372	3.852	4.221
14	1.345	1.761	2.145	2.624	2.977	3.326	3.787	4.140
15	1.341	1.753	2.131	2.602	2.947	3.286	3.733	4.073
16	1.337	1.746	2.120	2.583	2.921	3.252	3.686	4.015
17	1.333	1.740	2.110	2.567	2.898	3.222	3.646	3.956
18	1.330	1.734	2.101	2.552	2.878	3.197	3.610	3.922
19	1.328	1.729	2.093	2.539	2.861	3.174	3.579	3.883
20	1.325	1.725	2.086	2.528	2.845	3.153	3.552	3.850
21	1.323	1.721	2.080	2.518	2.831	3.135	3.527	3.819
22	1.321	1.717	2.074	2.508	2.819	3.119	3.505	3.792
23	1.319	1.714	2.069	2.500	2.807	3.104	3.485	3.767
24	1.318	1.711	2.064	2.492	2.797	3.091	3.467	3.745
25	1.316	1.708	2.060	2.485	2.787	3.078	3.450	3.725
26	1.315	1.706	2.056	2.479	2.779	3.067	3.435	3.707
27	1.314	1.703	2.052	2.473	2.771	3.057	3.421	3.690
28	1.313	1.701	2.048	2.467	2.763	3.047	3.396	3.659
29	1.311	1.699	2.045	2.462	2.756	3.038	3.396	3.659
30	1.310	1.697	2.042	2.457	2.750	3.030	3.385	3.646
40	1.303	1.684	2.021	2.423	2.704	2.971	3.307	3.551
60	1.296	1.671	2.000	2.390	2.660	2.915	3.232	3.460
120	1.289	1.658	1.980	2.358	2.617	2.860	3.160	3.373
∞	1.282	1.645	1.960	2.326	2.576	2.807	3.090	3.291

<4> F분포표(α=0.01)

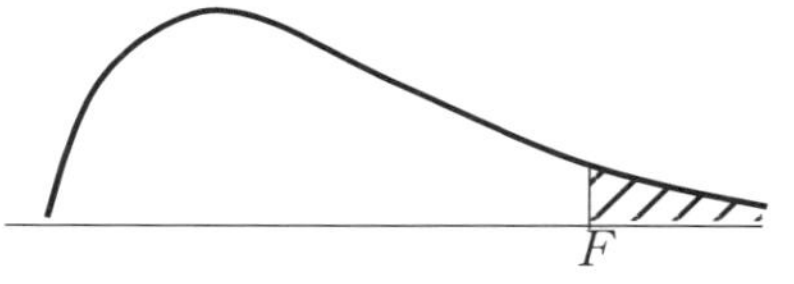

α=0.01

df_2 \ df_1	1	2	3	4	5	6	8	12	24	∞
1	4052	4999	5403	5625	5764	5859	5981	6106	6234	6366
2	98.49	99.01	99.17	99.25	99.30	99.33	99.36	99.42	99.46	99.50
3	34.12	30.81	29.46	28.71	28.24	27.91	27.49	27.05	26.60	26.12
4	21.20	18.00	16.69	15.98	15.52	15.21	14.80	14.37	13.93	13.46
5	16.26	13.27	12.06	11.39	10.97	10.67	10.27	9.86	9.47	9.02
6	13.74	10.92	9.78	9.15	8.75	8.47	8.10	7.72	7.31	6.88
7	12.25	9.55	8.45	7.85	7.46	7.19	6.84	6.47	6.07	5.65
8	11.26	8.65	7.59	7.01	6.63	6.37	6.03	5.67	5.28	4.86
9	10.56	8.02	6.99	6.42	6.06	5.80	5.47	5.11	4.73	4.31
10	10.04	7.56	6.55	5.99	5.64	5.39	5.06	4.71	4.33	3.91
11	9.65	7.20	6.22	5.67	5.32	5.07	4.74	4.40	4.02	3.60
12	9.33	6.93	5.95	5.41	5.06	4.82	4.50	4.16	3.78	3.36
13	9.07	6.70	5.74	5.20	4.86	4.62	4.30	3.96	3.59	3.16
14	8.86	6.51	5.56	5.03	4.69	4.46	4.14	3.80	3.43	3.00
15	8.68	6.36	5.42	4.89	4.56	4.32	4.00	3.67	3.29	2.87
16	8.53	6.23	5.29	4.77	4.44	4.20	3.89	3.55	3.18	2.75
17	8.40	6.11	5.18	4.67	4.34	4.10	3.79	3.45	3.08	2.65
18	8.28	6.01	5.09	4.58	4.25	4.01	3.71	3.37	3.00	2.57
19	8.18	5.93	5.01	4.50	4.17	3.94	3.63	3.30	2.92	2.49
20	8.10	5.85	4.94	4.43	4.10	3.87	3.56	3.23	2.86	2.42
21	8.02	5.78	4.87	4.37	4.04	3.81	3.51	3.17	2.80	2.36
22	7.94	5.72	4.82	4.31	3.99	3.76	3.45	3.12	2.75	2.31
23	7.88	5.66	4.76	4.26	3.94	3.71	3.41	3.07	2.70	2.26
24	7.82	5.61	4.72	4.22	3.90	3.67	3.36	3.03	2.66	2.21
25	7.77	5.57	4.68	4.18	3.86	3.63	3.32	2.99	2.62	2.17
26	7.72	5.53	4.64	4.14	3.82	3.59	3.29	2.96	2.58	2.13
27	7.68	5.49	4.60	4.11	3.78	3.56	3.26	2.93	2.55	2.10
28	7.64	5.45	4.57	4.07	3.75	3.53	3.23	2.90	2.52	2.06
29	7.60	5.42	4.54	4.04	3.73	3.50	3.20	2.87	2.49	2.03
30	7.56	5.39	4.51	4.02	3.70	3.47	3.17	2.84	2.47	2.01
40	7.31	5.18	4.31	3.83	3.51	3.29	2.99	2.66	2.29	1.80
60	7.08	4.98	4.13	3.65	3.34	3.12	2.82	2.50	2.12	1.60
120	6.85	4.79	3.96	3.48	3.17	2.96	2.66	2.34	1.95	1.38
∞	6.64	4.60	3.78	3.32	3.02	2.80	2.51	2.18	1.79	1.00

df_1=분자의 자유도, df_2=분모의 자유도

<5> F분포표(α=0.05)

df_2	df_1 1	2	3	4	5	6	8	12	24	∞
1	161.4	199.5	215.7	224.6	230.2	234.0	238.9	243.9	249.0	254.3
2	18.51	19.00	19.16	19.25	19.30	19.33	19.37	19.41	19.45	19.50
3	10.13	9.55	9.28	9.12	9.01	8.94	8.84	8.74	8.64	8.53
4	7.71	6.94	6.59	6.39	6.26	6.16	6.04	5.91	5.77	5.63
5	6.61	5.79	5.41	5.19	5.05	4.95	4.82	4.68	4.53	4.36
6	5.99	5.14	4.76	4.53	4.39	4.28	4.15	4.00	3.84	3.67
7	5.59	4.74	4.35	4.12	3.97	3.87	3.73	3.57	3.41	3.23
8	5.32	4.46	4.07	3.84	3.69	3.58	3.44	3.28	3.12	2.93
9	5.12	4.26	3.86	3.63	3.48	3.37	3.23	3.07	2.90	2.71
10	4.96	4.10	3.71	3.48	3.33	3.22	3.07	2.91	2.74	2.54
11	4.84	3.98	3.59	3.36	3.20	3.09	2.95	2.79	2. 6	2.40
12	4.75	3.88	3.49	3.26	3.11	3.00	2.85	2.69	2.50	2.30
13	4.67	3.80	3.41	3.18	3.02	2.92	2.77	2.60	2.42	2.21
14	4.60	3.74	3.34	3.11	2.96	2.85	2.70	2.53	2.35	2.13
15	4.54	3.68	3.29	3.06	2.90	2.79	2.64	2.48	2.29	2.07
16	4.49	3.63	3.24	3.01	2.85	2.74	2.59	2.42	2.24	2.01
17	4.45	3.59	3.20	2.96	2.81	2.70	2.55	2.38	2.19	1.96
18	4.41	3.55	3.16	2.93	2.77	2.66	2.51	2.34	2.15	1.92
19	4.38	3.52	3.13	2.90	2.74	2.63	2.48	2.31	2.11	1.88
20	4.35	3.49	3.10	2.87	2.71	2.60	2.45	2.28	2.08	1.84
21	4.32	3.47	3.07	2.84	2.68	2.57	2.42	2.25	2.05	1.81
22	4.30	3.44	3.05	2.82	2.66	2.55	2.40	2.23	2.03	1.78
23	4.28	3.42	3.03	2.80	2.64	2.53	2.38	2.20	2.00	1.76
24	4.26	3.40	3.01	2.78	2.62	2.51	2.36	2.18	1.98	1.73
25	4.24	3.38	2.99	2.76	2.60	2.49	2.34	2.16	1.96	1.71
26	4.22	3.37	2.98	2.74	2.59	2.47	2.32	2.15	1.95	1.69
27	4.21	3.35	2.96	2.73	2.57	2.46	2.30	2.13	1.93	1.67
28	4.20	3.34	2.95	2.71	2.56	2.44	2.29	2.12	1.91	1.65
29	4.18	3.33	2.93	2.70	2.54	2.43	2.28	2.10	1.90	1.64
30	4.17	3.32	2.92	2.69	2.53	2.42	2.27	2.09	1.89	1.62
40	4.08	3.23	2.84	2.61	2.45	2.34	2.18	2.00	1.79	1.51
60	4.00	3.15	2.76	2.52	2.37	2.25	2.10	1.92	1.70	1.39
120	3.92	3.07	2.68	2.45	2.29	2.17	2. 0	1. 8	1. 6	1.25
∞	3.84	2.99	2.60	2.37	2.21	2.09	1.94	1.75	1.52	1.00

df_1=분자의 자유도, df_2=분모의 자유도

<6> χ^2분포표

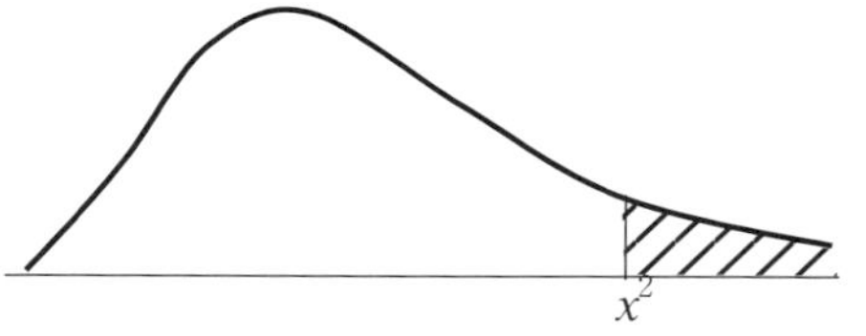

df	유의 수준 .250	.100	.050	.025	.010	.005	.001
1	1.32	2.71	3.84	5.02	6.63	7.88	10.8
2	2.77	4.61	5.99	7.38	9.21	10.6	13.8
3	4.11	6.25	7.81	9.35	11.3	12.8	16.3
4	5.39	7.78	9.49	11.1	13.3	14.9	18.5
5	6.63	9.24	11.1	12.8	15.1	16.7	20.5
6	7.84	10.6	12.6	14.4	16.8	18.5	22.5
7	9.04	12.0	14.1	16.0	18.5	20.3	24.3
8	10.2	13.4	15.5	17.5	20.1	22.0	26.1
9	11.4	14.7	16.9	19.0	21.7	23.6	27.9
10	12.5	16.0	18.3	20.5	23.2	25.2	29.6
11	13.7	17.3	19.7	21.9	24.7	26.8	31.3
12	14.8	18.5	21.0	23.3	26.2	28.3	32.9
13	16.0	19.8	22.4	24.7	27.7	29.8	34.5
14	17.1	21.1	23.7	26.1	29.1	31.3	36.1
15	18.2	22.3	25.0	27.5	30.6	32.8	37.7
16	19.4	23.5	26.3	28.8	32.0	34.3	39.3
17	20.5	24.8	27.6	30.2	33.4	35.7	40.8
18	21.6	26.0	28.9	31.5	34.8	37.2	42.3
19	22.7	27.2	30.1	32.9	36.2	38.6	43.8
20	23.8	28.4	31.4	34.2	37.6	40.0	45.3
21	24.9	29.6	32.7	35.5	38.9	41.4	46.8
22	26.0	30.8	33.9	36.8	40.3	42.8	48.3
23	27.1	32.0	35.2	38.1	41.6	44.2	49.7
24	28.2	33.2	36.4	39.4	32.0	45.6	51.2
25	29.3	34.4	37.7	40.6	44.3	46.9	52.6
26	30.4	35.6	38.9	41.9	45.6	48.3	54.1
27	31.5	36.7	40.1	43.2	47.0	49.6	55.5
28	32.6	37.9	41.3	44.5	48.3	51.0	56.9
29	33.7	39.1	42.6	45.7	49.6	52.3	58.3
30	34.8	40.3	43.8	47.0	50.9	53.7	59.7
40	45.6	51.8	55.8	59.3	63.7	66.8	73.4
50	56.3	63.2	67.5	71.4	76.2	79.5	86.7
60	67.0	74.4	79.1	83.3	88.4	92.0	99.6
70	77.6	85.5	90.5	95.0	100	104	112
80	88.1	96.6	102	107	112	116	125
90	98.6	108	113	118	124	128	137
100	109	118	124	130	136	140	149

참고 문헌

[국내 문헌]

구정화 · 김찬호 · 안병근 · 이기원 (2003) 통계 속의 재미있는 세상이야기. 대전시: 통계청.

김호정 (2003). 사회과학통계분석. 서울: 삼영사.

노화준 · 정정길 · 김지원 (1999). 행정계량분석. 서울: 한국방송대학교출판부.

박정식 · 윤영선 (1990). 현대통계학. 서울: 다산출판사.

성태제 (1995). 현대 기초통계학의 이해와 적용. 서울: 양서원.

정영해 · 이계오 · 김철응 · 김순홍 (1999). 예제로 배우는 통계 강의 및 자료분석. 광주: 광주사회조사연구소.

채서일 (2003). 사회과학조사방법론. 서울: 학현사.

한국통계학회 (1987). 통계용어사전, 자유아카데미.

홍동식 · 장상희 공역 (1996). 사회통계학. 서울: 박영사.

황인창 · 이대용 · 이청호 (2005). 알기 쉬운 통계학. 서울: 비 · 앤 · 엠 · 북스.

[국외 문헌]

Achen C. H. (1982). *Interpreting and Using Regression*, Beverly Hills: Sage Publications.

Babbie, E. (1986). *The Practice of Social Research,* 4th ed., Belmont : Wadsworth Publishing Co.

Belsiey, D. A., Kuh, E. & Welsch R. E. (1980). *Regression Diagnostics: Identifying Influential Data and Sources of Collinearity*, New York : John Wiley.

Bryman, Alan. (1988). *Quantity and Quality in Social Research.* London: Unwin Hyman Ltd.

Cleveland, W. S. & McGill, R. (1984). "The many faces of a scatterplot," *Journal of the American Statistical Association*, Vol. 79: 807-822.

Cooper, D. R. & Schindler, P. S. (2001). *Business Research Methods*, New York: McGraw-Hill Book Company.

Draper, N. & Smith, H. (1981). *Applied Regression Analysis*, 2nd ed., New York: John Wiley & Sons.

Dufour, J. M. (1980). "Dummy Variables and Predictive Tests for Structural Change," *Economic Letters*, Vol. 6: 241-247.

Fomby, T. B., Hill, R. C. & Johnson, S. R. (1984). *Advanced Econometric Methods*, New York: Springer-Verlag.

Galton, Francis., (1886). "Family Likeness in Stature," *Proceedings of Royal Society*, London, Vol. 40: 42-72.

Gujarati, D. N. (1988). *Basic Economics,* 2nd ed., New York: McGraw-Hill Book Company.

Harvey, A. C. (1981). *The Econometric Analysis of Time Series*, New York: John Wiley & Sons.

Kennedy, P. (1981). "Ballentine: A Graphical Aid for Econometrics," *Australian Econometrics Papers*, Vol. 20.

——— (1985). *A Guide to Econometrics,* 2nd ed., Oxford : Basil Blackwell.

Lewis-Beck, W. S. (1980). *Applied Regression: An Introduction*, London: Sage Publications.

Montgomery, D. C. & Peck, E. A. (1982). *Introduction to Linear Regression Analysis*, New York: John Wiley & Sons.

Neter, J., Wasserman, W. & Kutner, M. H. (1985). *Applied Linear Statistical Models*, 2nd ed., Illinois: Irwin.

Park, R. E. & Mitchell, B. M. (1980). "Estimating the Autocorrelated Error Model with Trended Data," *Journal of Econometrics*, Vol. 13: 185-201.

Pfaffenberger, R. C. & Patterson, J. H. (1997). *Statistical Methods*, Illinois: Irwin.

Srivastava, V. K. (1980). "Estimation of Linear Single Equation and Simultaneous Equation Models under Stochastic Linear Constraints: An Annotated Bibliography," *Internattinal Statistical Review*, Vol. 48: 79-82.

Suits, D. (1984). "Dummy Variables: Mechanics vs Interpretation," *Review of Economics and Statistics*, Vol. 66: 177-180.

Tse, Y. K. (1984). "Testing Linear and Log-Linear Regressions with Autocorrelated Errors," *Economics Letters*, Vol. 14: 333-337.

Wackerly, D. D., Mendenhall, W. & Scheaffer, R. L. (1996). *Mathematical Statistics with Applications,* 5th ed., Duxbury.

Weisberg, S. (1980). *Applied Linear Regression,* New York: John Wiley & Sons.

Welch, S. & Comer, J. (1988). *Quantitative Methods for Public Administration: Techniques and Applications*. Chicago: The Dorsey Press.

Ziemer, R. F. (1984). "Reporting Econometric Results: Believe It or Not?," *Land Economics*, Vol. 60: 122-127.

찾아보기

ㄱ

가변수 223
가설 23, 96
가설검정 23, 95, 121, 139
가우스(K. F. Gauss) 99
갈턴(Francis Galton) 218
감마(Gamma) 187
검정가설 97
검정통계량 125, 141
검정통계치 95, 111
결정계수 199, 223, 224, 225
결측값 76, 80
결합분포 179
계통오차 30
고유값 254
공분산 198, 201, 203
공선성 진단 251
관측치 179, 182, 183
교차분석 178
교차표 179, 190
귀무가설 95, 97, 105, 107, 125
그래프 73
극단치 40, 41, 42, 58, 104
기각 영역 105, 106
기대치 179, 182, 183
기술 16, 217
기술통계학 20, 217
기울기(slope) 220
기하평균 38
꺾은선 그래프 69

ㄴ

누적 백분율 64
누적 백분율 분포 64, 65
누적 빈도분포 64, 65
누적 퍼센트 64

ㄷ

다공선성 223
다변량 분산분석 157
다중공선성 238, 254
다중 비교 172
다중회귀계수 227
다중회귀분석 218, 241
단계 선택 방법 237, 250
단순회귀분석 218, 226, 233
단일 평균검정 121
단일 평균의 검정 111
단측검정 108
대립가설 95, 97
대응표본 t검정 145, 146
데이터 73
도수 64, 66

도수분포 179
도표(graph) 66
독립변수 24, 218
독립표본 T검정 143
두 평균 간 차이의 검정 138
등간변수 42, 43
등간측정 28, 29
등분산성 160, 223, 255, 257

ㄹ

람다 187, 191
레벤(Levene) 171

ㅁ

막대도표 66, 87
명목변수 27, 43
명목척도 178, 191
명목측정 27
모수 21, 94, 95, 221
모집단 21, 51
몬테 카를로(Monte Carlo: M) 검정 187

ㅂ

반증가능성의 원리 96
백분율 64
백분율 빈도분포 64, 65
범위 46, 49, 85
범주형 변수 178
베타계수 227, 239
변수 23
변수값 76
변수 보기 77
변수 설명 76
변수 유형 76
변수 이름 76
변이 45, 85
변이계수 46
변환 73
보기 72
분산 20, 46, 49, 85
분산도 45
분산분석 114, 157, 160, 180
분석 73
분포도 20
VIF 254
비대칭도 20, 56
비연속변수 24
비율변수 40, 42, 43
비율측정 28, 29
빈도분포 64
빈도분포표 64
빈도 수 64

ㅅ

사분위수 47, 49
사분편차 48
사후검정 166, 171
사후분석 168
산술평균 38
산점도 200, 208
상관계수 198, 199, 205, 213
상관관계분석 114, 198, 217
상관분석 205
상대 도수 66
상수 24, 25, 220
상태 지수 254

상호 관련성 181
서열변수 28, 42, 43
서열측정 27
선형회귀모형 219
설명 217
설명된 편차 224
설명된 편차의 합 225
설명 안 된 편차 224
설명 안 된 편차의 합 225
셰페(Schffe) 168, 172

ㅇ

양적 변수 24, 25
양측검정 108, 124
α영역 105
α오류 106, 107
에타(Eta) 188
F분포 98, 102, 105, 162
연구가설 97
연구 주제 22
연속변수 24
연속형 변수 26
연속확률변수 99
연속확률분포 98
영가설 95, 97
예측 217
오른쪽 꼬리 분포 57
OLS 221
오차 30
오차평균자승(MSE) 229
왜도 56, 85
왼쪽 꼬리 분포 57
원도표 66, 87
유의성 검정 95, 228, 230
유의 수준 95, 105, 106
유의 확률 190
유틸리티 73
이산형 변수 26
이산확률분포 98
2종 오류 108
인과관계 203
일반화 16
일원분산분석 157
1종 오류 106, 107
일표본 T검정(S) 130
임계 영역 105
임계치 95, 105, 124, 140, 162
임의오차 30
입력 방법 237, 246

ㅈ

자기상관 223
자유도 95, 101, 103, 108
잔차 222
잔차분석 255, 257
잘못된 긍정오류 108
잘못된 부정오류 107
적합도 검정 95
전방 진입법 237
전수조사 21, 94, 98
전체 편차 224
정규분포 98, 99, 105
정규분포곡선 99
정밀도 30
정확도 30
정확한 검정 186
제거 방법 237
z분포 98, 123

조정된 결정계수 225, 226
조화평균 38
종속변수 24, 218
중심 극한의 정리 100
중위수 41, 42, 44, 85, 99
GLS 221
질적 변수 24, 25
집단 간 평균 분산 163
집단 내 분산 164
집단 내 평균 분산 163
집중 경향 38
집중경향치 20, 45, 85

ㅊ

채택 영역 106
첨도 56, 58, 85
총자승합 225
최대값 46
최빈치 43, 44, 85
최소값 46
최소자승법 219
추론 21
추리통계 94, 96, 114
추리통계학 20, 21
추정 95
측정 26
측정 수준 29

ㅋ

χ^2검정 114, 179
χ^2분포 98, 103
χ^2분포표 105

ㅌ

통계치 21, 44, 94
통제 217
t검정 101, 114
t분포 98, 101, 105, 123

ㅍ

파일 72
퍼센트 64, 65
편의 30
편집 72
편차 49
편차 점수 202
평균 20, 38, 44, 99
포퍼(K. Popper) 96
표본 21
표본조사 98
표본통계치 111
표본회귀계수 221
표본회귀모형 220
표준정규분포 100, 101
표준편차 20, 46, 49, 51, 85
표준화 계수 46, 55
표준화된 회귀계수 227
표집분포 95, 98, 123, 140, 181
피어슨 계수 57
피셔(Fisher) 186
피어슨(Pearson: N) 상관계수 211, 236, 245

ㅎ

함수 220
허위적 관계 203
확률변수 99
회귀 218
회귀계수 221, 223, 226, 239
회귀계수의 유의성 234
회귀모형 220
회귀모형의 적합성 234
회귀방정식 220, 226
회귀분석 115, 217
회귀평균자승 229
후진 제거 방법 237
히스토그램 66, 68, 87

저자 소개

김태진

〈약 력〉

- 연세대학교 대학원 행정학과(행정학 박사)
- 연세대학교 도시문제연구소 전문연구원
- 국토연구원 책임연구원
- 서울시정개발연구원 부연구위원
- 한국행정학회 연구위원, 학술정보위원
- 한국정책학회 일반이사
- 한국GIS학회 홍보이사, 학술이사
- 한국정책과학학회 총무이사
- 국토연구원 국토연구 편집위원
- 한국정책분석평가학회 편집위원
- 한국GIS학회 학술상 수상
- 충주시, 진천군, 음성군, 단양군 지역혁신협의회 위원
- 산업자원부 지역혁신특성화사업 평가위원
- 기획예산처 국가균형발전영향평가단 평가위원
- 충주대학교 행정학과장, 교학부장, 행정학부장
- 현 국립 충주대학교 행정학과 교수

〈저 서〉

『정부개혁의 과제와 전략』(공저, 집문당, 2000)
『지방정부와 혁신정책』(공저, 대영문화사, 2006) 외 논문 다수

E-mail: tjkim@chungju.ac.kr

행정계량분석의 이론과 활용

펴낸날 / 제1판 제1쇄 2006년 8월 20일
제1판 제5쇄 2014년 1월 25일
지은이 / 김태진
펴낸이 / 임춘환
펴낸곳 / 도서출판 대영문화사
주소 / 서울 용산구 청파동 1가 178-2 ㊦ 140-869
등록 / 1975년 12월 26일 제3-16호
전화 / (02)716-3883, (02)714-3062
팩시밀리 / (02)703-3839
우체국 온라인 / 011353-02-009106

ISBN 89-7644-221-0

〔값 20,000원〕